Kevin Hausmann

Permeter: Performanzmessung in der Produktentwicklung

Kevin Hausmann

Permeter: Performanzmessung in der Produktentwicklung

Performanzmessung in der Produktentwicklung auf Basis semantisch integrierter Produktmodelle

Südwestdeutscher Verlag für Hochschulschriften

Impressum/Imprint (nur für Deutschland/only for Germany)
Bibliografische Information der Deutschen Nationalbibliothek: Die Deutsche Nationalbibliothek verzeichnet diese Publikation in der Deutschen Nationalbibliografie; detaillierte bibliografische Daten sind im Internet über http://dnb.d-nb.de abrufbar.

Verlag: Südwestdeutscher Verlag für Hochschulschriften GmbH & Co. KG
Dudweiler Landstr. 99, 66123 Saarbrücken, Deutschland
Telefon +49 681 37 20 271-1, Telefax +49 681 37 20 271-0
Email: info@svh-verlag.de

Zugl.: Oldenburg, Carl von Ossietzky Universität, Diss., 2009

Herstellung in Deutschland:
Schaltungsdienst Lange o.H.G., Berlin
Books on Demand GmbH, Norderstedt
Reha GmbH, Saarbrücken
Amazon Distribution GmbH, Leipzig
ISBN: 978-3-8381-0439-3

Imprint (only for USA, GB)
Bibliographic information published by the Deutsche Nationalbibliothek: The Deutsche Nationalbibliothek lists this publication in the Deutsche Nationalbibliografie; detailed bibliographic data are available in the Internet at http://dnb.d-nb.de.

Publisher: Südwestdeutscher Verlag für Hochschulschriften GmbH & Co. KG
Dudweiler Landstr. 99, 66123 Saarbrücken, Germany
Phone +49 681 37 20 271-1, Fax +49 681 37 20 271-0
Email: info@svh-verlag.de

Printed in the U.S.A.
Printed in the U.K. by (see last page)
ISBN: 978-3-8381-0439-3

Für meinen Großvater Waldemar Knospe

Inhaltsverzeichnis

Kapitel 1

Einleitung

EIN Dilbert-Comic[1] zeigt den Entwickler „Wally“ und seinen Projektmanager „The Boss“ im Gespräch. „Wally, wie weit bist du mit dem RDP-Projekt?“, fragt The Boss. „Arbeite ich an dem?“, gibt Wally emotionslos zurück. „Du bist seit über einem Jahr dafür verantwortlich!“, lautet The Boss’ sorgenvolle Antwort. Wally kontert kühl: „In diesem Falle ist es fast fertig.“ Zurück in seinem Büro kann The Boss sich des Gedankens nicht erwehren: „Als Manager verbringt man sein halbes Leben mit dem vagen Gefühl von Unbehagen.“

Das Ziel, beide, den Produktentwickler Wally und den Projektmanager The Boss, zu unterstützen, liefert die zentrale Motivation für die vorliegende Arbeit. Dieses einleitende Kapitel trägt dazu durch die Detaillierung der Problemstellung bei. Aus Motivation und Problemstellung ergeben sich die Herausforderungen und Ziele der Arbeit, welche Abschnitt 1.1.2 zunächst abstrakt darstellt und die Sektion 1.2 als konkrete Lösungsanforderungen formuliert. Mit den Ausführungen zu Alleinstellungsmerkmalen, Konventionen und Struktur adressiert die Einleitung im weiteren Verlauf Metaebene und Formalia der Arbeit. Schließlich stellt Abschnitt 1.4 das durchgängige Beispiel der Arbeit vor und untersucht dessen Eignung.

1.1 Motivation

Die Produktentwicklung ist ein komplexer und wissensintensiver Prozess. Sie ist zugleich vital und herausfordernd – vital, da im Zuge der Globalisierung der Wert erfolgreicher, vermarktbarer Innovation steigt und nur wenige Unternehmen auf die Entwicklung neuer Produkte verzichten können, und herausfordernd, weil sich ihr Management allzu oft als problematisch erweist und die Kosten nicht selten anvisierte Zielgrößen übersteigen [Jen01].

Die Komplexität und die mangelnde Beherrschbarkeit resultieren aus dem Einsatz innovativer Technologien sowie verschiedenen Randbedingungen: Produktentwicklungsprojekte müssen heute von engen Zeitfenstern („time to market“) über die Integration verschiedenster Fachrichtungen bis zu höchsten Qualitätsansprüchen zahlreiche Anforderungen erfüllen, die sich zudem häufig gegenseitig eher widersprechen als ergänzen.

[1] http://www.dilbert.com

Hinzu kommen monetäre und personelle Restriktionen, die Notwendigkeit zur Berücksichtigung des gesamten Produktlebenszyklus sowie eine Vielzahl von Werkzeugen und steigende Teamgrößen [HHPS06].

An dieser Komplexität scheitern viele Entwicklungsprojekte. Ein dedizierter Entwicklungsprozess wird oft nur „pro forma“ nominiert, selten bestehen formale Bezüge zwischen den Entwicklungsartefakten der einzelnen Prozessphasen, Versionierung und Archivierung werden vernachlässigt. Anforderungen an das zu entwickelnde Produkt beispielsweise werden häufig in reiner Textform abgelegt, die keine formalen Referenzen und damit auch keine Nachverfolgung zulässt [HSHH08]. Im Resultat werden solche Projekte „zu 80 % fertig“ und scheitern wenige Tag vor dem Abschlusstermin – genau dann, wenn der Schaden maximal, die Investitionsmittel verbraucht, die Zeit verschwendet und potentielle Kunden enttäuscht sind [Lit95][Bü87].

Am Beispiel der IT-Branche hat die deutsche Gesellschaft für Informatik die Erfolge von Entwicklungsprojekten statistisch untersucht. Dazu wurden 127 Projektentscheider, -mitarbeiter und -manager mit einschlägiger Erfahrung befragt. Im Resultat lässt sich grob eine Drittelung erkennen, wobei ein Teil der Projekte im Plan beendet, ein weiterer unter Verletzung monetärer oder zeitlicher Randbedingungen fertig und der letzte ergebnislos abgebrochen wird. Laut dieser Studie sind Erfolgsquoten kaum vom Projekttyp abhängig, einzig Wartungsprojekte kommen auf höhere Erfolgschancen. Für Forschungs-, Organisations- und insbesondere für Entwicklungsprojekte gilt die in Abbildung 1.1 auch graphisch skizzierte Dreiteilung [FFG05]. Trotz der in anderen Quellen ([Lit95][Jen01]) genannten – mit 15 % bis 25 % scheiternden Projekten etwas optimistischeren – Zahlen sind die Unwägbarkeiten in der Produktentwicklung doch offensichtlich.

Zum Umgang mit der oben dargestellten Komplexität kennt die Literatur verschiedene Ansätze. Im Wesentlichen werden Vorgehensmodelle vorgeschlagen und etabliert, die ein strukturiertes, ingenieursmäßiges Abarbeiten von Einzelschritten hin zum Projektziel definieren. Trotz ihrer unbestrittenen Notwendigkeit und Reife erweisen sich viele dieser Ansätze den heutigen Anforderungen und Projekten mit ihren zahlreichen Teilnehmern und Artefakten als nicht gewachsen [Ehr03]. Sie können die Brücke zwischen Plan und Ausführung nicht schlagen und scheitern an der Synchronisation von Ziel und Ergebnis. Sie bieten meist keine oder nur eingeschränkte Möglichkeiten zur expliziten Verfolgung des Projektverlaufs und zu einer darauf basierenden Steuerung [HSHH08]. Die Details zu den verwandten Arbeiten und zu deren Vor- und Nachteilen finden sich im Kapitel 2 ausführlich dargestellt.

Das im Rahmen dieser Promotion erarbeitete Konzept zur Untersuchung von Produktentwicklungsprojekten stellt sich den oben genannten Herausforderungen. Es unterstützt die Projektverantwortlichen bei ihrer Aufgabe, den Problemen in Designprozessen zu begegnen. Die beiden folgenden Abschnitte detaillieren Problemstellung und Ziele der Arbeit im Allgemeinen, über die konkreten Anforderungen an das Werkzeug, an denen sich auch bestehende Lösungen messen müssen, gibt Abschnitt 1.2 Auskunft.

1.1.1 Problemstellung

Welche Problemstellung leitet sich aus den oben genannten Beobachtungen ab? Aufgedeckt wird insbesondere die Notwendigkeit zur Früherkennung von Problemen im Projektverlauf, d. h. allgemeiner zu Maßnahmen der Projektstatusbewertung. Diese Auf-

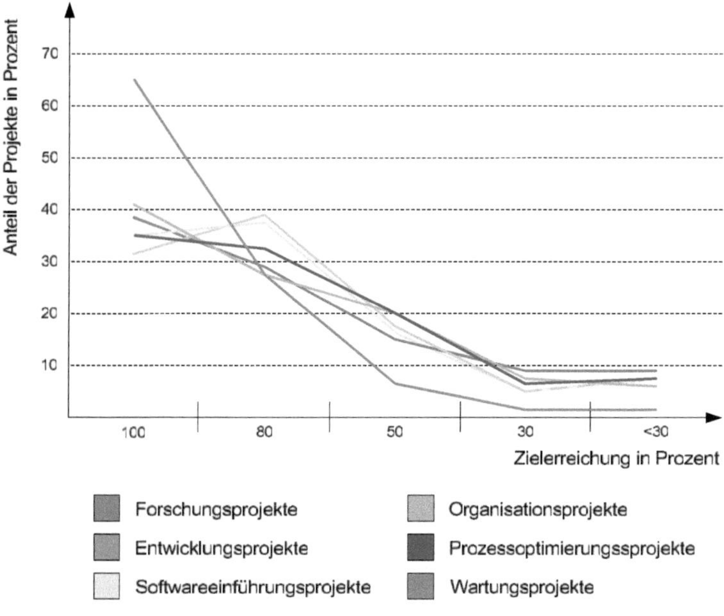

Abbildung 1.1: Zielerreichung in der Produktentwicklung [FFG05]

gabe wird von den bestehenden Ansätzen entweder nicht systematisch angegangen oder gar vollständig vernachlässigt. Dabei sind der Erfahrung und dem „Bauchgefühl" des Projektleiters „harte Fakten" gegenüberzustellen, etwa als Ergebnisse von Projekt- und Produktmetriken (zu Begriffen siehe Abschnitt 1.5). Solche formal und nachvollziehbar hergeleiteten Fakten ermöglichen eine Überprüfung des Projektmanagements und bieten den Entscheidungsträgern zugleich eine echte Argumentationsgrundlage zur Durch- und Umsetzung von Beschlüssen.

Aus dieser Überlegung leitet sich direkt die Frage nach einer Arbeitsgrundlage für solche Metriken ab. Vom Heranziehen der bloßen Projektdaten ist kaum eine Lösung zu erwarten, da diese in stark fragmentierter Form und zudem in den verschiedensten Formaten vorliegen [Ehr03]. Erforderlich ist aber im Gegenteil ein Modell, das die relevanten Zusammenhänge in Projekt und Produkt aufzeigt.[2] Kern der Problemstellung ist daher die Frage nach *einem Konzept zur gezielten Integration ausgewählter Produkt- und Projektdaten unter dem Fokus der Schaffung einer Grundlage zur Ausführung konzeptioneller Metriken.* Diese Forderung ist mit dem erklärten Ziel verbunden, in solchen Metriken

[2]Im Rahmen der vorliegenden Arbeit wird auf Projektdaten nicht im Detail eingegangen. Diese finden ihren Niederschlag in den parallelen Anstrengungen von Jan Strickmann [Str08], siehe auch Kapitel 2 und 9 zu verwandten bzw. abhängigen Arbeiten.

nicht nur einzelne Partialmodelle, also beispielsweise das Funktionsmodell, zu berücksichtigen, sondern vielmehr Zusammenhänge zwischen Partialmodellen, wie sie für die Bewertung des Projektfortschritts entscheidend sind [HSHH08], einzubeziehen.

Aus diesen Überlegungen ergibt sich die Notwendigkeit für ein integriertes Produktmodell zur ganzheitlichen, umfassenden Analyse von Projektstatus (Ist-Analyse) und -fortschritt (Prognose). Aus der Problemstellung leiten sich die im folgenden Abschnitt definierten Ziele für die vorliegende Arbeit ab.

1.1.2 Ziele der Arbeit

Das vorrangige Ziel dieser Arbeit lässt sich mit der folgenden Formulierung zur wissenschaftlichen Wertschöpfung als

> Erstellung eines Konzepts zur Produktivitätsmessung (Performancemessung) in Produktentwicklungsprozessen basierend auf der formalen Repräsentation des integrierten Produktmodells (Entwicklungsergebnisses) mit Hilfe generischer Ontologiemodelle und unter Verwendung von Produkt- und Prozessmetriken

treffend zusammenfassen.

Im Detail sind deskriptive, explikative und normative Ziele zu unterscheiden.

Deskriptive Ziele

Die folgenden deskriptiven Ziele fokussieren auf die Beschreibung fundamentaler Inhalte der Arbeit:

1. **Projektbasierte Entwicklung von innovativen Produkten:** Zielt auf die Darstellung moderner Methoden und Vorgehensmodelle, wie sie im Bereich der Produktentwicklung zum Stand der Technik gehören. Besondere Berücksichtigung finden dabei die verbreiteten projekt-basierten Ansätze, die in der Zeitdauer begrenzte, den Produktanforderungen verschuldete Teamkonstellationen vorsehen. Grundlegende Arbeiten in diesem Themenkomplex kommen zum Beispiel von [Ehr03] und [Jen01].

2. **Repräsentation der semantischen Modellinformationen:** Ontologien, wie sie zurzeit im Rahmen etwa der Semantic Web Initiative en façon sind, bieten ideale Möglichkeiten zur semantisch reichhaltigen und generischen Repräsentation und Modellierung. Die Beschreibung dieses Konzepts umfasst Erläuterungen zu den W3C-Standards des Resource Description Frameworks (RDF) und der Web Ontology Language (OWL).

3. **Anwendung der vorgestellten Konzepte an einem durchgängigen Beispiel:** Als „Proof-of-concept“ wird das vorgestellte Werkzeug an einem umfassenden Praxisbeispiel evaluiert. Dieses wird eingehend beschrieben und untersucht. In Kooperation mit den Beteiligten werden die tatsächlichen und durch Weiterentwicklung möglichen Vorteile der Methodik erläutert. Neben dem bereits beendeten Beispielprojekt untersucht die Evaluation auch laufende Projekte, um die Möglichkeiten zur

Voraussage von Projektverläufen zu belegen. Namentlich werden das Pick2Light-Projekt (siehe Abschnitt 1.4) und Daten aus dem Forschungsvorhaben Produktiv+ (2.1.3) betrachtet.

Explikative Ziele

Im Fokus der explikativen Ziele wird die Nutzung bestehender Konzepte erläutert:

4. **Konzeption der nötigen Modelltransformation zur Konvertierung und Integration von Partialmodellen:** Um die Auswertung von Produktbeschreibungen und -artefakten zu ermöglichen, werden diese, zunächst in den unterschiedlichsten Formaten vorliegenden, Modellartefakte in Ontologiestrukturen überführt. Zu diesem Zweck sind Modelltransformationen nötig, die, bei Erhalt der Semantik, syntaktische Übersetzungen von Modellen vornehmen. Neben den wissenschaftlichen Grundlagen werden auch die Möglichkeiten automatischer Transformationen erläutert und die Eignung bestehender Technologien, wie etwa XSL Transformations, untersucht.

5. **Anwendung von Ontologien zur Erstellung integrierter Produktmodelle:** Ergebnis der Modelltransformationen ist die Repräsentation der diversen Produktpartialmodelle in einer einheitlichen Struktur. Ein zweiter Schritt integriert die Teilmodelle zu einem umfassenden Produktmodell, in dem semantisch belegte Verknüpfungen Elemente der Partialmodelle verbinden. Es wird erläutert, wie diese Verknüpfungen spezielle und zuvor nicht gegebene Auswertungsmöglichkeiten eröffnen.

6. **Nutzung von Metriken zur Untersuchung von Produktmodellen:** Die Auswertung steht am Ende der Methodik und bildet „das Dach" über dem konzipierten Framework. Mit Hilfe von auf den – nun integrierten – Produktmodellen operierenden Metriken und sich aus deren Ergebnissen speisenden Berichten werden Produktentwicklern wie -managern Entscheidungshilfen an die Hand gegeben. So können Beschlüsse auf Basis von nachvollziehbaren Daten getroffen werden, je nach Kontext in Verbindung mit oder unter dem expliziten Ausschluss von Erfahrungswerten.

Normative Ziele

Die normativen Ziele schließlich legen fest, an welchen Stellen die Arbeit Neuerungen einbringt:

7. **Nutzung der Produktmodelle zum Assessment von Produktentwicklungsprozessen:** Eine solche Analyse zielt auf die rückwärtsgewandte Untersuchung von Projekten nach deren Abschluss. Ergebnisse sind „lessons learned", also Rückschlüsse, die sich aus den bereits abgearbeiteten Aufgaben für die Zukunft ableiten lassen. Besonders interessant sind diese Betrachtungen für eine große Anzahl von Projektdaten, die Mustererkennung ermöglichen und so darauf schließen lassen, welche Entscheidungen typischerweise zu bestimmten Projektverläufen führen.

8. **Einführung eines „Projektcockpits“ zur Entwicklungssteuerung:** Diese Steuerungszentrale ermöglicht die Kontrolle des Projekts zu dessen Laufzeit. Dabei ist die Fortschrittskontrolle nur die nächstliegende und prominenteste Anwendung. Auch Informationen zum Stand der Entwicklung in anderen Dimensionen wie etwa Geld- und Ressourcenverbrauch oder dem Wissenszuwachs geben wertvolle Hinweise, die dem Projektmanager helfen, ein Projekt in die gewünschte Richtung zu lenken.

9. **Nachvollziehbare Beantwortung abstrakter Fragen zum Projektverlauf:** Die sicherlich ambitionierteste Zielsetzung der Arbeit betrifft die Vorhersage des zukünftigen Projektverlaufs bei Umsetzung bestimmter Maßnahmen. Typische Fragen sind hierbei: „Welche Auswirkungen hat die Lizenzierung eines bestimmten Entwicklungswerkzeugs?“, „Lohnt die Integration weiterer Mitarbeiter in das Projekt?“ oder „Wird das Projekt bei gleich bleibender Produktivität im Plan vollendet?“.

Der Abschnitt 1.6 zur Struktur der Arbeit erläutert, welche Teile der Ausarbeitung diese Ziele im Einzelnen adressieren. Zudem erfolgt die Evaluation des Ansatzes durch die Implementierungen eines funktionstüchtigen Prototyps. Das dort umgesetzte Konzept der Arbeit muss sich am Beispiel verschiedener Produktentwicklungsprozesse, insbesondere am erwähnten durchgängigen Beispiel aus Abschnitt 1.4, bewähren.

1.2 Lösungsanforderungen

Aus der Problemstellung (Abschnitt 1.1.1) ergibt sich eine ganze Reihe von Konditionen für ein angemessenes Lösungskonzept. Eine erläuternde Auflistung dieser Anforderungen prägt den folgenden Abschnitt. Die hier etablierte Sammlung dient zweierlei Zweck: Zum einen lassen sich an ihr die vorhandenen Lösungen aus Literatur und Praxis auf ihre Tauglichkeit hin überprüfen, und zum anderen ermöglicht sie die Verifikation der im Rahmen dieser Arbeit erstellten Konzeption. Die entsprechenden Überprüfungen finden sich in den Kapiteln 2, 5 respektive 8.

Nach der Vorlage von [Som06] unterscheidet die folgende Darstellung der Lösungsanforderungen zwischen funktionalen, nichtfunktionalen und domänenspezifischen Anforderungen. Allen Anforderungen wird eine Kennung zugewiesen, um direkte Verweise in nachfolgenden Abschnitten der Arbeit zu ermöglichen.

Funktionale Anforderungen

Funktionale Anforderungen „[...] sind Aussagen zu den Diensten, die das System leisten sollte, zur Reaktion des Systems auf bestimmte Eingaben und zum Verhalten des Systems in speziellen Situationen. In manchen Fällen können die funktionalen Anforderungen auch explizit ausdrücken, was das System nicht tun soll.“ [Som06] Es wird demnach das gewünschte Verhalten des Systems, der Lösung, spezifiziert. Die im Folgenden explizierten Anforderungen richten sich direkt an die Konzeption – und damit nur mittelbar an die Umsetzung – des angestrebten Werkzeugs zur Integration von Produktmodellen.

AF1: **Verknüpfung von Designartefakten über die Grenzen proprietärer Datenformate hinweg.** Ziel und Grundlage einer eingehenden Untersuchung von Entwicklungsprojekten ist die Erkennung von Zusammenhängen zwischen den verschiedenen, im Laufe des Designs entstehenden Produktbeschreibungen und deren Auswirkungen. Die Schaffung einer Möglichkeit zur Abbildung eines solchen, zuvor nur implizit vorhandenen Beziehungsnetzes zwischen Produktpartialmodellen ist daher unerlässlich. Dabei bleiben deren Herkunft und Struktur unbesehen und führen zu keinerlei Einschränkungen. Die folgende Anforderung ergänzt zudem:

AF2: **Adressierung von Teilstrukturen und -elementen in Produktmodellen.** Um eine tatsächlich aussagekräftige Verknüpfung von Produktdaten zu erreichen, darf diese nicht auf der Ebene einzelner Dokumente der Entwicklung Halt machen. Vielmehr ist ein Detaillierungsgrad gefordert, in dem auch Verschränkungen zwischen einzelnen Elementen innerhalb der Dokumente, also den einzelnen Designartefakten, Beachtung finden. Zum Beispiel fordert AF2 die Möglichkeit, Elemente einer Baustruktur in einem CAD-Modell mit Funktionalitäten aus dem Funktionsmodell zu verbinden. Weiterhin wird eine Belegung für die Semantik solcher Verknüpfungen verlangt, in obigem Beispiel ist etwa eine Beziehung mit der Bedeutung „realisiert“ denkbar.

AF3: **Erzeugung einer homogenen und stabilen Informationsstruktur, die es ermöglicht, dieselben Auswertungsmethoden im Kontext verschiedener Projekte zu verwenden.** Diese Forderung zielt letztlich auf die Vergleichbarkeit von Projekten. Bei genauerer Betrachtung löst sich der Gegensatz an der Feststellung auf, dass es notwendig ist, und damit von der vorgeschlagenen Lösung ermöglicht werden muss, das Vergleichbare zu vergleichen. So lassen sich Indikatoren zu Beantwortung abstrakterer Fragen (etwa: „Wie häufig wurden im Projektverlauf die Anforderungen geändert?“) auch für Entwicklungsprojekte sehr unterschiedlichen Verlaufs und Inhalts messen und vergleichen. AF3 verlangt die dazu notwendige einheitliche Art der Datenerfassung und -repräsentation.

AF4: **Definition von Regeln auf den Daten, die maschinell-automatisches Schließen von Aussagen unterstützen.** Diese Forderung beinhaltet die Notwendigkeit einer formalen Struktur der integrierten Daten. Nur auf einer solchen lassen sich Regeln festlegen und damit auch Schlussfolgerungen ziehen. Eine typische Regel auf Projektdaten könnte etwa sein: „Eine Anforderung aus der Spezifikation gilt als erfüllt, wenn eine entsprechende Implementierung vorliegt und diese eine vordefinierte Testreihe erfolgreich durchlaufen hat.“ AF4 illustriert hier zugleich die Wichtigkeit der Anforderung AF2, die das Erkennen solcher semantischen Zusammenhänge überhaupt erst ermöglicht.

AF5: **Umfassende und zugleich differenzierte Darstellung der Projektinhalte und -vorgänge.** Angesichts der enormen Menge an Daten, die in jeder Produktentwicklung anfallen, kommt eine Replikation und Integration aller Daten nicht in Frage. Mit dem Fokus auf den Bedürfnissen der Auswertungskomponenten, also den Metriken, ist daher eine selektive Integration der für die Bestimmung von Projektstatus und -fortschritt entscheidenden Daten vorzunehmen. Dieselbe Forderung gilt im Übrigen auch für AF1, es steht nicht die Etablierung aller Verbindungen zwischen Produktmodellelementen im Vordergrund (die sind sicher unzählig), sondern der bedeutsamen.

AF6: Anwendbarkeit auf allen Ebenen der Entscheidungsstruktur von Projekten. Der Rahmen für den Detaillierungsgrad von Auswertungen ist so zu wählen, dass sowohl aggregierte und abstrakte Darstellungen für das Management als auch detaillierte Ergebnisse zur Ableitung konkreter Schritte der Projektsteuerung generierbar sind. Projektleiter erhalten so ein Werkzeug an die Hand, welches sie einerseits bei der Entscheidungsfindung und andererseits bei der Rechtfertigung getroffener Maßnahmen unterstützt.

AF7: Verfolgbarkeit der Entwicklung über den gesamten Projektzeitraum. Gefordert ist die Wahrung der Modellkonsistenz im Projektverlauf, zum Beispiel durch Erhalt der Identifikation (ID) von Elementen. Alle Transformationen müssen so beschaffen sein, dass sie dieselben Strukturen im Produkt immer auf dieselben Modellartefakte abbilden. So wird etwa für eine Anforderung aus zwei Modellen ableitbar: „Gleiche ID" heißt „gleiche Anforderung", „ID fehlt" bedeutet „Anforderung gelöscht" und „ID kommt hinzu" resultiert aus „neue Anforderung wurde erstellt".

Nichtfunktionale Anforderungen

„Dies sind Beschränkungen der durch das System angebotenen Dienste oder Funktionen. Das schließt Zeitbeschränkungen, Beschränkungen des Entwicklungsprozesses, einzuhaltende Standards usw. ein." [Som06] Auch nichtfunktionale Anforderungen für eine Lösung zur Integration von Produktmodellen lassen sich nennen:

AN1: Möglichst geringer Mehraufwand, Vereinbarkeit mit ohnehin vorgesehenen Projektabläufen. Neue Vorgänge lassen sich in Entwicklungsprojekten nur etablieren, wenn sie einerseits einen großen Nutzen versprechen und andererseits das Team nicht mit einem deutlichen Mehraufwand belasten. Keinesfalls dürfen Entwickler angehalten werden, aufwändige Zusatzarbeiten, etwa bei der Transformation oder der Bereitstellung von Modelldaten, durchzuführen. Stattdessen strebt die Lösung eine Integration der nötigen Vorgänge in etablierte Verfahrenswege an und fordert als Eingabe keine anderen als ohnehin vorhandene Daten. So wird neben der Durch- auch die Einführung neuer Maßnahmen zur Erstellung des integrierten Produktmodells erleichtert.

AN2: Performante Behandlung und Speicherung großer Datenmengen. Diese Anforderung ist stark mit AF5 verschränkt – nur die Erfüllung beider Voraussetzungen kann zu einer angemessenen Lösung führen. Denn trotz der Fokussierung auf die wichtigen Teile und Elemente im Produktmodell entstehen bei großen Entwicklungsprojekten auch entsprechende Mengen relevanter Daten. Einer solchen Vielfalt an Information muss die Lösung standhalten und trotzdem deren intuitive Integration ermöglichen.

AN3: Flexibilität durch Erweiterbarkeit. Projektverläufe und -ziele sind vielfältig und entziehen sich jedem Standardisierungsversuch. Gleiches gilt für die in der Produktentwicklung eingesetzten Technologien. Betrachtet man nun die Entwicklung von Projekten zudem auch branchenübergreifend, so ergeben sich unmittelbar die Forderungen nach Flexibilität und Adaption. Entsprechend den Projektinhalten müssen auch die Metriken, mit deren Hilfe Aussagen über den Projektverlauf generiert werden, anpassbar sein.

Domänenspezifische Anforderungen

Da eine passende Lösung nicht auf eine bestimmte Domäne oder Branche beschränkt sein darf, sind auch entsprechend keine domänenspezifischen Anforderungen zu nennen. Im Gegenteil ist gerade die Abwesenheit der Fokussierung auf eine Branche oder ein bestimmtes Entwicklungsumfeld eine weitere wichtige Anforderung (**AD1**).

1.3 Alleinstellungsmerkmale

In der Vergangenheit wurde der Komplexität von Produktentwicklungsprojekten bereits in vielfältiger Weise Rechnung getragen (vergleiche Kapitel 2 zu verwandten Arbeiten). Insbesondere Methodiken zur *nachträglichen* Untersuchung von Projekten finden sich in der Literatur beschrieben und werden verbreitet eingesetzt. Ebenso alltäglich ist die Messung und Bewertung der Projekteintragsgrößen wie etwa Zeit, Geld und Ressourcen.

Diese Arbeit verfolgt einen darüber hinausgehenden Ansatz und liefert zusätzliche Möglichkeiten zur differenzierten Evaluierung von Projektverlauf und -ergebnis. Mit Hilfe eines integrierten semantischen Produkt- und Projektmodells werden Auswertungsmethoden nutzbar, die die Optionen und die Aussagekraft anderer Ansätze übersteigen. Die Alleinstellungsmerkmale im Detail:

Integration aller Projektphasen: Das Produktmodell berücksichtigt alle Phasen der Entwicklung, von der Anforderungsfindung bis zur Produktionsvorbereitung. Es wird kein festgelegter Kanon von Phasen vorausgesetzt, das vorgestellte Framework ist mit jeder Art von Projektvorgehensmodell (z. B. Wasserfallmodell, Iteratives Modell, Rapid Prototyping etc.) vereinbar. Die Hauptstärke des Ansatzes liegt in der semantischen Verknüpfung der Entwicklungsartefakte der einzelnen Phasen und in der Integration der projektphasenorientierten Entwicklerperspektive mit dem Projektmanagement.

Anwendbarkeit auf beliebige Entwicklungsprojekte: Der vorgestellte Ansatz ist nicht auf einen bestimmten Projekttyp, eine Branche oder eine Projektteamzusammensetzung festgelegt. Vielmehr sind die vorgestellten Konzepte generisch und flexibel genug, unterschiedlichsten Umständen sowohl im Unternehmensumfeld wie im Projektverlauf Rechnung zu tragen.

Formalisierung des impliziten Wissens der Projektmitglieder: Das integrierte Produktmodell schafft eine einheitliche, semantisch eindeutige Repräsentation des sich in der Entwicklung befindenden Produktes. Im Zuge der Modellbildung ergibt sich eine wertvolle Verdeutlichung des Wissens und der Tätigkeiten im Projektteam. Das entstehende Modell dient als Basis zur – nun nachvollziehbaren, da nachrechenbaren – Auswertung des Projektverlaufs.

Erstellung des formalen Modells bietet Grundlage für Inferenz: In formalen Modellen lassen sich Mechanismen definieren und Werkzeuge nutzen, die zusätzliche Fakten aus den gegebenen Zusammenhängen automatisiert ableiten. Entsprechende Technologien sind unter dem englischen Begriff „Reasoning“ bekannt. Mit ihnen wird zuvor verborgenes, implizites Wissen über Produkt und Projekt auf Basis mathematischer Logik greif- und ableitbar.

Unterstützung des Projektmanagements: Die zeitliche Integration der Entwicklungsleistung wird im Projekt durch das Projektmanagement geleistet. Hier stehen zahlreiche Ansätze und Implementierungen zur Unterstützung bereit. Allerdings bieten diese keinen Bezug zum eigentlichen Gegenstand der Entwicklung und müssen so bei vielen, oft bei den entscheidenden, Projektmanagementfragen passen. Beispiele für solche kritischen Entscheidungen sind etwa:

- Wird ein Bestandteil des zu entwickelnden Produktes eingekauft oder das Design im Hause durchgeführt?
- Ist es angebracht, zusätzliche Mitarbeiter im Projekt einzusetzen?
- Lohnt die Investition in ein neues (Software-)Werkzeug?

Der hier vorgestellte Ansatz ermöglicht die Unterstützung des Projektmanagements auch und gerade bei Problemen, die aus dem Projektmanagement im Zusammenhang mit dem Entwicklungsartefakt entstehen.

Auswertungen zur Projektlaufzeit: Die Analyse des Projektablaufs nach Abschluss des Projekts ist ein wichtiger und weitläufig adaptierter Teil des Projektlebenszyklus. Selten kann dabei jedoch die exakte Ursache von Problemen quantitativ belegt werden, woraufhin eine eindeutige Problemerkennung und die entsprechenden Verhaltenskorrekturen unterbleiben. Mit dem Konzept eines integrierten Projekt- und Produktmodells werden quantitative Auswertungen zu jedem Zeitpunkt im Projektverlauf, wie auch zu späteren Zeitpunkten, ermöglicht. Insbesondere die Auswertungen zur Projektlaufzeit bieten neue Möglichkeiten – etwa in der Risikovorsorge oder dem Ressourcenmanagement.

Betrachtung auf verschiedensten Ebenen: Die Auswertungen zum Projektverlauf sind auf verschiedenen Ebenen des Managements und der Projektleitung interessant. So fließen aggregierte Darstellungen von Projektkennzahlen über das Portfoliomanagement in die Unternehmenskennzahlen ein. Detailliertere Untersuchungen helfen dagegen der Projektleitung bei ihrer täglichen Arbeit und ihren Entscheidungen.

1.4 Zum Beispiel Pick2Light

Nachdem die Hintergründe der vorliegenden Arbeit besprochen sind, wird es nun Zeit, das durchgängige Anwendungsbeispiel, das Chipentwicklungsprojekt „Pick2Light“, vorzustellen. Das Pick2Light-Projekt wurde zwischen Januar 2003 und August 2004 durchgeführt. Die Entwicklung beruhte auf einer Zusammenarbeit der ELV Elektronik AG (ELV) mit dem OFFIS e. V. zur Realisierung einer anwenderspezifischen integrierten Schaltung (ASIC). Beteiligte auf Seiten von OFFIS waren unter anderen die Herren Torsten Gorath und Frank Poppen. Das Projekt umfasst Spezifikation und Umsetzung der ASIC, welche den Namen 80C32a18 erhielt.

1.4.1 Hintergrund

Die ELV bietet das Kommissioniersystem „SpeedyPick-II" an (siehe Abbildung 1.2). Das System verwaltet Lagerbestände und vereinfacht die Kommission von Lagerinhalten, zum Beispiel in Pakete. Dazu werden alle Lagerplätze registriert und dort der jeweilige Warenverkehr protokolliert. Trifft eine Bestellung ein, so unterstützt das System das Auffinden der Bestellposten. Dazu wird die Bestellung analysiert, mit den Lagerinhalten verglichen und eine optimale Reihenfolge bestimmt, in der ein Mitarbeiter die einzelnen Inhalte zusammenträgt.

Abbildung 1.2: Kommissioniersystem SpeedyPick-II

Neben anderen Komponenten umfasst diese Lösung Displaymodule, die einzelnen Fächern bzw. sich darin befindenden Teilen eines Lagers zugeordnet sind und Informationen über den Inhalt oder zu entnehmende Stückzahlen zugänglich machen. Zu diesem Zweck trägt das Displaymodul eine LCD-Anzeige, eine Bestätigungstaste (grün, links) und zwei Plus/Minus-Taster zur Korrektur der Vorgabe. Die beiden LED auf der rechten Seite leuchten in unterschiedlichen Farben und weisen zwei individuell arbeitenden Mitarbeitern den Weg von Bestellposten zu Bestellposten.

Alle Displaymodule sind mit einem Steuerungsrechner verbunden. Der im Zuge von Pick2Light entwickelte ASIC 80C32a18 ermöglicht eben diese Steuerung mit Hilfe solcher Displaymodule. Eine besondere Herausforderung entstand durch die Fehleranfälligkeit der LCD-Anzeige, deren einzelne Segmente gelegentlich ausfallen. Ein solcher Defekt wird von der Schaltung erkannt, umgangen und gemeldet. Auf diese Weise wird die Gefahr einer fehlerhaften Buchhaltung und einer auf falschen Annahmen beruhenden Verwaltung des Lagerbestandes vermindert.

Abbildung 1.3: Displaymodul

1.4.2 Eignung

Details zu dem erstellten Chip, seiner Spezifikation, den implementierten Funktionen sowie dem letztlich daraus resultierenden Schaltplan finden sich im Anhang A. Im vorliegenden Abschnitt wird zunächst die Eignung des Projekts als Beispiel im Rahmen der Arbeit untersucht. Der Hauptgrund für die Wahl von Pick2Light ist die gegebene Verfügbarkeit sowohl der Produkt- und Projektdaten als auch der beteiligten Entwickler. Mit ihrer Hilfe lassen sich auch eventuell fehlende Daten rekonstruieren. Über die einzelnen Vor- und Nachteile von Pick2Light als durchgängiges Beispiel gibt die folgende Tabelle Aufschluss:

Vorteile	Nachteile
Die Teilnehmer des Projekts sind verfügbar und willens, ihre Erfahrungen zu teilen.	Das Projekt ist bereits abgeschlossen, entsprechend kann nur eine Analyse im Nachhinein erfolgen.
Ausführliche Informationen und Dokumentation zu allen Projektphasen sind vorhanden.	
Das Projekt ist von überschaubarer Komplexität und relativ geringem Umfang, so dass der Aufwand für eine umfassende Untersuchung im Rahmen dieser Arbeit leistbar ist.	
Das Thema der Chipentwicklung passt gut zu dem parallel laufenden Forschungsprojekt Produktiv+, siehe Abschnitt 2.1.3.	

Entsprechend dieser Darstellung bietet sich Pick2Light als Beispielprojekt für das Werkzeug zur Integration von Projekt- und Produktdaten an. Die Vorteile der Verfügbarkeit und Überschaubarkeit sind deutlich schwerwiegender einzuschätzen als der Nachteil der Abgeschlossenheit. Demnach wird Pick2Light in dieser Arbeit durchgängig als Beispiel referenziert. Insbesondere bei der Evaluation in Kapitel 8 wird es darauf ankommen, die Breite der durch das erstellte Werkzeug ermöglichten Untersuchungen zu zeigen.

1.5 Begriffe und Konventionen

Dieser Abschnitt definiert einige der zentralen Begriffe der Arbeit. Ihre Semantik ist für das Verständnis der vorgestellten Konzepte grundlegend.

- **Produkt:** Das Produkt ist der Hauptbetrachtungsgegenstand der Arbeit, um dessen Erstellung sich die vorgestellten Ideen drehen. Bezüglich Art und Beschaffenheit des Produkts werden keine Einschränkungen gemacht, insbesondere eignen sich die Konzepte sowohl für materielle als auch für immaterielle Produkte. Produkte haben in der Regel einen Lebenszyklus von der Produktidee bis zur Entsorgung (siehe [Ehr03]). Aus diesem Ablauf greift die Arbeit den Teil der Produktentwicklung heraus. Die Produktentwicklung ist heute meist als Projekt organisiert.

- **Projekt:** Ein Projekt ist eine abgeschlossene, zeitlich begrenzte und zielgerichtete Kette von Aktionen [Bü87]. Projekte werden als Rahmen für die Produktentwicklung aufgesetzt und enden mit der Finalisierung der Entwicklung (also in der Regel mit Tests und Qualitätssicherung) und dem Übergang des Produkts in die Fertigung.

- **Produkt- und Partialmodell:** Die Vorstellung von der Modellierung, d. h. der abstrakten Repräsentation des zu erstellenden Produktes und der zugehörigen Informationen, ist für die vorliegende Arbeit zentral. Dabei bezeichnet der Begriff des Produktmodells diese Repräsentation im Allgemeinen und als Ganzes, während sich ein Partialmodell dadurch auszeichnet, dass es einen bestimmten Blickwinkel auf das Produkt einnimmt und so beispielsweise Anforderungen, die Konzeption oder die technischen Details der Umsetzung fokussiert.

- **Produktivität und Performanz:** Die dimensionslose Größe der Produktivität ist als Output durch Input definiert. Input und Output beziehen sich dabei auf die Investitionen in bzw. das verwertbare Ergebnis aus einem Projekt. Performanz ist dagegen ein Sammelbegriff für diverse Kennzahlen, unter denen eine die Produktivität des Projekts repräsentiert.

- **Modell, Ontologie und Semantisches Netz:** Modelle repräsentieren Ausschnitte der realen Welt [DOS03]. Ontologien sind spezielle Modelle, die sich unter anderem verwenden lassen, um Produkte zu modellieren. Bei solchen Produktmodellen unterscheidet die Arbeit zwei Varianten: das partielle und das integrierte Produktmodell. Partielle Produktmodelle repräsentieren eine bestimmte Facette des Produkts, etwa die an selbiges gestellten Anforderungen. Das integrierte Produktmodell vereint alle vorhandenen Partialmodelle des Produkts und setzt die in ihnen enthaltenen Artefakte in Bezug. Es entsteht ein Semantisches Netz.

- **Konzept, Relation und Individuum:** Diese Begriffe aus der Modellierung von Ontologien (siehe zum Beispiel [Av04], [Fen04]) werden in der gesamten Ausarbeitung häufig verwendet. Dabei bezeichnet ein Konzept die Schablone oder Kategorie für ein Objekt, ähnlich einer Klasse in der objektorientierten Programmierung. Das Objekt selbst entspricht dann einer Instanz des Konzepts. Relationen repräsentieren Verknüpfungen zwischen Objekten, sie werden zwischen Konzepten als möglich deklariert und zwischen Instanzen gezogen.

- **Metrik und Kennzahl:** Um von Modellen und ihren Artefakten auf Aussagen zur Produktivität und Performanz von Projekten zu schließen, werden Metriken verwendet [Oph05]. Metriken sind Berechnungsvorschriften, Funktionen, die als Ergebnis Kennzahlen haben. Solche Kennzahlen können ihrerseits Eingangsgrößen übergeordneter, abstrakterer Metriken sein. Im Umgang mit Metriken und Kennzahlen ist deren kritische Interpretation gefragt.

- **Bericht, Report:** Ein Ziel dieser Arbeit ist die Erstellung von Berichten, die auf Basis der berechneten Kennzahlen eine Entscheidungshilfe etablieren, welche Projektverantwortliche bei der Steuerung ihrer Vorhaben unterstützt.

Zweischneidig erscheint im Rahmen dieser Arbeit die Verwendung englischer und deutscher Fachwörter. Soweit möglich wurde dem deutschen Begriff der Vorzug gegeben. Allein dort, wo ein solches Vorgehen zu Missverständnissen führt oder einer klaren Formulierung entgegensteht, finden sich Abweichungen von dieser Regel. Im Zweifel ist das deutsche Wort in Begleitung einer geklammerten Übersetzung angegeben.

1.6 Struktur der Arbeit

Die vorliegende Arbeit gliedert sich in neun Kapitel und folgt dem wissenschaftlichen Vierklang aus Problemstellung, Stand der Technik, Konzeption und Implementierung. Zudem findet sich mit Kapitel 2 ein Abschnitt zur Einordnung in den Forschungs- und Themenkontext.

Problemstellung und Zielsetzung behandeln die Abschnitte im ersten Kapitel dieser Arbeit. Diese legen Wert auf die umfassende Definition und Formalisierung der an die zu konzipierende Lösung gestellten Anforderungen. Alle weiteren Ausführungen basieren auf den dort etablierten Ansprüchen, auch die Kandidaten zur Entgegnung der Problemstellung müssen sich an ihnen messen. Der Stand der Technik wird in den Kapiteln 3 und 4 abgehandelt. Hier treten aktuelle Methoden zur Modellbildung, -transformation und -integration in den Vordergrund. Zudem untersuchen die Abschnitte dieser Kapitel deren Eignung in Bezug auf die Lösungsanforderungen und beschreiben den Handlungsbedarf. Damit schaffen die vier Kapitel im vorderen Teil der Arbeit die Grundlage für die Konzeption einer angemessenen Strategie zur Lösung der Problemstellung.

Dieses Konzept detaillieren die Kapitel 5 und 6. Sie schlagen ein konkretes Vorgehen zur Integration von Daten aus der Produktentwicklung vor und zeigen, dass sich so neue Wege zur Auswertung und Steuerung von Projekten eröffnen lassen. Verifiziert werden diese Beschreibungen durch ihre Anwendung im Prototyp „Permeter“ und anhand des durchgängigen Beispiels „Pick2Light“ in den Kapiteln 7 und 8. Kapitel 9 schließt letztlich mit einem Ausblick und den Notizen zu möglichen Erweiterungen, wobei hier besonders die Möglichkeit der zusätzlichen Integration von Projektplanungsdaten beleuchtet wird.

Zur Validierung der Struktur dient die folgende Tabelle, welche die oben definierten Ziele (Abschnitt 1.1.2) den Kapiteln der Arbeit zuordnet:

	Ziel	**Verweis**
1	Projektbasierte Entwicklung von innovativen Produkten	Kapitel 1 und 2
2	Modellierung mit Hilfe von Ontologien	Kapitel 3 und 5
3	Anwendung der vorgestellten Konzepte an einem durchgängigen Beispiel	Kapitel 5, 6 und 8
4	Erläuterung der nötigen Modelltransformation zur Konvertierung und Integration von Partialmodellen	Kapitel 4
5	Anwendung von Ontologiemodellen zur Erstellung integrierter Produktmodelle	Kapitel 5 und 7
6	Nutzung von Metriken zur Untersuchung der Produktmodelle	Kapitel 6 und 8
7	Nutzung der Produktmodelle zum Assessment von Produktentwicklungsprozessen	Kapitel 6
8	Einführung eines „Projektcockpits" zur Entwicklungssteuerung	Kapitel 6 und 7
9	Prototyperstellung	Kapitel 7 und 8

Kapitel 2

Verwandte Arbeiten

IM Bereich der Produktentwicklung, und hier speziell im Rahmen von Entwicklungsprojekten, haben in der Vergangenheit umfangreiche Forschungen stattgefunden. Mehr noch: Die Durchführung von Projekten gehört heute in den allermeisten Unternehmen, die sich eine Entwicklungsabteilung leisten, zum Alltag.

Dieses Kapitel zu verwandten Arbeiten grenzt auf der einen Seite die Inhalte der vorliegenden Arbeit gegen die vielfältige Forschung im Bereich der Projektplanung und -steuerung ab und erläutert auf der anderen Seite den Bezug zu eng verwandten Aktivitäten im Bereich der Datenintegration. Dabei kann es durchaus vorkommen, dass ein und dieselbe Methodik oder Herangehensweise unter beiden Blickwinkeln zu betrachten ist. Beispiele dafür sind das „Quality Function Deployment" oder die Methodiken und Werkzeuge zum Produktdatenmanagement, die sowohl unter dem Gesichtspunkt der Projektüberwachung als auch bezüglich der Verknüpfung von Produktdaten Beachtung verdienen. Entsprechend teilt sich dieses Kapitel in drei große Abschnitte: Sektion 2.1 widmet sich den besonders nahen Arbeiten, die Datenintegration zum Zweck der Performanzmessung betreiben, die Abschnitte 2.2 und 2.3 zeigen jeweils weitere Forschungen auf, die sich in einem der genannten Aspekte auszeichnen.

Das Kapitel schließt mit einer tabellarischen Zusammenfassung, die die vorhandenen Parallelen und notwendigen Abgrenzungen kompakt darstellt. Zuvor nennt ein eingeschobener Abschnitt weitere Forschungsarbeiten, die einen relevanten Bezug zur vorliegenden Arbeit aufweisen, aber in keiner der übrigen Sektionen adressiert sind.

2.1 Informationsvernetzung zum Zweck der Performanzmessung

Dieser Abschnitt widmet sich Forschungsarbeiten, die, ganz ähnlich dem in dieser Dissertation vorgestellten Ansatz, Datenintegration mit dem Ziel der Performanzmessung oder – etwas allgemeiner ausgedrückt – der Projektplanung und -steuerung betreiben. Aufgrund ihrer inhaltlichen Nähe kommt solchen Arbeiten eine besondere Bedeutung zu. Der Abschnitt begegnet diesem Anspruch durch eine detaillierte Beschreibung und eine sorgfältige Abgrenzung zum eigenen Ansatz.

Zu den betrachteten Arbeiten zählen das Produktdatenmanagement, der Ansatz des Quality Function Deployment und Produktiv+ als Referenzprojekt.

2.1.1 Produktdatenmanagement

Die Idee des integrierten Produktdatenmanagements setzte sich Ende der 1980er Jahre durch. Dabei durchlief sie von der Verwaltung technischer Dokumente über die Verknüpfung von Stamm-, Produkt- und Strukturdaten vor dem Hintergrund von Produkthaftung und den Anforderungen der ISO 9000-Normen in den 1990er Jahren bis zu der heutigen Definition zahlreiche Entwicklungsstufen.

Eigner und Stelzer definieren PDM wie folgt: „PDM ist das Management des Produkt- und Prozessmodells mit der Zielsetzung, eindeutige und reproduzierbare Produktkonfigurationen zu erzeugen.“ [ES01] Eine ganz ähnliche Definition gibt auch Schöttner: „Produkt Daten Management (PDM) ist der Ansatz, ein Fertigungsunternehmen im Hinblick auf den Produktentstehungsprozess mit einem Datenmodell abzubilden. Ziel ist es, die kompletten Fertigungsunterlagen für ein Erzeugnis mit einer informationstechnischen Integrationslösung herzustellen.“ [Sch99] Produktdatenmanagement ist damit als die integrierte Verwaltung von Produktmodellen und die Steuerung der erzeugenden Prozesse im gesamten Produktentstehungsprozess festgelegt. Es verfolgt das Ziel, jederzeit gültige Produktkonfigurationen erstellen zu können.

Abgrenzung zu Produktlebenszyklusmanagement (PLM)

Der Begriff „Produktlebenszyklusmanagement“ (PLM) impliziert ein weiter gefasstes Verständnis von PDM. Die Funktionen werden in Integrationstiefe und -breite erweitert und umfassen, neben der Entwicklung, alle anderen beteiligten Unternehmensfunktionen sowie den gesamten Produktlebenszyklus. Prägende Zusatzfunktionen sind laut [ES01]:

- Lifecycle Management: Steht für die durchgängige Anwendung des Konfigurationsmanagements von der Entwicklung über Produktion und Verkauf bis hin zu Service und Entsorgung des Produkts.
- Anforderungsmanagement und -nachverfolgung (Requirements Management and Traceability): Anforderungen werden über den gesamten Produktlebenszyklus hinweg gepflegt, mit den Produktelementen verknüpft und in ihren Auswirkungen analysiert (siehe auch Abschnitt 2.3.4).
- Unterstützung des Supply Chain Management: Einbindung des Entwicklers in den Beschaffungsprozess durch standardisierten Datenaustausch mit Lieferanten oder Zugriff auf elektronische Zulieferkataloge.
- Engineering Collaboration: Werkzeuge zur Vereinfachung der Zusammenarbeit der Anwender des PLM-Systems wie z. B. in den Bereichen des unternehmensübergreifenden Projektmanagements, der Zugriffssteuerung und des Datenaustauschs.
- E-Commerce-Support: Erzeugung von parametrisierten Online-Produktkatalogen zur internetbasierten Angebots- und Bestellabwicklung.

Da das PLM den Fokus über die Entwicklung hinaus öffnet und sich die vorliegende Arbeit exklusiv mit der Produktentwicklung beschäftigt, ist eine gesonderte Betrachtung in diesem Abschnitt nicht nötig. Die über die Beziehung des vorgestellten Ansatzes zu PDM getroffenen Aussagen gelten genauso für das Produktlebenszyklusmanagement.

Ausprägungen und Funktionen von PDM-Systemen

Systeme zum Produktdatenmanagement sind nicht als „Off-the-shelf"-Applikation zu bekommen, sondern werden auf das jeweilige Unternehmen individuell zugeschnitten. Dazu existieren einige Open-Source-Lösungen für PDM-Funktionen, die jedoch nur begrenzten Anwendungswert haben oder akademische Lösungen darstellen. Beispiele sind FIDAB[1] oder PDMWeb[2]. Zu den prominentesten kommerziellen PDM-Systemen zählen Enovias MatrixOne und SmarTeam, SolidWorks PDMWorks und das UGS Teamcenter.

Die Anwendung und Handhabung von PDM-Systemen wird im Folgenden anhand einer kurzen Funktionsübersicht erläutert [Sch99]:

Dokumentenmanagement: In der Entwicklung generiert eine Vielzahl von spezialisierten IT-Anwendungen (Erzeugersysteme) Dokumente, die in ihrer Gesamtheit die technische Beschreibung und Umsetzung des angestrebten Produktes ausmachen. Diese Dokumente strukturiert abzulegen und aufzufinden ist Aufgabe des Dokumentenmanagements. Dokumente werden nach logischen (Art des Dokuments, Bezug) und physischen Kategorien (Dateiformat, Datenträger) verortet. Für logische Dokumentkategorien umfasst ein Stammdatensatz alle zu einem entsprechenden Dokument anzugebenden Metadaten. Im Allgemeinen zählen dazu mindestens Informationen wie Identifikationsnummer, Titel, Freigabe- und Änderungshistorie etc., bei CAD-Modellen oder Zeichnungen kommen spezifische Informationen wie etwa Klassifikationsschlüssel, Gewicht, Werkstoff, Darstellungsgrad, Maßstab usw. hinzu.

Teilemanagement: Bauteile stehen im Zentrum des Interesses in der Produktentwicklung, denn ihre Beschreibung bildet als Erzeugnisdokumentation das Ergebnis aller Konstruktionsarbeiten. Bauteile werden durch einen Teilestammsatz beschrieben, der alle produktbeschreibenden Dokumente sammelt, wobei wichtige Attribute im Dokumentenstammsatz direkt mit Daten aus dem Teilestammsatz belegt werden, um die korrekte Verknüpfung sicherzustellen. Die Teilestammdaten bilden die Grundlage für den Materialstammsatz der neben technischen auch betriebswirtschaftlich-planerische Informationen enthält und so die Schnittstelle zwischen PDM- und Enterprise Resource Planning (ERP)-Systemen bildet.

Nummerierung und Klassifikation: Um in der Informationsmenge des PDM-Systems den Überblick zu bewahren, sind alle Informationsobjekte eindeutig identifizierbar und anhand bestimmter Eigenschaften ohne großen Aufwand aufzufinden. Dies wird durch Nummerierungs- und Klassifizierungssysteme sichergestellt. Deren Identifizierungsnummern dienen zur eindeutigen Bezeichnung eines Objektes und bleiben über dessen gesamte Lebensdauer unverändert. Klassifizierungsnummern ordnen ein Objekt anhand ähnlicher oder identischer Merkmale produktunabhängig in Gruppen ein.

Produktstrukturmanagement: Neben der zuvor beschriebenen Stammdatenverwaltung haben PDM-Systeme die Aufgabe, die Produktstruktur, also die Beziehung der Bau-

[1] http://www.fyrplus.se/fidab
[2] http://pdmweb.sourceforge.net

teile untereinander, zu verwalten. Zentrales Mittel hierfür sind Stücklisten. Sie listen für ein Bauteil alle untergeordneten Komponenten auf, aus denen es aufgebaut ist. Neben der Listendarstellung besteht die Möglichkeit, eine Stückliste in Form eines Gozinto-Graphen (Verballhornung von „The part that goes into") darzustellen. Verschiedene Arten von Stücklisten dienen unterschiedlichen Zwecken: Mengenstücklisten zählen in unstrukturierter Weise die Anzahl der verwendeten Teile auf, Baukastenstücklisten nennen nur direkt untergeordnete Bauteile, die ihrerseits wieder in eigene Stücklisten unterteilt sind, Strukturstücklisten stellen sowohl die Menge der verwendeten Teile als auch den kompletten hierarchischen Produktaufbau dar.

Prozess- und Workflowmanagement: Die Komponente zum Prozessmanagement in einem PDM-Systems steuert die Verwendung von Daten im Produktentstehungsprozess, indem sie anhand eines vorher festgelegten Ablaufs (Prozessmodell) die richtige Information an die richtige Stelle weiterleitet und die notwendigen Vorgänge anstößt. Diese Funktion ist insbesondere für Freigabe- und Änderungsprozesse im Konfigurationsmanagement notwendig und unterstützt das Simultaneous Engineering (d. h. ein paralleles Design verschiedener Bauteile zur gleichen Zeit). Darüber hinaus zeichnet die Prozesskomponente alle Aktionen und Änderungen an den Dokumenten und Strukturen auf. Dieses Prozessprotokoll wird dann als Report extrahiert und zu Auswertungszwecken herangezogen.

Anwendungsintegration: Um die vielfältigen Erzeugersysteme in Entwicklungsprozessen sinnvoll zu verknüpfen, haben PDM-Systeme eine wichtige Integrationsfunktion. Sie verketten die verschiedenen Partialmodelle (z. B. Anforderungs- und Funktionsmodell, Konzeption und Implementierung) und die Artefakte aus den CAx-Systemen im integrierten Produktmodell.

Projektmanagement: In der Literatur werden Projektmanagementfunktionen als ein wesentliches Element jedes PDM-Systems betrachtet. Der geforderte Funktionsumfang umfasst neben der Verwaltung des Terminplans außerdem die Planung, Steuerung und Überwachung von Entwicklungs- und Kundenprojekten mittels eines Projektdatenmodells [Sch99]. Mit Hilfe der Prozess- und Workflowfunktionalität des PDM-Systems werden Aufgaben geplant und ihre Durchführung kontrolliert. Vorteil ist, dass so fast alle Daten bezüglich des Projektinhalts (Angebote, Produktstrukturen, Dokumente etc.) zusammen mit den Projektdaten in einem System verwaltet werden [ES01].
In der betrieblichen Praxis ist das im PDM-System integrierte Projektmanagement allerdings kaum verbreitet [Gri04] [AG96], stattdessen kommt es häufig zu einer Koexistenz von PDM- und Projektmanagement-Systemen mit allen sich daraus ergebenden Nachteilen einer parallelen Datenhaltung. Zudem wird mit der Aufteilung auf verschiedene Systeme die Möglichkeit vergeben, die Wirkzusammenhänge zwischen den jeweils betrachteten Artefakten, also etwa Aufgaben und Meilensteinen auf der einen sowie Bauteilen und Anforderungserfüllung auf der anderen Seite, abzubilden.

Abgrenzung zum Produktdatenmanagement

Die den vorigen Abschnitt beschließende Bemerkung weist schon auf den wichtigsten Aspekt der Abgrenzung zwischen PDM und dem in der vorliegenden Arbeit vertretenen Ansatz hin. Das klassische PDM versucht nicht, das Format der Entwicklungsdokumente „zu verstehen". Es bleibt auf der syntaktischen Ebene und zielt nicht auf die Erfassung der semantischen Bedeutung von Produkt und Projekt. Entsprechend ist es nicht möglich, die vorhandenen impliziten Verknüpfungen zwischen Produkt- und Projektartefakten in den Dokumenten (Modellen) darzustellen. Eben jene bieten allerdings wertvolle Hinweise für die Performanzmessung, wie diese Arbeit im weiteren Verlauf zeigt.

Dennoch lassen sich auch einige Parallelen und übereinstimmende Anforderungen in Bezug auf PDM-Systeme und den vorliegenden Ansatz finden, etwa hinsichtlich Integration, Nummerierung und Klassifikation (vergleiche Kapitel 1, Anforderungen in Abschnitt 1.2). Insgesamt verfolgt das PDM einen allgemeineren Ansatz und dient, wie die Vielzahl der oben dargelegten Teilaspekte des Konzepts schon nahelegt, auch generelleren Zielstellungen. Der Fokus dieser Arbeit, die Performanzmessung, bleibt im PDM-Konzept ein Randthema.

2.1.2 Quality Function Deployment

Das Quality Function Deployment (QFD, sinngemäß „Merkmal-Funktions-Aufstellung") dient der visuellen Verknüpfung von Kundenanforderungen mit funktionalen Produktmerkmalen sowie der einheitlichen und nachvollziehbaren Bewertung solcher Abhängigkeiten. Die Methode wurde 1966 erstmals von Yoji Akao in [Aka04] beschrieben und von Bob King in [Kin87] weiterentwickelt. Sie verficht die Darstellung von Zusammenhängen zwischen Anforderungen und Funktionen anhand von Korrelationsmatrizen. Diese Matrizen sind unter dem Namen „House of Quality" zu einiger Berühmtheit gelangt, Abbildung 2.1 illustriert das Prinzip. Dabei sind in den Zeilen die Kundenanforderungen aufgelistet, die nach Priorität, Verkaufspotential, Bewertung eines Vorgängerprodukts und Zielwerten des Nachfolgemodells beurteilt sind. Die Spalten enthalten konkrete Produktmerkmale, die die Funktion des Produktes ausmachen. Mit Hilfe der Übertragungsmatrix lassen sich nun Anforderungen und Produktmerkmale, wiederum anhand von Kundenpriorität, Verkaufspotential und zu erzielender Verbesserung, in gewichtete Zusammenhänge setzen. Diese Zusammenhänge stehen im Zentrum der Darstellung. Im „Dach" des House of Quality werden zusätzlich komplementäre (o) und sich in Konflikt zueinander befindende (x) Ziele markiert.

Das Beispiel in Abbildung 2.1 modelliert die Anforderungen und Funktionen eines Staubsaugers. Die dargestellten Zeilen enthalten entsprechende Einträge zu dem von potentiellen Kunden gewünschten Verhalten, wie etwa „Lärmarmer Betrieb" oder „Gute Schmutzaufnahme". Jede der Zeilen ist in der angrenzenden, grau hinterlegten Spalte mit einer Priorität versehen, die wesentlich in die am unteren Rand dargestellte Gewichtung der Funktionen einfließt. Diese Abstufung ordnet ihrerseits die technischen Attribute des Geräts nach ihrer Wichtigkeit, die „Leistung" wird im Beispiel diesbezüglich offenbar deutlich höher angesetzt als das „Gewicht". Zusammengehalten wird das ganze Konstrukt von der Matrix im Zentrum, die den Einfluss von Anforderungen auf Funktionen mittels einer Zahl zwischen 1 und 9 beschreibt. Dabei drückt erstere eine geringe, letztere dagegen eine sehr starke Abhängigkeit aus.

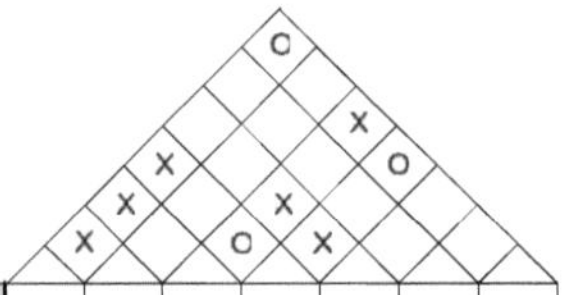

Technische Attribute / Anforderungen des Kunden	Priorität	Düsengröße	Leistung	Abmessungen	Gewicht	Filtergröße	Schalldämpfung	Stromverbrauch
Geringes Gewicht	3			1	9			
Einfache Handhabung	3	3		3	3			
Lärmarmer Betrieb	4						9	
Energiesparend	2	3	9					9
Gute Schmutzaufnahme	4	9	9					
Geringe Größe	1			9	1	9		
Verlässlichkeit	3					3		
Gewichtung		42	81	39	30	45	41	65

Abbildung 2.1: QFD, House of Quality

Aufstellung und Pflege eines House of Quality im Rahmen des QFD steigern die Qualität, indem sie unscharfe Kundenanforderungen mit Produktfunktionen korrelieren. In weiteren Ausbaustufen werden zudem Matrizen zur Korrelation von Funktionen mit Baugruppen oder Einzelteilen aufgestellt. Auf diesem Wege wird das Prinzip des QFD in allen Phasen der Produktentwicklung verfeinert. QFD ist besonders für Folgekonstruktionen geeignet, wenn bereits Kundenpräferenzen und -bewertungen vorliegen. Es hilft aber auch bei der strukturierten Anforderungserfassung und -verfolgung von Neukonstruktionen. Zur Durchführung der QFD-Methodik existieren geeignete IT-Werkzeuge, z. B. Qualica[3].

Das Quality Function Deployment umfasst neben dem Kernkonzept des House of Quality eine Anzahl weiterer Vorschläge und Vorgehen zum Qualitätsmanagement, die hier allerdings weniger relevant sind. Zudem diente es als Inspirationsquelle für die prominente ISO 9000-Norm zum Qualitätsmanagement, die in einigen Industriebranchen (hier ist insbesondere die Automobilindustrie zu nennen) häufig nachgefragt und ent-

[3]http://www.qualica.de

sprechend verbreitet zertifiziert wird.

Abgrenzung zum Quality Function Deployment

Der im Rahmen dieser Arbeit vorgestellte Ansatz ist in mancherlei Hinsicht durch das Quality Function Deployment inspiriert. Besonders deutlich wird diese Verwandtschaft angesichts des Konzepts, zuvor implizite Zusammenhänge zwischen Produktinformationen zu formalisieren und zu externalisieren. Während dieser Vorgang im QFD allerdings meist auf Anforderungen und Funktionalitäten beschränkt bleibt, ermöglicht die in Kapitel 5 erläuterte Konzeption eine Verschränkung beliebiger Artefakte. Weiterhin erfolgt die Verknüpfung nicht wie beim QFD rein syntaktisch „auf dem Papier“, sondern über die Auszeichnung nach strengen semantischen Regeln mit Hilfe wohldefinierter Relationen (siehe Kapitel 3 zu semantischen Netzen). Auch hinsichtlich der Implementierung in Kapitel 7 werden in der Ähnlichkeit der Matrixstruktur des House of Quality und des Matrixeditors Korrespondenzen offenbar.

2.1.3 Produktiv+ – Performanzmessung in der Chipentwicklung

Am Beispiel einer speziellen Branche, der Herstellung von Siliziumchips, betrachtet das BMBF-geförderte Projekt Produktiv+ (Förderkennzeichen: 01 M 3077, Dauer: November 2005 bis Oktober 2008) ebenfalls die Performanzmessung in der Entwicklung. Die rasante Entwicklung der Technologie in diesem Industriezweig, das hohe Entwicklungsrisiko sowie extrem kurze Marktfenster stellen die Akteure auf diesem Markt vor ganz eigene – oder zumindest im Vergleich zu anderen Branchen verschärfte – Probleme. Abbildung 2.2 verdeutlicht diesen Aspekt.

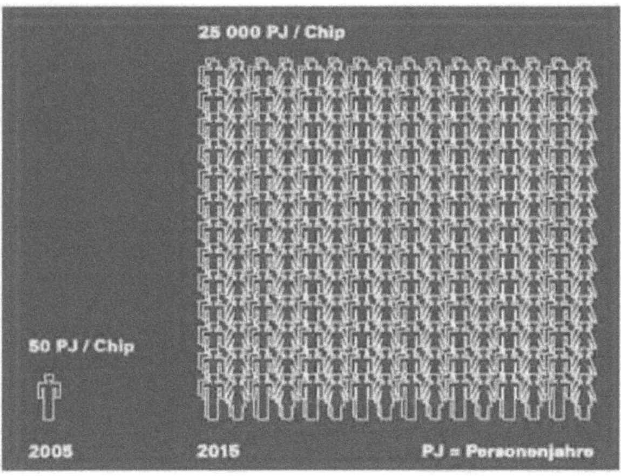

Abbildung 2.2: Entwicklungsaufwand im Chipdesign

Reichten im Jahre 2005 noch 50 Personenjahre (PJ) zur Entwicklung eines durchschnittlichen Chips, ergibt sich bei gleich bleibender Produktivität angesichts der bedeutend gewachsenen Möglichkeiten der Technologie (Prozessgrößen, Transistorenzahlen etc.) bereits im Jahre 2015 ein theoretischer Aufwand von etwa 25.000 PJ. Diese Zahl ist offensichtlich unrealistisch und nicht zu erreichen.

An dieser Stelle setzt Produktiv+ an und verfolgt eine Strategie der Produktivitätssteigerung. Um allerdings eine Erhöhung der Produktivität durch verbesserte Werkzeuge und Prozesse erreichen und evaluieren zu können, wird in einem ersten Schritt die Messung der aktuellen bzw. erreichten Produktivität notwendig.

Vorgehen

Der im Projekt Produktiv+ gewählte Ansatz umfasst vier Arbeitspakete, die inhaltlich aufeinander aufbauen, aber auch parallele Aktivitäten umfassen:

AP1 **Modellbildung:** Auch Produktiv+ verwendet Ontologien zur Modellierung des Entwicklungsgegenstandes und der Entwicklungsumgebung. Auf diesem „Designflow“ liegt in der Chipentwicklung eine besondere Betonung, da er aufgrund der Vielzahl an Beteiligten und der verwendeten Werkzeuge eine hohe Komplexität aufweist und hier bedeutende Optimierungsmöglichkeiten erwartet werden.

AP2 **Datenerfassung:** Um das in AP1 erstellte Modell mit konkreten Daten aus den Projekten der Industriepartner (Infineon, AMD, Bosch) zu füllen, finden im zweiten Arbeitspaket eine Sammlung von Rohdaten und eine Transformation dieser in das vereinbarte Format statt. Dazu werden geeignete Werkzeuge entwickelt. Die erfassten Daten dienen in erster Linie der Evaluation und Kalibrierung von Auswertungsmethoden.

AP3 **Analyse und Prognose:** Parallel zur Datenerfassung werden Berechnungsverfahren zur Komplexität und Qualität von Chips sowie zur Produktivität in Chipentwicklungsprozessen erstellt. Diese werden anschließend auf die erfassten Daten angewandt.

AP4 **Integration und Bewertung:** Das vierte Arbeitspaket nutzt die Ergebnisse der vorigen Bemühungen zur Bewertung von Projekten im Chipdesign. Dies schließt die Simulation und Prognose von voraussichtlichen Prozessverläufen genauso ein wie die Generierung von Empfehlungen für den Designtool-Einsatz oder die detaillierte Bewertung einzelner Komponenten und ihrer Abhängigkeiten untereinander.

Abgrenzung zu Produktiv+

Schon anhand des Vorgehens zeigen sich einige Ähnlichkeiten zwischen dem im Rahmen dieser Arbeit vorgestellten Konzept und dem BMBF-Projekt Produktiv+. Die Grundelemente von Transformation, Integration und Auswertung sind wiedererkennbar. Allerdings bleibt Produktiv+ deutlich näher an den konkreten Umständen und Problemen des Chipdesigns und versucht nicht, ein generell für die Produktentwicklung gültiges Modell oder Vorgehen zu schaffen. Die vorliegende Arbeit definiert dagegen einen allgemeinen, übertragbaren Ansatz.

Entsprechende Unterschiede ergeben sich in den Anstrengungen bezüglich der Auswertung von Produktmodellen. Während Produktiv+ in der speziellen Domäne konkrete Berechnungsvorschriften festlegt und sich auch an die Prognose und Simulation wagen kann, legt des Konzept aus Kapitel 5 und Kapitel 6 lediglich die generischen Anknüpfungspunkte für spezialisierte Auswertungen fest. Allerdings wurde die Implementierung des Konzepts, „Permeter" (siehe Kapitel 7), auch als Vorarbeit in Produktiv+ eingebracht. Umgekehrt hat die vorliegende Arbeit auch von Produktiv+ als Vorlage für eine mögliche Konkretisierung profitiert.

2.2 Arbeiten im Bereich der Datenintegration

Die Datenintegration ist die zentrale Aufgabe des im Rahmen dieser Arbeit vorgestellten Ansatzes. Auch die Bemühungen in Richtung der Modelltransformationen (Kapitel 4) dienen letztlich diesem Ziel. Der vorliegende Abschnitt betrachtet das zugehörige Forschungsgebiet mit einem breiteren Fokus als der vorangegangene und untersucht so weitere Arbeiten, die die Performanzmessung nicht betonen und eine Datenintegration in der Produktentwicklung prioritär aus anderen Erwägungen heraus anstreben.

Dazu gehören der Standard für den Austausch von Produktmodelldaten (engl.: Standard for the Exchange of Product Model Data, STEP), Ansätze zur Integration von Ontologien sowie das Paradigma des Computer Integrated Manufacturing (CIM).

2.2.1 Standard for the Exchange of Product Model Data

Als Anwendungskontext und zur Repräsentation der technischen Inhalte eines Entwicklungsprojekts dienen Produktdatenmanagementsysteme (siehe oben). Der hier dominante Standard für deren Datenmodell und die zugehörigen Austauschformate ist der „Standard for the Exchange of Product Model Data", kurz: STEP. STEP ist das Synonym für die ISO 10303-Normengruppe, welche entsprechend die rechnerinterpretierbare Darstellung und den Austausch von Produktdaten regelt. STEP entstand aus etablierten Standards zum Geometriedatenaustausch zwischen CAD-Systemen. Anders als die zuvor existierenden Schnittstellen bietet STEP Möglichkeiten zur Abbildung von Konfigurations-, Produktstruktur- und Gültigkeitsinformationen.

Die STEP-Normenfamilie umfasst Definitionen für eine Vielzahl von Modellen, Methoden und Anwendungsprotokollen (siehe Abbildung 2.3). Grundlegende Beschreibungsmethoden für Produktdatenmodelle werden demnach durch die objektorientierte Beschreibungssprache EXPRESS ermöglicht, zu der die graphische Notation EXPRESS-G und die Konvertierungssprache EXPRESS-X gehören (ISO 10303-1x-Reihe). Implementierungen bestimmter PDM-Funktionalitäten wie z. B. Produktstrukturen oder Materialdaten finden sich in den Integrated Generic Resources und den Application Resources (ISO 10303-4x/1xx/5xx). Die so genannten Application Protocols (APs, ISO 10303-2xx) bilden branchenspezifische Zusammenstellungen von PDM-Funktionalitäten. Der prominenteste Vertreter dieser Kategorie ist das AP 214 „Core Data for Automotive Mechanical Design and Processes" für die Automobilindustrie. Um die Interoperabilität verschiedener STEP-Implementierungen zu gewährleisten, definiert der STEP-Standard so genannte Conformance Classes, denen ein PDM-System genügen muss. Gemäß dem MDA[4]-Gedanken ist ein in EXPRESS beschriebenes Informationsmodell zwar bereits rechnerverarbeitbar (vergleichbar einem UML[5]-Modell.), aber unabhängig von einer speziellen Implementierung. Damit ist es möglich, ein logisches Modell (Spezifikation) mit Hilfe von Softwarewerkzeugen in verschiedene Anwendungssysteme abzubilden. Detaillierte Informationen zu STEP finden sich unter anderem in [AT00].

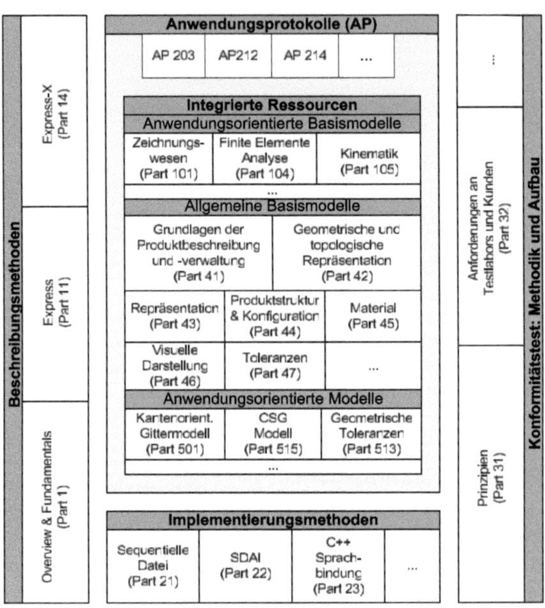

Abbildung 2.3: Der STEP-Standard [ISO 10303]

Abgrenzung zu STEP

Mit der Idee einer branchenneutralen Grundlage und den entsprechenden Application Protocols befindet sich STEP in direkter Nähe der hier vorgestellten Arbeit. Die Inhalte der Application Protocols entsprechen denen der partiellen Produktmodelle (siehe Kapitel 5). Allerdings fokussiert STEP auf den Austausch von Produktdaten und damit auf die Interoperabilität von Werkzeugen. Entsprechend schwach ausgeprägt sind die Möglichkeiten zur semantischen Integration und zur systematischen Auswertung der repräsentierten Produktdaten.

[4]Model Driven Architecture, Konzept der modellgetriebenen Softwareentwicklung.

[5]Unified Modelling Language, Standard zur graphischen Modellierung.

Ansonsten gelten wegen der inhaltlichen Nähe von STEP und PDM-Systemen die oben (Abschnitt 2.1.1) dazu getroffenen Aussagen.

2.2.2 Ontology Integration

Die Integration von Ontologien ist eng mit den Begriffen „Merging“ und „Mapping“ verknüpft. Unter dem Mapping von Ontologien versteht man den Versuch, das Vokabular zweier Modelle, die in derselben Domäne verortet sind, in Beziehung zueinander zu setzen. Die Bedeutung von Mappings wird in der Literatur betont und ergibt sich aus der Tatsache, dass der Vorgang der Auffindung von Korrespondenzen die Grundlage für eine ganze Reihe weiterführender Aufgaben liefert, darunter Ontology-Alignment, -Fusion und -Integration.

[KS03] stellt die grundlegenden Forschungen zu Ontologie-Mappings sowie die zu diesem Zweck verwendeten Werkzeuge zusammen. Der Artikel adaptiert einen algebraischen Ansatz, der eine Ontologie als ein Paar $O = (S, A)$ definiert, wobei S das Vokabular und A die auf den Definitionen der Ontologie basierenden Axiome, also die intendierte Anwendung von S, umfasst. Diese Vorstellung entspricht der Unterscheidung in t-box und a-box (siehe Kapitel 3). Auf Basis dieses Fundaments definieren [KS03] Ontology-Mappings als die Umwandlung der Elemente aus der t-box unter Erhalt der a-box. Solche Mappings sind entweder total, befassen sich also mit dem gesamten Inhalt der Ontologie, oder partiell, d. h. in einem spezifischen Teilgebiet der modellierten Domäne, gültig.

[PPM99] verfolgt einen weniger formellen Weg zur Definition von Mappings und Integration. Der Beitrag unterscheidet drei Fälle: Ontologieintegration, -vereinigung und -nutzung:

1. **Integration** benennt die Erstellung einer neuen Ontologie durch die Verwendung und Zusammenführung bestehender. Ausgangspunkt der Integration sind zwei oder mehr existierende Ontologien (O_1, O_2, ..., O_n). Aus dem Prozess der Integration entsteht eine neue Ontologie (O). In der Regel bildet jede der integrierten Ontologien O_x eine eigene, spezifische Domäne ab. Die integrierte Ontologie O überspannt entsprechend die vereinigte Menge der Domänen. Gegebenenfalls enthält sie zudem noch weitere Definitionen.

2. Die **Vereinigung** beschreibt ebenfalls einen Prozess mit mehreren Ontologien als Ausgangspunkt. Allerdings handelt es sich hier um Ontologien, die alle aus derselben Domäne stammen. Mit dem Ziel, eine einzelne, detaillierte und vollständige Ontologie zu diesem Thema zu erhalten, werden die ursprünglichen Ontologien vereint. Das Ergebnis ist ein umfassendes semantisches Modell des betrachteten Themenkomplexes.

3. **Nutzung** bezieht sich auf die Verwendung einer oder mehrerer Ontologien in einer Applikation. Beim „Ontology-Use“ entsteht kein neues Modell, die bestehenden bilden vielmehr das Rückgrat, d. h. das semantische Datenmodell, der betrachteten Anwendung.

Weitere Ansätze zur Ontologieintegration und -vereinigung

Klein et al. [KBF+03] widmen ihre Arbeit den Möglichkeiten zur Speicherung und zum Alignment von Ontologien. Sie untersuchen dabei auch die Möglichkeiten zu Ontologiemanagement und -evolution. Darüber hinaus betrachten sie das Mapping von Ontologien und führen RDFT (RDF Transformations) ein, eine Erweiterung des RDF-Schemas um Elemente zur Definition von Mappings zwischen XML-Dokumenten und Ontologien.

In [SM03] adressieren Stumme und Maedche dagegen speziell das Vereinigen von Ontologien. Ihre Methode empfiehlt eine Mischung verschiedener Techniken zur Definition von Mappings: Repräsentationen auf dem Instanzlevel werden ebenso verwendet wie Textvergleiche und die Analyse der formalen Semantik auf Konzeptebene. Das gewonnene Mapping ermöglicht anschließend die Vereinigung einer oder mehrerer betrachteter Ontologien. Bei [SM03] handelt es sich hier allerdings nicht um einen vollständig automatischen, sondern um einen von Expertenwissen gestützten Prozess.

Ein bedeutender Teil der Forschung im Bereich der Datenintegration kommt aus dem Gebiet der Schemaintegration im Datenbankumfeld, siehe zum Beispiel [PS00]. Mit gewissen Einschränkungen sind diese Arbeiten auch für die Integration und Vereinigung von Ontologien adaptierbar. Aktuelle Ansätze in diesem Bereich setzen lokale, auf eine Datenbank begrenzte, Schemata mit einem globalen, kanonischen Schema in Beziehung. Das Ziel ist dabei in der Regel entweder die gleichartige Repräsentation verteilter und semantisch überlappender Datenbanken oder die Schemaevolution. Obwohl Noy und Klein in [NK02] argumentieren, dass Ontologie- und Schemaevolution nicht vergleichbar seien, lassen sich dennoch einige der aus diesem Kontext stammenden Methoden und Werkzeuge wiederverwenden.

So etwa „SemInt" [CL00], die prototypische Implementierung eines allgemeinen Matching-Algorithmus, der Verknüpfungen zwischen den einzelnen Attributen eines gewählten Schemas herstellt. Um diese Aufgabe zu erfüllen, kommen neuronale Netze zum Einsatz. Dazu wird das erste Schema als Lernmenge verwendet, in der ähnliche Attribute eng beieinanderliegen. SemInt definiert auf diese Weise eine flexible und zugleich umfassende Möglichkeit zur Schemaintegration.

Ein weiteres Werkzeug zur Verschneidung von Datenbankschemata ist „Artemis" von [BCBV01]. Es berechnet die „Affinität" zwischen Schemaattributen als Gleitkommawert im Bereich von 0 (keine Ähnlichkeit) bis 1 (Übereinstimmung). Die Integration des Schemas erfolgt dann auf Basis der jeweils paarweise bestimmten Affinitäten. Artemis ist Teil eines Ansatzes zur Mediation in heterogenen Datenbankumgebungen, MOMIS (Mediator envirOnment for Multiple Information Sources) genannt (ebenfalls [BCBV01]).

Unter dem Namen „Cupid" firmiert schließlich ein hybrider Ansatz, der sowohl Vergleiche der Attribute als auch Strukturinformationen zu Rate zieht [MBR01]. Dabei finden auch externe Informationsquellen, etwa Synonym-, Abkürzungs- und Akronymverzeichnisse Verwendung. Der Ansatz ist schon im Design auf den generischen Gebrauch ausgerichtet und blickt damit potentiell über den Rahmen der Integration von Datenbankschemata hinaus. Als Anwendungsfeld werden alle Datenmodelle im Allgemeinen genannt, entsprechend bieten sich die definierten Mechanismen zur Verwendung auch in XML- und OWL-Datenmodellen an.

Abgrenzung zur Ontologieintegration

Die in Kapitel 5 beschriebene Konzeption benutzt die Ontologie Integration entsprechend der obigen Definitionen. In Übereinstimmung mit der obigen Einteilung liegt kein Ontology-Merge vor, da die integrierten Ontologien unterschiedliche Domänen repräsentieren.

Alle von den verwandten Ansätzen vorgeschlagenen Algorithmen und Vorgehensweisen zur Identifikation von Korrespondenzen lassen sich potentiell für den im Rahmen der Arbeit vorgestellten Prototyp verwenden. Die Auswahl wird dabei im Wesentlichen durch die Struktur der einzelnen Partialmodelle motiviert sein, Kapitel 7 nennt hier einige Details. Insofern besteht die Verwandtschaft mit den bestehenden Arbeiten zur Ontologieintegration hauptsächlich in der Anwendung und Adaption dort vorgeschlagener Methodiken.

2.2.3 Computer Integrated Manufacturing

Unter dem Schlagwort des „Computer Integrated Manufacturing“ (CIM) wurden in den 1970er Jahren bedeutsame Integrationsanstrengungen in Industriebetrieben unternommen, siehe u. a. [Wal92]: „Beim CIM [...] sollen primär betriebswirtschaftliche Informationsverarbeitungsaufgaben (Produktionsplanungs- und Steuerungssysteme, PPS) mit technischen Informationsverarbeitungsaufgaben über gemeinsam benutzte Grunddatenbestände für Stücklisten, Arbeitspläne und Betriebsmittel integriert werden.“ [Han98] Zur Visualisierung von CIM dient das Y-CIM-Modell nach Scheer [Sch98] in Abbildung 2.4. Es stellt die Funktionen im Produktionsablauf getrennt nach betriebswirtschaftlichen und technischen Aufgaben dar.

CIM ist vorrangig auf den Herstellungsprozess ausgerichtet, die im Y-CIM-Modell implizierte Parallelität von betriebswirtschaftlichen und technischen Funktionen ist de facto nicht gegeben. In der betrieblichen Realität wurden insbesondere der linke und der rechte untere Teil des CIM-Konzepts durch Produktionsplanungs- und Steuerungssysteme sowie Enterprise Resource Planning (ERP)-Systeme realisiert, die Integration der Produktentwicklung jedoch nur unzureichend, meist über eine dokumentenorientierte Schnittstelle, umgesetzt.

Abgrenzung zum Computer Integrated Manufacturing

Wie Scheer in [Sch89] betont, liegt dem CIM-Konzept eine enge Kopplung auf Daten- und Modellebene zugrunde. Auch die Prozesse sind eng miteinander verknüpft und werden durch umfangreiche Prozessmodelle (z. B. Vorgangskettendiagramme, ereignisgesteuerte Prozessketten) beschrieben. Die Integration auf Datenebene durch relativ einfache Datenstrukturen wie Stücklisten oder Arbeitspläne reicht zur Beschreibung und Steuerung der vorgelagerten und komplexen Funktionen und Prozesse der Produktentwicklung (im rechten oberen Bereich des Y-CIM-Modells angesiedelt) nicht aus, die enge Kopplung verhindert die notwendigen Innovationsfreiräume in der Entwicklung.

Aufgrund der Einmaligkeit jedes Entwicklungsvorhabens ist die produktionsorientierte, auf Effizienz ausgerichtete Sichtweise von CIM nicht geeignet, den Entwicklungsprozess zu integrieren. So fehlt im CIM-Konzept eine Möglichkeit zur Darstellung des Entwicklungsprojektablaufs, z. B. durch ein Projektmanagementsystem. Der Bezug zum

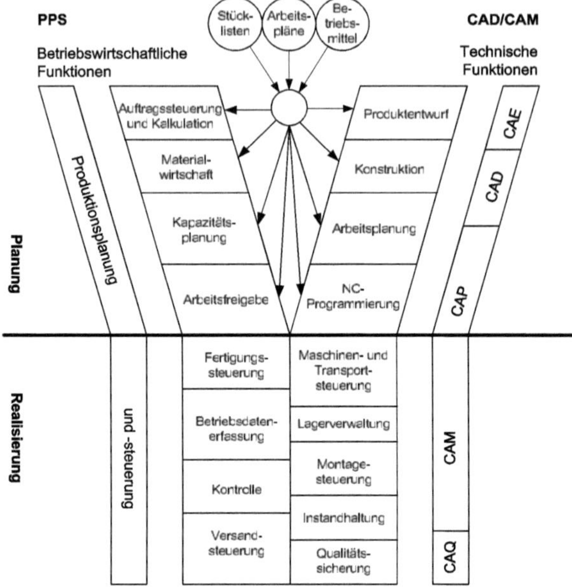

Abbildung 2.4: Das Y-CIM-Modell

hier vorgestellten Ansatz besteht damit eher auf der abstrakten Ebene: CIM kann sich zugutehalten, den Integrationsgedanken verbreitet und entsprechenden Bemühungen Vorschub geleistet zu haben. Von diesem Erbe und dieser Inspiration wird auch hier profitiert.

2.3 Arbeiten im Bereich der Projektplanung und -steuerung

Neben den sich der Datenintegration widmenden Arbeiten bieten sich auch weitere Ansätze zur Projektplanung und -steuerung als lohnende Vergleichsobjekte an. Besonders interessant ist deren Betrachtung unter dem Gesichtspunkt der Evaluation und hinsichtlich der Frage nach den Vorteilen des in dieser Arbeit vorgestellten Ansatzes. Nur, wenn das hier konzipierte Vorgehen signifikanten Nutzen gegenüber existierenden Ansätzen bietet und bisher nicht lösbare Fragestellungen berücksichtigt, hat es eine Existenzberechtigung. Die Details zur Evaluation finden sich in Kapitel 8.

Die zu diesem Zweck untersuchten Arbeiten sind im Einzelnen: die Earned Value Analysis, die Arbeiten rund um Meilensteintrendanalyse und Kostenverlaufsdiagramme sowie der Bereich des Anforderungs- und Änderungsmanagements.

2.3.1 Earned Value Analysis

Die isolierte Betrachtung von Terminen, Kosten oder der Produktqualität hat für das Projektmanagement oft nur eingeschränkten Informationsgehalt. In diesem Kontext bietet die Earned Value Analysis einen Ansatz zur Bewertung des Projektstatus unter gleichzeitiger Berücksichtigung von Zeit und Kosten [Wal01].

Die Earned Value Analysis basiert auf dem allgemeinen Ansatz, jedes Arbeitspaket über die geplanten Kosten zu bewerten. Diese Zahl wird nach Abschluss und Freigabe des Arbeitspakets dem Earned Value, sinngemäß also dem bereits erreichten Produktwert, zugerechnet. Die Bestimmung des Earned Value zu einem spezifischen Zeitpunkt ermöglicht so die Bewertung der geleisteten Arbeit in Relation zur Zeit und den bis dahin tatsächlich angefallenen Kosten. Die folgenden Absätze untersuchen die im Rahmen der Earned Value Analysis ermittelten Werte im Detail.

Earned Value (EV) / Budgeted Cost of Work Performed (BCWP) Der Earned Value ergibt sich aus der geleisteten Arbeit (in den Arbeitspaketen) und den geplanten Kosten für diese Vorgänge zum Berichtszeitpunkt. Mit Abschluss jedes Arbeitspakets wird ein Wert in Höhe der geplanten Kosten „verdient" und vom Kunden bezahlt. In der konservativen Auslegung der Regeln berücksichtigt die Analyse keine laufenden Arbeitspakete, eine feinere Abstimmung lässt sich aber über eine 20/80-, 50/50-Berücksichtigung oder die prozentuale Einschätzung des Fertigstellungsgrades laufender Arbeitspakete bewerkstelligen. Der Earned Value ist ein Indikator für die Wertschöpfung des Projekts. Eine andere Bezeichnung für EV ist Budgeted Cost of Work Performed (BCWP), also die berechneten Kosten der geleisteten Arbeit.

Planned Cost (PC) / Budgeted Cost of Work Scheduled (BCWS) Als Antithese zum EV stellen die geplanten Kosten die bis zum Berichtszeitpunkt nach Plan zu erbringenden Leistungen als Zielwert dar. Sie beziehen sich also nicht auf die tatsächlich durchgeführte Entwicklung, sondern auf die ursprüngliche Planung des betrachteten Projekts. Die Planned Cost werden auch als Budgeted Cost of Work Scheduled referenziert.

Actual Cost (AC) / Actual Cost of Work Performed (ACWP) Die tatsächlich angefallenen Kosten für die zum Berichtszeitpunkt abgeschlossenen Arbeitspakete werden in den Actual Cost verrechnet. Die Actual Cost kommen direkt aus dem betrieblichen Abrechnungssystem und summieren die bereits real für die Entwicklung investierten Ressourcen und Aufwendungen.

Anwendung im Projektmanagement

Die drei oben genannten Maßzahlen lassen sich zur strukturierten Untersuchung beliebiger Entwicklungsprojekte nutzen. Dabei bieten sich die folgenden Vergleiche an:

- **Schedule Variance (SV) = EV - PC:** Die Schedule Variance ist eine Kennziffer, um den Planerfüllungsgrad zu messen. Sie errechnet sich aus der Differenz zwischen EV und PC. Ist die SV positiv, wurde mehr geleistet als zum Berichtszeitpunkt geplant, ein negativer Wert lässt auf Verzug schließen.

- **Cost Variance (CV) = EV - AC:** Die Cost Variance zeigt an, welche tatsächlichen Kosten der Wertschöpfung des Projektes gegenüberstehen. Ist die Cost Variance positiv, so wurde kostensparender gearbeitet als ursprünglich geplant, ist die CV negativ, ist dies ein Indiz für eine zu erwartende Kostenüberschreitung des Projekts.
- **Schedule Performance Index (SPI) = EV / PC:** Der Schedule Performance Index zeigt an, wie sich das Projekt in zeitlicher Sicht entwickelt. Liegt der SPI über 1, so wurde mehr Leistung erbracht als geplant, liegt er unter 1, so ist mit Verzögerungen zu rechnen.
- **Cost Performance Index (CPI) = EV / AC:** Am Cost Performance Index lässt sich die finanzielle Situation des Projektes abschätzen. Bei einem Wert größer 1 wurde mehr Leistung durch das Projekt erwirtschaftet, als Kosten angefallen sind, im anderen Fall sind Kostenüberschreitungen entstanden.

Der Nutzen der Earned Value-Analysis liegt in der pragmatischen, integrierten Betrachtung von Projektleistung in Relation zu Zeit und Kosten. Auch die Güte der Planung lässt sich an der EV-Analyse bestimmen; extreme Differenzen in SV und CV deuten auf eine unrealistische Planung hin. In diesem Fall erfolgt – idealerweise durch kontrolliertes Änderungsmanagement (siehe Abschnitt 2.3.3 unten) – eine entsprechende Plananpassung.

Abgrenzung zur Earned Value Analysis

Die Earned Value Analysis steht nicht in direkter „Konkurrenz" zu der hier vorgestellten Arbeit, da sie auf eine eigene Form und besondere Ansprüche an die Modellierung verzichtet und vielmehr auf recht abstraktem Niveau Berechnungsmöglichkeiten vorschlägt. Die Verfügbarkeit der notwendigen Eingangsdaten wird dabei vorausgesetzt.

Zudem fokussiert die Earned Value Analysis auf die monetäre Untersuchung des Projekts und untersucht damit nur mittelbar das zur Entwicklung ausstehende Produkt. Die Beschränkung auf Kosten schenkt den im Projektverlauf auftretenden Komplikationen und Seiteneffekten (Wert von Einarbeitung, Erfahrung, Verwendung von Werkzeugen) keine Beachtung und bleibt damit hinter dem Anspruch zurück, die inhärenten Zusammenhänge in der Entwicklung abzubilden. Schließlich erfordert die Anwendung der Earned Value Analysis schon vor Beginn des Projektes eine detaillierte Projekt- und Kostenplanung (Berechnung der PC), wie sie nur in den seltensten Fällen möglich ist.

2.3.2 Meilensteintrend- und Kostenverlaufsdiagramme

Zur gezielten Überwachung von Kosten und Terminen im Projektverlauf eignen sich Meilensteintrend- und Kostenverlaufsdiagramme [Wed01]. Meilensteintrenddiagramme bieten eine anschauliche Darstellung des Projektverlaufs anhand der geplanten Meilensteintermine und dienen der Indikation und Prognose möglicher Planabweichungen. Dazu werden in einem Koordinatensystem auf der x-Achse Berichtszeitpunkte und auf der y-Achse Meilensteintermine abgetragen. Im Meilensteintrenddiagramm wird dann zu jedem Berichtszeitpunkt der voraussichtliche Termin für die Erreichung des Meilensteins notiert. Eine horizontal verlaufende Linie zeigt ein termingerechtes Erreichen des Meilensteins an, eine steigende Linie deutet auf Zeitverzögerungen hin, und ein fallender Verlauf visualisiert das frühzeitige Erreichen des betrachteten Meilensteins. Ein Beispiel für ein Meilensteintrenddiagramm findet sich in Abbildung 2.5.

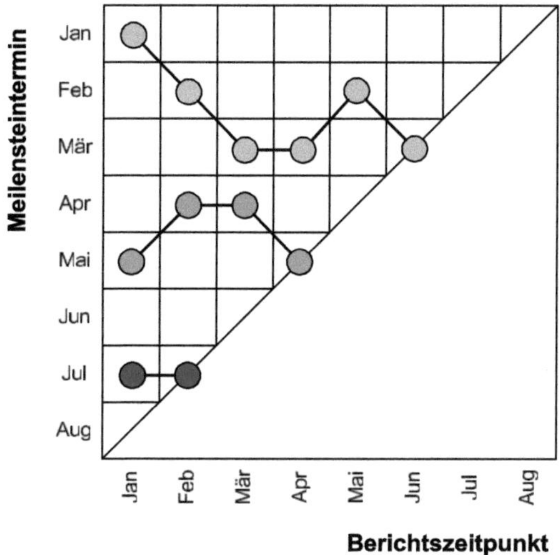

Abbildung 2.5: Trendanalyse mittels Meilensteindiagramm

Analog lassen sich in einem Kostenverlaufsdiagramm die geplanten Kosten und der tatsächliche Kostenverlauf einander gegenüberstellen. Dies kann sowohl für die kumulierten Kosten als auch für die Kosten einzelner Arbeitspakete erfolgen [Wed01]. So lässt sich graphisch der Unterschied zwischen Soll- und Ist-Kosten visualisieren, sowie ein entsprechender Trend ablesen. Abbildung 2.6 zeigt ein Beispiel für ein Kostenverlaufsdiagramm; die dort verwendeten Daten werden nach ganz ähnlichen Regeln erhoben und berechnet, wie sie auch bei der Bestimmung des oben erläuterten Earned Value (Abschnitt 2.3.1) zur Anwendung kommen.

Abgrenzung zur Methode der Meilensteintrend- und Kostenverlaufsdiagramme

Meilensteintrend- und Kostenverlaufsdiagramme sind in Bezug auf den hier vorgestellten Ansatz vor allem im Hinblick auf ihre Aussagekraft über den bisherigen und zu erwartenden Projektverlauf interessant. Dies gilt in besonderer Weise, da sie bereits als anerkannte und verlässliche Werkzeuge des Projektmanagements gelten und einen hohen Wiedererkennungswert besitzen.

Im Rahmen der vorliegenden Arbeit wird ein integriertes Produktmodell erarbeitet, das neben den Informationen zum Produkt selbst auch den Prozess modelliert, der zur Entstehung desselben führt. Mit Hilfe des Modells können nicht nur Meilensteintrend-

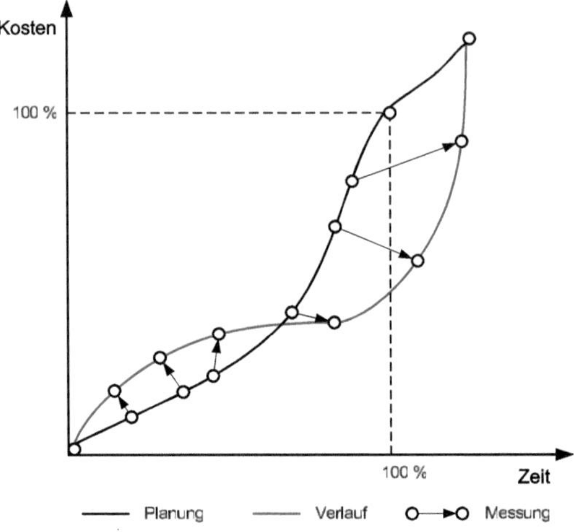

Abbildung 2.6: Kostenverlaufsdiagramm

und Kostenverlaufsdiagramme erstellt, sondern diese zudem noch unmittelbar mit „echten“ Produktinformationen verbunden werden. Insofern liefert die Methode zur Verwendung solcher Diagramme zugleich Inspiration, Zielstellung, Motivation und „Türöffner“ für das Paradigma eines integrierten Produktmodells.

2.3.3 Änderungsmanagement

Bei Abweichungen zwischen Projektverlauf und Planung, wie sie beispielsweise mit den oben erläuterten Diagrammen diagnostiziert werden, ist es Aufgabe des Projektmanagements, die Ursachen der Abweichung zu analysieren und korrigierende Maßnahmen zu ergreifen. Zu diesem Zweck führt es ein Änderungsmanagement ein, das die vollständige Abarbeitung der Änderung und die (Wieder-)Herstellung eines konsistenten neuen Projektplans sicherstellt. So bleiben der Prozess der Entwicklung und der zugehörige Projektplan synchronisiert.

Für Änderungen gibt es diverse Anlässe; ihre Auswirkungen auf den Projektplan sind in der Regel vielfältig und meist nur schwer vorhersehbar. Das PMBOK (Project Management Book Of Knowledge, [Pro04]) subsumiert und kategorisiert alle Aspekte des Änderungsmanagements (als Scope-, Schedule-, Cost-, Risk-Control sowie Quality Control und Contract Administration) unter dem Begriff „Integral Change Control“.

Die Mehrzahl der Änderungen fällt allerdings nicht direkt in eine dieser Dimensionen, sondern zieht Anpassungen in verschiedenen Bereichen nach sich. Viele Änderungen sind zudem nicht allein organisatorischer Natur, auch aufgrund neuer technischer Anforderungen ergibt sich Handlungsbedarf. Daher ist das Änderungsmanagement eng mit dem

Konfigurationsmanagement verwoben und die Abgrenzung mitunter umstritten: „Allgemeine Übereinstimmung besteht darin, dass das Konfigurationsmanagement alle produktbezogenen Spezifikationen umfasst. Unterschiedliche Interpretationen gibt es hinsichtlich der Veränderungen im organisatorischen Bereich. Vertreter einer sehr weiten Auffassung von Konfigurationsmanagement begreifen Managementprozesse ebenfalls als spezifizierbares Produkt und erheben den Anspruch, auch organisatorische Veränderungen mit Hilfe des Konfigurationsmanagements steuern zu können.“ [Pro04] Konsens in der Praxis ist jedoch eher die Betrachtung des Konfigurationsmanagements als produktspezifische Augmentation des Änderungsmanagements.

Der prinzipielle Ablauf einer Änderung unter der Verwendung von Mechanismen des Änderungsmanagements ist mit den fünf Phasen

1. Beschreibung und Definition der durchzuführenden Anpassung
2. Bewertung und Priorisierung der Änderung, Betrachtung der Auswirkungen
3. Entscheidung für (oder gegen) die Änderung zum aktuellen Zeitpunkt, gegebenenfalls Zurückstellung
4. Durchführung der entsprechenden Anpassungen in Produkt und Projektplan
5. Kontrolle und Qualitätssicherung

beschrieben [Str08]. Die inhaltliche Verknüpfung von kommerziellen und organisatorischen Informationen aus Projektmanagementsicht sowie technischen Daten aus Entwicklungssicht bleibt aber ein ungelöstes Problem [SHHM06]. Die vorliegende Arbeit leistet, im Zusammenspiel mit den parallelen Aktivitäten von Jan Strickmann (u. a. ebd.), hier einen Beitrag.

Abgrenzung zum Änderungsmanagement

Entsprechend sind das Änderungsmanagement und seine Durchführung als Motivation für die vorliegende Arbeit zu sehen. Das Änderungsmanagement arbeitet unter Verwendung eines integrierten Produktmodells deutlich besser, da insbesondere die Gretchenfrage nach den Auswirkungen einer Änderung (Schritt 2 oben) verlässlicher und genauer zu beantworten ist. Insofern sind die hier vorgestellten Konzepte als Grundlage für die Etablierung eines geeigneten und schlagkräftigen Änderungsmanagements zu sehen.

2.3.4 Anforderungsmanagement

Jeder Designvorgang beginnt, gemäß dem allgemein anerkannten „State of the art“ der Produktentwicklung, mit der Definition von Anforderungen. Alle geläufigen Vorgehensmodelle (siehe zum Beispiel [Pro04] oder spezifischer [Som06]) betonen die Prominenz und Bedeutung dieser Aufgabe für eine erfolgreiche Produktentwicklung. Alle weiteren Schritte im Prozess beziehen sich unweigerlich auf die dort getroffenen Festlegungen.

Entsprechend zahlreich sind die in der Literatur beschriebenen Vorschläge und Konzepte im Bereich des Anforderungsmanagements. Dabei ist insbesondere der Frage nachzugehen, wie die Reflexion der Anforderungen in Konzeption und Umsetzung des Produkts sichergestellt werden kann (Nachverfolgbarkeit). In realen Projekten hat sich gezeigt, dass in der Regel gerade hier Probleme entstehen, auch wenn alle Beteiligten die übergeordnete Bedeutung von formal beschriebenen und semantisch wohldefinierten Anforderungen in der Theorie bejahen [Ehr03].

Die allgemeinen Aufgaben des Anforderungsmanagements umfassen vor diesem Hintergrund [Rup07]:

1. **Definition:** Systematische Findung und Formulierung von Anforderungen in möglichst formaler und damit unmissverständlicher Weise. Die Definition von Anforderungen hat in einer Weise zu erfolgen, die eine Überprüfung der Erfüllung ermöglicht. Häufig werden Anforderungen zudem hierarchisiert. Dabei wird vom Allgemeinen hin zum Speziellen das Geforderte immer detaillierter und damit expliziter formuliert, so dass die Erfüllung der Gesamtheit der untergeordneten Anforderungen auf die Erfüllung der übergeordneten schließen lässt.

2. **Bewertung und Priorisierung:** Die meisten Projekte stellen höhere Anforderungen, als ihre Mittel zur Umsetzung erlauben. Die Bewertung und Priorisierung begegnet diesem Widerspruch. Im einfachsten Fall teilt sie Anforderungen entlang einer linearen Skala ein (etwa verpflichtend, wichtig, „nice to have"). Auch Kosten-Nutzen-Rechnungen spielen hier eine entscheidende Rolle.

3. **Verwaltung:** Eine in der Praxis häufig vernachlässigte Aufgabe stellt die Pflege und Verwaltung der Gesamtheit der Anforderungen dar. Auch die Pflege der Beziehungen zwischen Anforderungen gehört in diesen Bereich und wird selten formal oder explizit adressiert. Ein gewissenhaftes und durchgängiges Management von Anforderungen wird von vielen Autoren als Schlüssel zum Projekterfolg im Allgemeinen und zum Projektcontrolling im Besonderen gesehen.

4. **Nachverfolgung:** Die Nachverfolgbarkeit ermöglicht die Beantwortung der Frage nach den durch eine Anforderung motivierten Design- und Umsetzungsentscheidungen. Sie ist damit auch ein Ergebnis der obigen Aufgaben des Anforderungsmanagements.

5. **Validierung:** Um die Erfüllung von Anforderungen zu überprüfen, ist es notwendig, Möglichkeiten der Validierung vorzuhalten. Dabei handelt es sich möglichst um konkret und objektiv überprüfbare Vorgaben, die messbar, eindeutig und zu einem beliebigen Zeitpunkt erfüllt oder eben nicht erfüllt sind.

6. **Verhandlung:** Einige Autoren nennen zudem auch die Verhandlung über Anforderungen und deren konkrete Bedeutung als Teilaufgabe des Anforderungsmanagements. In der Praxis ergeben sich aus der umstrittenen Semantik häufig Schwierigkeiten, so dass eine beiderseitig akzeptierte und verstandene Definition einen oft langwierigen und aufwändigen Kommunikationsprozess voraussetzt.

Alle genannten Aufgaben spiegeln sich im Funktionsumfang moderner Werkzeuge zum Anforderungsmanagement wider. Zu diesen gehören etwa Doors (Telelogic), Rational RequisitePro (IBM) oder der Caliber Analyst (Borland). Das Anforderungsmanagement ist zudem Bestandteil des oben referenzierten Produktlebenszyklusmanagements und wird entsprechend auch von den dort angesiedelten Werkzeugen und Systemen unterstützt.

Abgrenzung zum Anforderungsmanagement

Die Anforderungen sind integraler Bestandteil des Produktmodells. Sie bieten einen prominenten Ansatzpunkt für Metriken. Als erste im Prozess der Produktentwicklung entstehende Artefakte kommt ihnen eine herausragende Bedeutung zu.

Dem oben geschilderten Problem der Nachverfolgbarkeit begegnet der hier vorgestellte Ansatz des integrierten Produktmodells durch die explizite und formale Darstellung der Anforderungen und ihren Beziehungen zu den Artefakten aus Konzeption und Umsetzung. Insofern bietet sie eine Grundlage für erfolgreiches Anforderungsmanagement.

2.4 Weitere Arbeiten

Mit den Ausführungen der vorangegangenen Abschnitte ist die Mehrzahl der verwandten und den hier vorgestellten Ansatz inspirierenden Arbeiten beschrieben. Allerdings fehlen noch einige wenige, nicht in die thematische Ordnung der obigen Sektionen passende Forschungsanstrengungen. Hier sind zum einen die Einführung konkreter Metriken zur Untersuchung des Produktmodells und zum anderen die Angrenzung zum Forschungsbereich des Data Mining interessant. Beiden Aspekten widmet sich der folgende Abschnitt.

2.4.1 Metriken

Im Anschluss an die Erfassung und Modellierung von Entwicklungsartefakten sowie deren Beziehungen untereinander erfolgen Bewertung und Aufbereitung dieser Informationen durch Metriken. Da Ziele von Projekten und Anforderungen an Produkte stark differieren, wird ein flexibler Ansatz zur Erstellung und Modifikation von Metriken benötigt. Die Herausforderung besteht in der Definition und Auswahl nützlicher Metriken, die die gewünschten Informationen und Wirkzusammenhänge untersuchen. Dazu steht eine reiche Auswahl an bereits in der Literatur beschriebener und für wertvoll befundener Metriken bereit. Besonders kreativ in der Entwicklung neuer Metriken waren die Akteure im Forschungsbereich der Softwareentwicklung. Doch auch aus anderen Disziplinen kommen entsprechende Vorschläge:

- Ein prominenter Ansatz zu Metriken in der Produktentwicklung ist unter dem Stichwort **Function Points** verortet **[PB05]**. Dabei handelt es sich um eine Methode, die den Wert zu designender Produktartefakte greifbar macht. Zu diesem Zweck werden die Artefakte aufgelistet und mit einer Anzahl von Function Points belegt, die sich aus der Struktur, der Komplexität und dem modularen Aufbau des Artefakts ableiten. Im weiteren Verlauf des Projekts bieten die Function Points eine konkrete Möglichkeit zur Fortschrittsverfolgung mittels des Quotients der insgesamt im Produkt summierten Function Points über dem Bruchstrich und die aggregierten Function Points bereits fertiger Komponenten darunter.

- Von einem abstrakteren Ansatz zu Metriken geht **Fenton [FP97]** aus. Er unterscheidet zunächst interne und externe Produkteigenschaften. Als Beispiele für interne Merkmale sind hier Größe (häufig im Sinne der Strukturdetaillierung verstanden)

und Komplexität des Produkts zu nennen. In der Softwareentwicklung sind die „Lines of Code" (LOC) eine häufig verwendete Metrik zur Größenbestimmung, die allerdings genauso regelmäßig für die Simplizität, einfach alle Anweisungen unbesehen zu summieren, kritisiert wird. Hier wird deutlich, wie komplex und kontrovers bereits die Bestimmung so einfacher Attribute wie der Größe bei modernen Produkten ausfällt.
Ungleich herausfordernder gestaltet sich dennoch die Bestimmung externer Produkteigenschaften. Diese Merkmale sind dadurch gekennzeichnet, dass sie sich auf die „Wahrnehmung" des Produkts von außen beziehen. Zugleich stehen sie meist in unmittelbarer Beziehung zu den internen Produkteigenschaften. Beispiele für wichtige externe Produkteigenschaften sind Anforderungserfüllung und Fehlerhäufigkeit [FP97].

- Im Bereich der Komplexitätsmessung dient **McCabe's Cyclomatic Complexity [McC76]** als Vorbild. Aus der Softwarewelt kommend misst es die Anzahl linear unabhängiger Pfade im Kontrollfluss. Auch diese Idee, Komplexität an der denkbaren Anzahl individueller Abläufe festzumachen, lässt sich allgemein in der Produktentwicklung verwenden.

- In der Chip-Design-Branche weithin bekannt und umgesetzt sind die Metriken von **Collett [Num08]** respektive der von ihm gegründeten Unternehmung „Numetrics". Die im kalifornischen Cupertino ansässige Firma bedient sich einer reichhaltigen Auswahl an Metriken zur Untersuchung von Chipsatz-Komplexität und der davon abhängigen Produktivität in der Chip-Entwicklung. Diese Betrachtungen sind Grundlage einer ganzen Reihe von in der Branche verbreitet genutzen Softwarewerkzeugen zur Planung und Steuerung von Designprojekten. Auch die Risikoanalyse und das Portfoliomanagement werden in dieser Weise adressiert.

- Die Literatur kennt eine ganze Reihe weiterer Metrikansätze auf sehr unterschiedlichen Abstraktionsleveln und mit schwankender mathematischer Finesse. Einige in diese Richtung weisende Überlegungen sind mit der Earned Value Analysis (siehe Abschnitt 2.3.1) und den Meilensteintrends (2.3.2) oben bereits beschrieben.

Die Ideen und die Konzeption hinter Metriken lassen sich häufig übertragen und wiederverwenden. Andererseits bieten manche Bewertungsverfahren, die sich in einem Projekt als nützlich erwiesen haben, für andere Projekte deutlich weniger Aussagekraft. Messungen sind daher immer an der Strategie und den Zielen der Produktentwicklung orientiert [VSB01]. Hier hat sich die zielorientierte Metrikentwicklung darin erfolgreich erwiesen [VAC02], sicherzustellen, dass nur relevante Metriken entwickelt und damit keine unnötigen Daten erfasst werden. Einer der bekanntesten Ansätze hierzu ist „Goal Question Metric" (GQM) von Basili et al. [BR88].

Abgrenzung zu Metriken

Im Zentrum der vorliegenden Arbeit steht die Schaffung eines integrierten Modells für die Produktentwicklung. Dieses dient letztlich der Überwachung und Steuerung des zugehörigen Prozesses. Die Untersuchung des Modells erfolgt mit Hilfe frei definierbarer Metriken, von denen die oben beschriebenen Beispiele einen ersten Eindruck vermitteln.

Viele der dort genannten Grundsätze und Konzepte zur Metrikentwicklung können, ebenso wie die schon konkret ausformulierten Metriken aus dem Bereich des Softwaredesigns, auf die Produktentwicklung übertragen werden. So lässt sich mit dem Konzept hinter „Lines of Code“ keineswegs nur Programmcode , sondern auch andere Produktartefakte wie Anforderungslisten, Dokumentation oder Testumgebungen vermessen.

Das integrierte Produktmodell, für das hier gestritten wird, bietet den Metriken über deren „normale“ Anwendungsfälle hinaus ein weites Spielfeld. Die semantischen Verknüpfungen zwischen den Produktelementen unterstützen Auswertungen, wie sie zuvor kaum möglich waren. Dazu gehört als prominentes Beispiel die Überprüfung der Frage, welche Anforderungen bereits in Produktkonzeption und -implementierung eingeflossen sind. Eine verlässliche Antwort auf diese Frage bringt Entwickler und Projektmanager dem Ziel der Projektsteuerung und -kontrolle ein gutes Stück näher. Den Details zu den neuartigen Metriken auf dem integrierten Produktmodell widmet sich Kapitel 6.

2.4.2 Data Mining

Data Mining oder „Knowledge Discovery in Databases (KDD)“, engl. für „Wissensextraktion aus Datenbanken“, ist definiert als „die nicht-triviale Extraktion impliziter, unbekannter und potentiell nützlicher Informationen aus Daten“ [FPM91]. Schon dieses Zitat macht – im Bezug auf die Ziele des Ansatzes – die Verwandtschaft zu dem im Rahmen dieser Arbeit vorgestellten Konzept deutlich. Auch das KDD interessiert sich für das Auffinden wertvoller Informationen aus einer großen und fragmentierten Menge mäßig strukturierter Daten. Allerdings gibt es deutliche Differenzen im Bezug auf die Wahl der Mittel, wie der Abschnitt zur Abgrenzung (siehe unten) zeigt.

Data Mining fokussiert auf die Analyse von Daten unter der Prämisse der Entdeckung und Auffindung von bislang verborgenen, brauchbaren Informationen und Zusammenhängen, welche sich in großen Datenmengen befinden. Wichtige Punkte sind dabei einerseits die Annahme, dass in großen Datensenken, deren Volumen nicht selten die menschlichen Möglichkeiten unmittelbarer Analyse übersteigt, eine strukturierte und systematische Vorgehensweise zur Untersuchung notwendig wird, und andererseits, dass neben den Informationen selbst vor allem die Interrelationen und Wirkzusammenhänge im Datenmodell von Interesse sind. Diese Umstände führen sowohl zur Konzeption eines standardisierten Prozesses für das Data Mining als auch zu den Ideen des Clustering und der Klassifizierung von Datensätzen.

Data Mining und KDD werden dabei oft synonym verwendet. Genauer bezeichnet Data Mining allerdings nur einen, wenn auch essentiellen, Punkt im Ablauf des KDD-Prozesses, welcher sich in folgende Schritte unterteilt:

1. **Datenvorbereitung:** Entfernen inkonsistenter und für die angestrebte Auswertung nicht relevanter Daten.

2. **Datenintegration:** Kombination von Datensätzen aus verschiedenen Datenquellen (optional).

3. **Datenauswahl:** Bestimmung der für die angestrebte Analyse relevanten Daten.

4. **Datentransformation:** Transformation von Daten in eine für die Analyse passende Form.

5. **Data Mining:** Bezeichnet die eigentliche Analyse der Daten mit Hilfe von Methoden zur Extraktion von Datenmustern, zum Beispiel Entscheidungsbäume, Support Vector Machines, Clustering-Algorithmen etc.

6. **Mustererkennung:** Identifikation der interessanten Muster aus den insgesamt beim Data Mining extrahierten Mustern.

7. **Ergebnisdarstellung:** Aufbereitung des extrahierten Wissens für den Benutzer und Anwender des Data Mining.

KDD ist ein iterativer Prozess. Daher ist nicht davon auszugehen, dass jeder Schritt nur einmal durchgeführt wird, einige der oben genannten Ausgaben sind optional und ihre Ausführung von Zielstellung und Anwendungskontext abhängig.

Abgrenzung zum Data Mining

Data Mining und KDD zielen auf die Verarbeitung großer Datenmengen, die systematisch untersucht und in denen zuvor verborgene Muster aufgedeckt werden. Die Verwandtschaft besteht insofern, als auch der hier vorgestellte Ansatz mit großen Datenmengen operiert und in Analogie die zuvor impliziten Wirkzusammenhänge der Produktentwicklung als wichtiges Wissen explizit auszeichnet und repräsentiert.

Im Unterschied zum Data Mining werden dabei allerdings die Repräsentation und die Nutzung semantisch reicher Daten verfolgt und nur die Abbildung der entscheidenden Zusammenhänge anvisiert. Der Ansatz verlässt sich, anders als das Data Mining, nicht auf „Number Crunching". Daher erinnern die einzelnen Schritte des KDD an den hier vorgestellten Ansatz, allerdings finden Integration und Transformation dort auf einer nichtsemantischen, eher operationalen Ebene statt. Dennoch lassen sich einige der aus dem Data Mining hervorgegangenen Methoden und Algorithmen, etwa zur Automatisierung von Transformationen, adaptieren.

2.5 Zusammenfassung

Um die verwandten Arbeiten und die Betrachtungen dieses Kapitels zusammenzufassen, bietet der vorliegende Abschnitt eine Übersicht zu den genannten Ansätzen und ihrer Abgrenzung bezüglich des hier konzipierten Vorgehens.

Verwandter Ansatz	Kurzbeschreibung	Abgrenzung bzw. Bezug
Produktdatenmanagement	Konzept für Systeme zum Dokument-, Aufgaben- und Teilemanagement in der Produktentwicklung.	Rein syntaktischer, sehr allgemeiner Ansatz. Zielt weder auf die semantische Darstellung des Produktmodells noch vorrangig auf die Performanzmessung. PDM profitiert potentiell von einem integrierten Produktmodell.

Verwandter Ansatz	Kurzbeschreibung	Abgrenzung bzw. Bezug
Quality Function Deployment	Definiert mit dem „House of Quality“ ein Werkzeug zur Abbildung von Kundenwünschen und Produkteigenschaften.	Wegbereiter für die Darstellung impliziter Zusammenhänge zwischen Produktartefakten. Erweiterung um semantische Relationen und die Betrachtung des gesamten Entwicklungsverlaufs und aller Paritalmodelle.
Produktiv+	BMBF-Projekt zur Performanzmessung in der Chipentwicklung.	Nutzt ebenfalls Ontologien und verfolgt das Ziel der Performanzmessung, fokussiert auf Chipbranche.
Standard for the Exchange of Product Model Data	Generisches Austauschformat für Produktdaten.	Angepasst an die Bedürfnisse von PDM-Systemen, keine semantische Modellierung.
Ontology Integration	Oberbegriff für Arbeiten zum Mapping und Merging von Ontologien und Datenmodellen.	Bietet Grundlage und Inspiration der vorliegenden Arbeit, ermöglicht die Erstellung des integrierten Produktmodells.
Computer Integrated Manufacturing	Konzept zur computergestützten und integrierten Produktentwicklung und -fertigung.	Recht abstraktes und zu seiner Zeit visionäres Konzept, das dem vorliegenden Ansatz den Weg bereitet.
Earned Value Analysis	Konzept und Rechenvorschriften für das monetäre Monitoring von Projekten.	Inspiration für mögliche Metriken. Arbeitet nicht auf eigenem Produktmodell, sondern auf reinen Abrechnungs- und Projektverlaufsdaten.
Meilensteintrendanalyse und Kostenverlaufsdiagramm	Weithin akzeptierte Hilfsmittel aus dem Bereich des Projektmanagements zur Überprüfung und Visualisierung des Projekterfolgs.	Inspiration für mögliche Auswertungen und deren Präsentation. Auch hier fehlt eine Unterfütterung des Konzepts mit der Idee eines umfassenden Produktmodells, welches die korrekte Erhebung der Daten erst möglich macht.
Änderungsmanagement	Mechanismus zur konsistenten Planung, Bewertung und Durchführung von Änderungen an Produkt und Projekt.	Dient als Motivation: ein Änderungsmanagement auf der Grundlage eines integrierten Produktmodells hat deutliche Vorteile.

Verwandter Ansatz	Kurzbeschreibung	Abgrenzung bzw. Bezug
Anforderungs-management	Widmet sich der geordneten Definition, Verwaltung und Nachverfolgung von Anforderungen.	Bestandteil der hier vorgestellten Lösung. Das Anforderungsmanagement profitiert von einem integrierten Produktmodell, das Anforderungen mit anderen Produktartefakten in Beziehung setzt.
Metriken	Messen die Eigenschaften eines Untersuchungsgegenstands, hier des Produkts. Ersetzen subjektive Einschätzungen durch nachvollziehbare Zahlenwerte.	Die Möglichkeit zur Durchführung aussagekräftiger Metriken bietet die grundlegende Motivation für die Erstellung des integrierten Produktmodells. Existierende Metriken liefern Anwendungsbeispiele und Ausgangspunkte für Erweiterungen.
Data Mining	Systematische Mustersuche in großen Datenmengen.	Sucht ebenfalls Zusammenhänge, Ergebnis sind allerdings keine Muster, sondern ein integriertes Modell.

Mit dieser Abgrenzung im Hinterkopf widmen sich die folgenden Kapitel den Grundlagen für die im weiteren Verlauf der Arbeit dargestellte Konzeption eines integrierten Produktmodells.

Kapitel 3

Semantische Netze

Das Konzept des Semantischen Netzes (engl. Semantic Web) bildet das Rückgrat dieser Arbeit. Die Ideen und Ansätze zur formalen Verortung gedanklicher Konzepte haben eine lange wissenschaftliche Geschichte und stammen aus den Bereichen der Psychologie und der Neurokognition. Dort entwickelte Begriffskarten, MindMaps oder auch Assoziationsgraphen zählen zu den Vorläufern der Semantischen Netze und folgen ganz ähnlichen Grundlagen [DOS03]. Von den heute in der Informatik verwendeten, unter dem Begriff der „Ontologie“ subsumierten Semantischen Netzen unterscheiden sie sich vor allem durch ihre mangelnde formal-mathematische Semantik.

Die aktuellen, im Kontext des Semantic Web betrachteten Ontologien fußen auf festem, formalem Boden. Ihr prädikatenlogisches Fundament ermöglicht die eindeutige Definition und das regelbasierte Schließen in Semantischen Netzen. Es schafft damit die Möglichkeit, Konstrukte der Logik und der Mathematik in Modellen zu verwenden. Dieser Vorteil bringt ingenieurswissenschaftliche Herausforderungen mit sich, denen entsprechende Entwicklungs- und Erhaltungsmethodiken begegnen [Fen04].

Ontologien eignen sich für den im Rahmen dieser Arbeit behandelten Anwendungsfall der Datenintegration in der Produktentwicklung. Zum einen erlauben sie die Definition verknüpfbarer, erweiterbarer und semantisch starker Modelle des Produkts und seines Entstehungsumfelds, zum anderen bieten sie eine generische Grundlage für adaptierbare Metriken.

Das folgende Kapitel führt in die Ideenwelt der Ontologien als Semantische Netze ein. Auf Basis der hier gelegten Grundlagen erläutert Kapitel 4 die Entstehung der Ontologien durch Transformation der Elemente von im Produktentwicklungsverlauf entstehenden Modellen, während Kapitel 5 auf die fachkonzeptuelle Definition Semantischer Netze als Produktmodelle eingeht.

3.1 Geschichte und Technologie

Der Siegeszug des Internets dauert erst eineinhalb Jahrzehnte und hat trotzdem mit dem Platzen der New-Economy-Blase in den frühen 2000er Jahren eine äußerst schwierige Phase bereits hinter sich. Dem technischen Fortschritt, der Genese neuer Ideen und der Erweiterung der Nutzungsmöglichkeiten hat der gelegentlich mangelnde ökonomische Erfolg von internetbasierten Geschäftsansätzen allerdings nicht geschadet. Vielmehr scheint das Gegenteil der Fall zu sein: Gerade durch die Freiheit, dem jeweiligen Erfinder nicht auf Anhieb wirtschaftlichen Erfolg verschaffen zu müssen, ist auf dem Gebiet der Internet- und Wissenstechnologien eine beispielhafte Vielfalt entstanden. (Selbstverständlich ist das Internet dennoch für einige Unternehmen Grundlage enormen wirtschaftlichen Erfolgs, allen voran bei Google.)

Mit dem Internet ist auch und vor allem ein neues Phänomen verbunden: die (unmittelbare) Verfügbarkeit schier unendlicher Informations- und Datenmengen. Schätzungen gehen davon aus, dass bereits 2003 etwa 530.000 Terabyte (TB) an Daten im Netz zur Verfügung standen, eine Zahl, die sich heute noch vervielfacht haben dürfte. In dieser enormen Sammlung finden sich die verschiedensten Informationen, Halbwahrheiten und Meinungen repräsentiert, eine besondere Ordnung existiert dabei nicht. Mehr noch: Obwohl die Daten vorhanden sind, wird ihre Semantik selten explizit – also maschinenverarbeitbar – angegeben, so dass die Interpretation der Ressourcen ihren menschlichen Betrachtern überlassen bleibt. Angesichts der enormen Menge zu interpretierender Daten ist eine umfassende Untersuchung aller Informationen des Internet zu einem Thema in der Regel ein aussichtsloses Unterfangen [DOS03]. Suchmaschinen helfen, auch sie verlassen sich aber lediglich auf syntaktische Wort- und Satzteilübereinstimmungen und kümmern sich nicht um die Semantik von Inhalten.[1]

In seiner Forderung nach einem Semantischen Netz [BL99] greift Tim Berners-Lee diesen Missstand auf. Er schreibt: „Was ich ein Semantic Web nenne, das ist ein Netz von Daten, die direkt oder indirekt von Maschinen verarbeitet werden können." Damit wird der Ruf laut nach einer Möglichkeit, Daten mitsamt ihrer Semantik zu repräsentieren. Genau hier setzen Ontologien und Semantische Netze an. Die folgenden Abschnitte führen zu ihnen hin, indem sie Basistechnologien beschreiben, oder, wie im Falle der HyperText Mark-up Language (HTML), den geschichtlichen Hintergrund zur Motivation von Ontologien beleuchten. Ontologien und Semantische Netze sind *die* fundamentalen Konzepte und Technologien für die hier vorgeschlagene Methodik zur Produktivitätsmessung. Erst vor ihrem Hintergrund wird ein Verständnis der Arbeit möglich.

3.1.1 HTML

Jede Webseite im World Wide Web basiert auf der HyperText Mark-up Language (HTML) [Deh01]. HTML ist damit etablierter Standard zur Beschreibung von Online-Ressourcen und wird oft als Fluch und Segen zugleich angesehen. Segen, weil die simple Syntax es sehr einfach macht, Informationen im Internet bereitzustellen – dieser Fakt ist sicher eine Ursache für die rasche Verbreitung des Netzwerks. Fluch, da beim lange zurückliegenden Design der Beschreibungssprache viele Aspekte unbeachtet blieben, die heute als zentral und wichtig gelten.

Erweiterungen grundlegender Art sind einem einmal geschaffenen Standard jedoch nur noch schwer hinzuzufügen. Aus diesem Grund hat sich eine sehr unübersichtliche Zahl von Aufsätzen und Zusatztechnologien etabliert, die aber häufig besondere Anforderungen an die Laufzeitumgebung (also in der Regel an den Browser) stellen oder mit ihrer Komplexität den Vorteil der simplen Syntax relativieren. Zu den bekanntesten Erweiterungen gehören Stylesheets (CSS), Skriptsprachen wie PHP, ASP oder JavaScript

[1] Als prominentes Beispiel kann die Google-Suche nach Informationen zu dem mit doppeldeutigem Namen ausgestatteten Textsatzsystem LaTeX genannt werden.

sowie Browser-Plugins, die die Anzeige besonderer Inhalte ermöglichen (z. B. Flash).

Von besonderer Problematik ist die mangelnde Trennung von Inhalt, Präsentation und Semantik in HTML. Ein gutes Beispiel für die mangelnden Fähigkeiten liegt in der Semantik der dort definierbaren Verknüpfungen: Sie haben keine. Außer dem Linkziel muss keine weitere Auszeichnung erfolgen, jeder Nutzer muss buchstäblich erraten (oder ist auf die Voraussicht des Webseitengestalters angewiesen), was sich hinter einer solchen Adresse verbirgt [Deh01]. Und noch entscheidender: Sind Menschen mit dieser Herleitung gelegentlich überfordert, so sind es Computer, die die Seiten untersuchen und auswerten, immer. Sie können nur anhand von Regeln entscheiden, und die HTML-Links liefern ihnen keine auswertbaren Prämissen [BL99].

3.1.2 XML

XML ist eine Metasprache, die zur Definition von kontextbezogenen Ausdrücken benutzt wird [HM05]. Solche spezialisierten Sprachelemente erlauben die Darstellung und Repräsentation der im gegebenen Kontext vorkommenden hierarchischen Datenstruktur. Im Zuge ihrer Speicherung in XML-Dokumenten findet eine explizite Trennung von Inhalt und Auszeichnung, also von Daten und Metadaten statt. Die Metadaten beziehen sich dabei auf das gesamte Dokument oder Teile des Inhalts, Beziehungen zwischen Dokumenten werden nicht abgebildet.

Die wesentlichen Stärken von XML sind:

- Zeichencodierung sichert Lesbarkeit durch Mensch und Maschine
- XML definiert eine einfache Syntax, die Metadaten integriert
- XML-Daten stehen für sich und sind – im Gegensatz zu vielen proprietären oder binären Formaten – nicht an einen bestimmten Algorithmus oder ein Computerprogramm gebunden
- Als Untermenge von SGML hat XML bereits einen langen Weg der Entwicklung und Optimierung hinter sich und ist zudem inzwischen als Datenformat weit verbreitet sowie allgemein als Standard akzeptiert

Die genannten Vorteile prädestinieren XML als Fundament für die Technologien des Semantic Web. Diese streben an, den Übergang von der Daten- zur Wissensmodellierung durch weitere, explizitere Metadaten-Formalismen zu ermöglichen. Dabei wird auch die Anforderung realisierbar sein, Beziehungen zwischen verschiedenen Dokumenten auszudrücken.

3.1.3 RDF/S

Das Resource Description Framework (RDF) definiert einen Ansatz zur Beschreibung von Ressourcen [Av04]. Eine Ressource kann dabei, ähnlich den Klassen und Objekten in der objektorientierten Programmierung, ein beliebiges Ding der realen Welt sein. Jede Ressource ist durch einen global eindeutigen URI (Unified Resource Identifier) benannt; zu diesem Zweck werden häufig modellweite Namensräume definiert. RDF bietet Formalismen, die es ermöglichen, Metadaten zu den repräsentierten Ressourcen auszudrücken.

Das RDF-Schema (RDFS) erweitert die semantische Aussagekraft von RDF um die Notation von Klassen und deren Instanzen. RDF und RDFS werden zusammen als RDF/S bezeichnet. Dieser Abschnitt erläutert mit der Idee so genannter „Statements“ zunächst die Möglichkeiten von RDF und wendet sich dann RDFS zu.

Statements in RDF

Das RDF repräsentiert Wissen mit Hilfe von Statements, auch „Tripel“ genannt. Tripel werden benutzt, um Aussagen über Ressourcen zu machen und diese so zu beschreiben. Sie sind einfachen Sätzen der natürlichen Sprache nachempfunden und bestehen immer aus genau drei Teilen: Subjekt, Prädikat und Objekt. Dabei gelten die folgenden Regeln [DOS03]:

- Jede Ressource ist durch eine URI global eindeutig referenzierbar
- Jedes Subjekt ist eine Ressource
- Jedes Objekt ist entweder eine Ressource oder ein Literal (d. h. eine Zeichenkette)
- Alle Prädikate sind Ressourcen und können ihrerseits auch als Subjekte oder Objekte anderer Statements vorkommen
- Prädikate verknüpfen Subjekt und Objekt mittels einer definierten Semantik (unterscheidbar durch URI)

Dabei ist jede Ressource potentiell Teil mehrerer Statements. So entsteht aus den Tripeln ein Netz von Aussagen. Abbildung 3.1 zeigt zwei Tripel, wie sie im Kontext des durchgängigen Beispiels Pick2Light vorkommen. Zu sehen sind insgesamt fünf Ressourcen, wobei in der aktuellen Konfiguration zwei von ihnen (Thorsten Gorath und die ELV Elektronik AG) als Subjekte, der Pick2Light-Chip als Objekt sowie die Ressourcen „erstellt“ und „verkauft“ als Prädikate fungieren. Die Pfeile verdeutlichen die Leserichtung der beiden Statements.

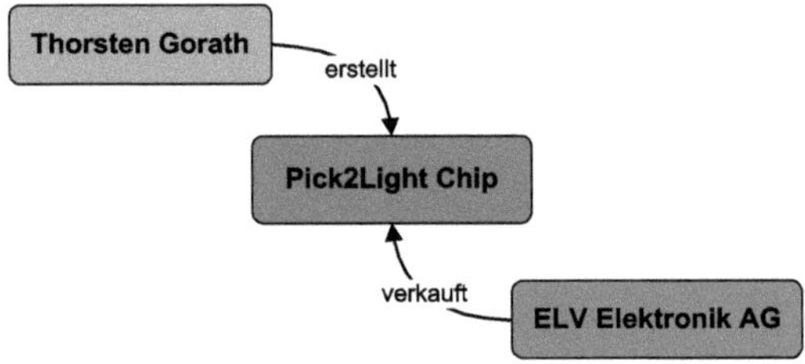

Abbildung 3.1: Statements im RDF

Der Übersichtlichkeit halber verzichtet die graphische Darstellung oben auf die Nennung der vollständigen URIs und des Namensraums. Diese lassen sich besser in einer Textnotation, hier der so genannten N3-Notation [Av04], angeben:

```
1 @prefix p2l: <http://www.pick2light.net/ontology#>
2 <p2l:Thorsten> <p2l:erstellt> <p2l:Chip>
3 <p2l:ELV> <p2l:verkauft> <p2l:Chip>
```

Dabei ist die erste Zeile der Notation kein Statement, sondern legt den Namensraum fest. Dieser sorgt für die eindeutige Bezeichnung der Ressourcen und wird in den folgenden Zeilen durch das Kürzel „p2l" referenziert. Die Zeilen zwei und drei enthalten je ein Statement. Das erste entspricht dem oberen Teil der Abbildung 3.1 und enthält die Information, dass der Pick2Light-Chip (Objekt) von Thorsten Gorath (Subjekt) erstellt wird (Prädikat). Analog nennt das zweite Statement den Pick2Light-Chip als Produkt aus dem Portfolio der ELV Elektronik AG.

Auf diese Weise und unter Verwendung von RDF-Statements wird ein Netzwerk von Ressourcen erzeugt. Diese sind, ähnlich den Knoten eines Graphen, mit den Prädikaten als Kanten verbunden. Solche Graphstrukturen lassen sich zur Speicherung nicht direkt in Dateien abbilden. Eine Art der Sicherung von im RDF repräsentiertem Wissen ist die Überführung (Serialisierung) in XML. XML definiert, wie oben beschrieben, eine Baumstruktur mit expliziten Schlüssel/Wert-Paaren. Die Abbildung eines RDF-Netzwerks in diese Struktur ist zwar jedenfalls möglich und wohldefiniert [DOS03], ihr Ergebnis allerdings meist wenig verständlich oder intuitiv. Verschiedene Werkzeuge automatisieren daher die Umwandlung, siehe Abschnitt 3.4.

Klassen und Instanzen im RDFS

Das RDF-Schema (RDFS) erweitert die Möglichkeiten des RDF um Klassendefinitionen. Dazu werden verschiedene RDF-Ressourcen und Prädikate definiert, die zur Beschreibung von Typhierarchien und -zusammenhängen dienen. Solche Ableitungen beziehen sich sowohl auf Klassen- wie auch auf Eigenschaftshierarchien. Ressourcen lassen sich in der Folge dann als Instanzen, also als Objekte vom Typ einer bestimmten Klasse, auszeichnen. Entsprechend liegen die Möglichkeiten von RDFS in etwa auf einer Stufe mit der bekannten Klassenmodellierung in UML. Im Kontext von Ontologien (siehe unten) bezeichnet man Klassen mit dem Begriff „Konzept".

Als Beispiel dienen hier einige, das obige Beispiel zu RDF erweiternde Statements in N3-Notation. Dabei zeigt das Präfix „rdfs" die Verwendung des RDFS-Vokabulars an:

```
@prefix rdf: <http://www.w3.org/1999/02/22-rdf-syntax-ns#>
@prefix rdfs: <http://www.w3.org/2000/01/rdf-schema#>
@prefix p2l: <http://www.pick2light.net/ontology#>
<p2l:Person> <rdf:type> <rdfs:Class>
<p2l:Thorsten> <rdf:type> <p2l:Person>
<p2l:Produkt> <rdf:type> <rdfs:Class>
<p2l:Chip> <rdf:type> <p2l:Produkt>
<p2l:erstellt> <rdf:type> <rdfs:Property>
<p2l:verkauft> <rdf:type> <rdfs:Property>
<p2l:Thorsten> <p2l:erstellt> <p2l:Chip>
<p2l:ELV> <p2l:verkauft> <p2l:Chip>
```

Diese Statements definieren die beiden Klassen (Typen) „Person“ und „Produkt“ (Zeile 4 und 6). Die oben verwendeten Ressourcen „Thorsten“ und „Chip“ werden in den Zeilen 5 und 7 diesen Klassen als Instanzen zugewiesen. Zudem benennt das Listing die beiden Prädikate „erstellt“ und „verkauft“ (Zeile 8 und 9). Deren Verwendung folgt sogleich (Zeile 10 und 11) und entspricht der Semantik des ursprünglichen Beispiels.

Um diese Zusammenhänge darüber hinaus zu verfeinern, bietet RDF/S noch eine Reihe weiterer Komponenten und Konstrukte:

- Das Prädikat **rdfs:subclassOf** dient dem Aufbau von Klassenhierarchien. Beispielsweise würde über das Statement <p2l:Entwickler> <rdfs:subclassOf> <p2l:Person> die Klasse der Entwickler als Untermenge der Personen definiert.

- Mit **rdfs:domain** und **rdfs:range** lässt sich die Anwendbarkeit von Prädikaten beschränken, zum Beispiel insofern, als dass das Prädikat „erstellt“ nur noch zwischen Ressourcen der Typen Entwickler und Produkt stehen kann: <p2l:erstellt> <rdfs:domain> <p2l:Entwickler> bzw. <p2l:erstellt> <rdfs:range> <p2l:Produkt>.

- Unter Verwendung von **rdf:Alt**, **rdf:Bag** oder **rdf:Seq** werden Container (d. h. Mengen), mit **rdf:List**, **rdf:first** und **rdf:rest** Listen von Ressourcen repräsentiert.

- Weiterhin lassen sich für **Literale**, welche anstelle von Ressourcen als Objekte in Statements auftreten können, Datentypen festlegen. So kann die Anforderung formuliert werden, dass der Wert für das Prädikat „geboren am“ einer Person vom Datentyp „Datum“ sein muss.

Insgesamt legen die Komponenten von RDF und RDF-Schema (RDF/S) den Grundstein für die Ausgestaltung von Ontologien, die ihrerseits weitere, semantisch noch reichere Konstrukte einführen.

3.2 Ontologien

„Ontologien sind der Wissenschaft ursprünglichstes Thema. Ontologien fußen auf Kategorien und Dingen, die in diese sinnvoll eingeordnet werden können, insofern ist auch jeder Einkaufszettel eine rudimentäre Ontologie.“ [Koe06]

Eng verwandt mit den in [PH02] vorgeschlagenen Topic Maps, haben Ontologien und die Idee einer semantischen Modellierung in den letzten Jahren ein reges Interesse auf Seiten von Forschung und zuletzt auch Industrie geweckt. Die Verstellung eines Semantic Web, durch Tim Berners-Lee von prominenter Seite protegiert [BL99], basiert auf der angestrebten Verwendung von Ontologien als eine mathematisch-logische und zugleich maschineninterpretierbare Repräsentation der Realwelt.

Der vorliegende Abschnitt nähert sich Ontologien auf dem „klassischen Weg“ über das Konzept der Taxonomien an. Er beschreibt dann die verbreitetste Sprache zur Definition von Ontologien – die Web Ontology Language – und widmet sich schließlich verwandten sowie angrenzenden Standards.

3.2.1 Taxonomien

Taxonomien bieten die hierarchische Kategorisierung einer Menge von Dingen. Solche Hierarchien kommen in Wissenschaft und Alltagsleben häufig vor, auf der Speisekarte genauso wie bei der Betrachtung von Flora und Fauna der Erde oder der Verwaltung von Daten im Dateisystem eines Computers. [DOS03] beschreiben das Zusammenspiel von Taxonomien und Ontologien folgendermaßen: „Die taxonomische „subclass-of Hierarchie“ dient Ontologien als Skelett. Sie fügen dann zusätzlich Muskeln und Organe ein – als weitere Beziehungen, Attribute und Eigenschaftswerte.“

Es werden verschiedene Arten von Taxonomien differenziert, vor allem anhand ihrer semantischen Stärke. Um diese Unterschiede zu untersuchen, ist es zunächst nützlich, sich ihre einfache Struktur vor Augen zu führen. Jede Taxonomie hat eine Baumstruktur mit einer einzelnen, meist sehr allgemeinen Wurzel. In Abbildung 3.2 ist dies die Kategorie der Lebewesen. Von der Wurzel können, genau wie von jeder anderen Kategorie, eine oder mehrere Ableitungen – „Unterkategorien“ – vorhanden sein. Im Diagramm ist dies mit Pfeilen verdeutlicht. Kategorien, die keine Ableitungen haben, bilden die Blätter des Baums.

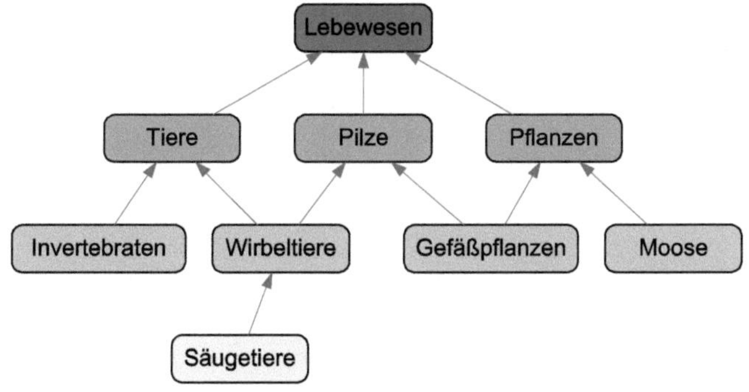

Abbildung 3.2: Taxonomie

Entscheidend für die Interpretation und die semantische Stärke einer Taxonomie ist die Art der Ableitung. Wichtige Beispiele sind hier „ist Unterklasse von“, „ist Unterklassifikation von“ oder „ist Teil von“. Während die ersten beiden sich in der semantischen Forderung unterscheiden (weil die erste Ableitung eine echte Unterklasse in einem Klassenmodell verlangt), steht die Differenz zum dritten Beispiel für die Unterscheidung zweier distinkter Typen von Taxonomien. Taxonomien, zwischen deren Kategorien „ist Unterklasse von“-Beziehungen bestehen, bilden Spezialisierungen ab. Sind die Elemente dagegen per „ist Teil von“-Ableitung verbunden, so drückt die Taxonomie eine Aggregation aus (wie sie z. B. in einer Stückliste verwendet wird). In manchen Taxonomien ist die Art der semantischen Ableitung sehr ungenau definiert, etwa „hat zu tun mit“ im Dateisystem.

3.2.2 Web Ontology Language

Ontologien können Wissen mit hohem Detaillierungsgrad unter Beibehaltung der semantischen Integrität repräsentieren. Ihre Ausdruckskraft ist dabei durch die Sprache beschränkt, in der das Wissen beschrieben wird. Obwohl die natürliche, gesprochene Sprache der Menschen eine sehr hohe Ausdruckskraft hat, ist sie im Kontext des maschineninterpretierbaren Wissensmanagements wegen ihrer Ungenauigkeit und Doppeldeutigkeit von geringem Nutzen. Es kommen daher Sprachen zum Zuge, die ebenfalls eine ausreichend hohe Ausdruckskraft aufweisen, aber die Vorteile eines definierten und kontrollierten Vokabulars besitzen.

In den vergangenen Jahren wurde der vorige Standard DAML+OIL zunehmend durch die Web Ontology Language[2] (OWL) abgelöst. OWL basiert auf RDF/S (Abschnitt 3.1.3 oben). Die Statements des RDF-Graphen werden mit Hilfe von OWL-Konstrukten semantisch detailliert. Diese Verfeinerungen beziehen sich vor allem auf die in der Konzeptschicht definierten Eigenschaften. Hier ist die Einschränkung von Domäne und Zielinstanz nur ein Beispiel, ebenso können Prädikate als Attribute (Literale) oder als zwingend instanzverknüpfend definiert sowie mit Metaeigenschaften wie Transitivität und Symmetrie belegt werden. Andere Erweiterungen zielen auf die Gruppierung von Instanzen und auf die Verwendung von Kardinalitäten. So wäre, um im Beispiel des Chipdesigns zu bleiben, die Definition möglich, dass jedes Design nur einen Verantwortlichen haben kann. Die OWL bietet, in Abhängigkeit vom Anwendungsfall, verschiedene Dialekte oder Stufen an, welche jeweils die Komplexität und die semantische Integrität möglicher Aussagen erweitern:

Dialekt	Beschreibung
OWL Lite	Einfachster Dialekt, aber ausdrucksstärker als RDF/S. Erlaubt 0-1-Kardinalitäten und die Unterscheidung zwischen Attribut- und Objekteigenschaften. Domäne und Zielbereiche definierbar.
OWL DL	Erweitert OWL Lite um beliebige Kardinalitäten, Aufzählungen, boolesche Operatoren und disjunkte Klassen.
OWL Full	Höchste Ausdruckskraft. Konzepte können ihrerseits Instanzen oder Sammlungen von Instanzen sein. Nur noch eingeschränktes Reasoning (siehe Abschnitt 3.4.2 unten) möglich.

Alle im Kontext dieser Arbeit vorkommenden Ontologien liegen in OWL DL, da hier ein guter Kompromiss zwischen Ausdruckskraft und Handhabbarkeit vorliegt. Eine Reihe solcher Ontologien sind in Kapitel 5 erläutert. Diese dienen auch als Beispiele für die im Folgenden referenzierten Technologien.

3.2.3 Weitere Technologien des Semantic Web

Im Zuge der Popularität des Konzepts „Semantic Web" haben sich eine Reihe weiterführender Technologien entwickelt. Dabei sind drei Richtungen des Fortschritts besonders hervorzuheben: (1) die Ansätze zur Komplettierung des Technologiekanons durch die Definition geeigneter Abfragesprachen, (2) die Bemühungen zur weiteren semantischen

[2] Auch: Ontology Web Language, als Akronym wird immer OWL verwendet.

Anreicherung von Ontologien zum Beispiel durch Regelsprachen (hier ist anzumerken, dass es auch laute Stimmen gibt, die behaupten, die Aussagekraft von OWL sei für reale Anwendungen eher zu weitreichend denn zu schwach) und schließlich (3) die Anstrengungen zur Kombination von Ontologien mit anderen aktuellen Konzepten wie der Service Oriented Architecture (SOA). Der vorliegende Abschnitt stellt jeweils eine prominente stellvertretende Technologie aus diesen Kategorien vor. Der Bezug zu den Zielen der Arbeit wird für jede der genannten Technologien evaluiert.

Abfragesprache: SPARQL

Die SPARQL Protocol and RDF Query Language [PS08] definiert ein Vokabular und ein Ergebnisformat für Anfragen an Ontologiemodelle. Dabei erleichtern Anleihen bei der verbreiteten SQL (Structured Query Language), die für relationale Datenbanken verwendet wird, den Einstieg. Umfang und Mächtigkeit von SPARQL sind freilich ungleich größer. Es werden vier Typen von Abfragen unterschieden:

- Ein SELECT gibt einen Teilgraph der Zielontologie in Anhängigkeit von der Abfrage zurück. Dazu werden Bedingungen formuliert, die Variablen enthalten, welche mit den im Modell vorhandenen Tripeln abgeglichen werden. Alle Statements, die semantisch gültige Belegungen der Variablen sind, bilden das Ergebnis der Abfrage.
- Ein CONSTRUCT formt einen neuen Modellgraph anhand einer definierten Vorlage. Diese enthält ebenfalls Variablen, die durch Statements des angefragten Graphen belegt werden. Die Vereinigung aller passenden Statements ergibt dann das Abfrageergebnis.
- Ein ASK prüft auf effiziente Weise, ob die abgefragte Ontologie eine gegebene Aussage unterstützt. Antwort ist hier entsprechend ein einfaches „Wahr“ oder „Falsch“.
- Schließlich dient ein DESCRIBE dem Auffinden aller verfügbaren Informationen zu einer bestimmten Ressource im Modell. Dazu wird die URI der Ressource übergeben und als Ergebnis alle Statements, in denen die Ressource als Subjekt oder Objekt vorkommt, zurückerwartet.

Die bekannteste Implementierung des Standards nennt sich „ARQ“ und stammt aus dem Jena Semantic Web Toolkit, siehe Abschnitt 3.4.3 unten. In der vorliegenden Arbeit wird SPARQL auf das integrierte Produktmodell angewendet, um interessante und untersuchenswerte Teilontologien zu selektieren.

Regeldefinition: SWRL

So semantisch reichhaltig die oben beschriebenen Möglichkeiten des Ontologievokabulars auch sind, gibt es doch zahlreiche Anwendungsfälle, die eine explizite Regelsprache erfordern. Diese nimmt Bezug auf die in der Ontologie beschriebene konzeptionelle Struktur (t-box) und verwendet dann eigene mathematisch-logische Konstrukte, um Vorschriften und Ableitungsregeln für gültige Modellartefakte aufzustellen. Insofern ist die Regeldefinition eng mit dem Reasoning in Ontologien, siehe Abschnitt 3.4.2, verbunden.

Ein Beispiel für eine solche Sprache zur Regeldefinition ist die Semantic Web Rule Language (SWRL) [HPB+04]. Sie verwendet einfache, entscheidbare Hornklauseln; die so definierten Regeln haben eine entsprechend einfache Struktur:

$$\text{istTeilVon(?teil1,?teil2)} \wedge \text{verantwortlichFür(?person,?teil1)}$$
$$\Rightarrow \text{verantwortlichFür(?person,?teil2)}$$

Das Beispiel zeigt eine Regel, wie sie im Kontext der Produktentwicklung definiert sein könnte. Dazu werden die Prädikate der Ontologie (hier: „istTeilVon" und „verantwortlichFür") verwendet, um die mit Fragezeichen beginnenden Ressourcenvariablen zu verknüpfen. Die obige Regel sagt demnach aus, dass eine für ein bestimmtes Teil zuständige Person auch für alle Unterkomponenten des Teils verantwortlich zeichnet. Die Notation ist an die in der Mathematik üblichen Gepflogenheiten angelehnt. SWRL definiert allerdings auch ein XML-Format für Regeln.

Der Sprachumfang der SWRL wird von zahlreichen Implementierungen zum Reasoning auf Ontologiemodellen, darunter den unten detaillierter erläuterten Werkzeugen „Pellet" und „Racer", unterstützt. Im Kontext der in dieser Arbeit vorgestellten Konzeption spielen Regeln und das logische Schließen in Ontologien eine gewichtige Rolle, Regelsprache wie die SWRL sind dazu ein willkommenes Werkzeug und werden genutzt, um die Aussagekraft des integrierten Produktmodells weiter zu steigern.

Semantic Web Services: OWL-S und WSMO

In zeitlicher Parallelität zu den Entwicklungen in Richtung eines Semantic Web haben sich auf dem Gebiet des Softwaredesigns die Paradigmen der „Service Oriented Architecture" (SOA) und ihrer Bausteine, der Web Services, etabliert. Die SOA verficht die Vision einer komponentenbasierten Architektur, in der die Web Services als kombinierbare Bausteine einzelne, recht atomare Funktionalitäten anbieten, die sich kombinieren und zu komplexen Abläufen zusammenstellen lassen. Die Vertreter des Semantic Web sehen hier großen Bedarf für die maschinell-semantische Modellierung der Schnittstellen und angesichts der „Schlagkraft" des SOA-Begriffs wichtige Chancen für Ausweitung und Verbreitung ihrer Ideen [GDDS06].

Entsprechend gibt es diverse, teils konkurrierende Ansätze zur semantischen Beschreibung von Web Services, aus denen zwei als besonders weit entwickelt herausstechen: die OWL-S Semantic Markups for Web Services [Mar04] und die WSMO Web Service Modeling Ontology [RKL+05]. Dabei stammt Erstere aus dem nordamerikanischen, Letztere aus dem europäischen Raum. Ansonsten lassen sich jenseits einiger Details kaum konzeptionelle Unterschiede ausmachen, beide Ansätze nutzen ein eigens definiertes Ontologievokabular um Web Services mitsamt ihren Schnittstellen, Kombinationsmöglichkeiten, Parameterdetails und Zugriffsbeschränkungen zu repräsentieren. Anhand dieser Beschreibungen wird der die Web Services aufrufende Algorithmus in die Lage versetzt, automatisch zu entscheiden, welche Komponenten er wie und in welcher Reihenfolge zur Erledigung einer bestimmten Aufgabe verwenden kann.

Web Services kommen in der Konzeption dieser Arbeit zunächst nicht vor. Entsprechend finden auch OWL-S und die WSMO hier keine direkte Anwendung, ihre Erwähnung dient der Vollständigkeit und ist ihrer Bedeutung für das ganze Gebiet der semantischen Modellierung geschuldet.

3.3 Ontology Engineering

Bevor Ontologien als Modelle verwendet und ein Konzept von ihrer Nutzung profitieren kann, ist selbstverständlich zunächst die Erstellung und Definition derselben notwendig. Das Design guter Ontologien ist keineswegs trivial und hat unter dem Forschungsbereich des „Ontology Engineering" in den vergangenen Jahren einige Aufmerksamkeit erhalten. Das Ontology Engineering meint den Prozess der Findung einer t-box, die mit Hilfe von Konzepten und Prädikaten einen zuvor gewählten Realweltkontext beschreibt. Im Rahmen dieser Arbeit wurde eine ganze Reihe von Ontologien zu so unterschiedlichen Themenbereichen wie Anforderungen, Siliziumchips oder Automobilbau erstellt, deren Struktur Kapitel 5 im Detail vorstellt.

Dabei werden für gute Ontologien die folgenden Eigenschaften angestrebt (siehe z. B. [AvH04]):

- **Semantische Integrität:** Ontologien bieten als semantische Modelle reiche Möglichkeiten der Definition mittels mathematisch-logischer Konstrukte. Als eine Mindestanforderung dürfen auf diesem Bereich bei der Ontologieerstellung keine Widersprüche entstehen. Allerdings gibt es durchaus subtilere Fehlermöglichkeiten als echte logische Widersprüche – etwa die Entscheidung, welche Realweltobjekte in Konzepte, Prädikate oder doch eher als Instanzen umzusetzen sind, verlangt dem Modellierer viel Erfahrung ab.

- **Ausgewogener Detaillierungsgrad:** Ein gutes Modell repräsentiert die wesentlichen Realweltzusammenhänge. Welche dies sind, hängt oft vom Anwendungskontext der Ontologie ab. Diese Aussage steht wiederum im Konflikt mit der unten geforderten Allgemeingültigkeit und Wiederverwendbarkeit. Kaum eine Ontologie wird daher in der Lage sein, alle diese Anforderungen gleich gut zu erfüllen. Einige Autoren, etwa [DNMN05], umgehen dieses Dilemma, indem sie verschiedene Typen von Ontologien identifizieren, die sie jeweils zwischen den Extremen einer sehr generischen „Weltontologie" und einer stark detaillierten „Domänenontologie" verorten. Allgemein ist eine gesunde Balance zwischen Allgemeingültigkeit und Spezifität zu suchen.

- **Zeitliche Stabilität:** Unabhängig von Kontext und Detaillierungsgrad verlangt die semantische Modellierung eine gewisse Stabilität. Gute Modelle skizzieren die Realwelt in einer Weise, die langlebig oder zumindest über eine gewisse Zeit hinweg gültig ist.

- **„Mehrheitsfähigkeit":** Jede Ontologie setzt die Vorstellung um, die ihr Modellierer von der Realwelt hat. Da Ontologien allerdings in der Regel der Kommunikation und dem Austausch auf Instanzebene dienen, ist mit einer „persönlichen" Ontologie niemandem geholfen. Vielmehr zeichnet sich eine gute Ontologie, die verbreitet und wiederverwendet wird, dadurch aus, dass viele Designer und Anwender in ihr ihre „Kopfwelt" wiederfinden.

- **Wiederverwendbarkeit:** Erfüllt eine Ontologie alle obigen Anforderungen, hat sie Chancen, zu einem Standard zu werden. Dies ist besonders für generische, allgemeine Ontologien wichtig, die anderen Modellierern einen Ansatzpunkt für spezifischere Ableitungen bieten. Beispiele für solche allgemeinen Modelle, die vor allem als Kristallisationspunkte dienen, sind Business-Ontologien wie „TOVE (TOronto Virtual Enterprise)" oder „Edinburgh".

Die Literatur sieht für die Entwicklung solcher „state-of-the-art"-Ontologien verschiedene Methodiken und Prozesse vor. Dieser Abschnitt stellt diese verschiedenen Entwicklungsansätze in den Mittelpunkt. Methodiken, die sich nach [GPFC04] und [Av04] für die Ontologieentwicklung eignen, sind:

1. Methodik nach Uschold und King [UK95]
2. Methodik nach Grüninger und Fox [GF95]
3. METHONTOLOGY [FGJ97]
4. On-To-Knowledge [SSSS01]
5. Methodik nach Noy und McGuinness [NM01]
6. UPON [DNMN05]

Die folgende Vorstellung der einzelnen Methodiken nennt deren wichtigste Eigenschaften und erläutert kurz ihre Herangehensweise. Dabei wurden aus Platzgründen repräsentativ die Einträge mit den Nummern 1, 2, 5 und 6 aus der obigen Liste ausgewählt, da sie in der Summe eine gute Überdeckung der sich auch in den anderen Vorgehensmodellen wiederholenden Ideen ergeben. Für detailliertere Informationen wird auf die angegebene Literatur verwiesen. Dies gilt auch für weitere, spezielle und im Rahmen dieser Arbeit nur mäßig relevante Vorgehensmodelle, etwa „KACTUS" [BLC96] oder „SENSUS" [SRKR96].

3.3.1 Methodik nach Uschold und King

Diese Methodik zur Entwicklung von Ontologien stellten M. Uschold und M. King im Juli 1995 erstmals vor. Der Entwicklungsprozess gliedert sich in vier Phasen (nach [UK95]):

1. **Zweck identifizieren:** Der erste Schritt klärt, warum die Ontologie entwickelt wird, was der geplante Nutzen ist und wer die späteren Benutzer der Ontologie sein werden.
2. **Erstellen der Ontologie:** Diese Entwicklungsstufe umfasst drei einzelne Schritte:
   (a) **Ontologie erfassen:** Es werden die wichtigsten Konzepte und Relationen der zu modellierenden Domäne identifiziert und dafür eine eindeutige und konkrete Definition gefunden. Weiterhin sollen alle Terme, die auf diese Konzepte und Relationen verweisen, herausgefunden und die Übereinstimmung mit allen vorherigen Annahmen überprüft werden.
   (b) **Ontologie umsetzen:** Dieser Schritt umfasst die eigentliche Umsetzung der Ontologie in eine formale Sprache. Dabei werden ggf. Meta-Ontologien berücksichtigt, die passende Sprache für Ontologien (wie z. B. die Web Ontology Language) ausgewählt und die Implementierung der Ontologie durchgeführt.

(c) **Existierende Ontologien integrieren:** Während des gesamten Erstellungsprozesses wird nach geeigneten Ontologien zur Wiederverwendung Ausschau gehalten.

3. **Evaluation:** Angelehnt an eine Definition nach Gomez Perez, erfolgt für die Evaluation eine technische Beurteilung der Ontologie, der zugehörigen Softwareumgebung und der Dokumentation unter Beachtung des Bezugsrahmens.

4. **Dokumentation:** Eine adäquate und umfassende Dokumentation aller wichtigen Annahmen der Ontologie sowie sämtlicher Konzepte und Klassen strebt dieser Schritt an.

Die Methodik nach Uschold und King wird in der Literatur häufig als Ausgangspunkt für das geordnete und formalisierte Ontology Engineering genannt. Ihr Vorgehen stellt ein gewichtiges Vorbild dar, alle weiteren Entwicklungsmethodiken sind mehr oder weniger Spielarten ihrer ursprünglichen Ideen. Die Untersuchung der weiteren Ansätze fokussiert daher besonders die eingebrachten Neuerungen und Änderungen.

3.3.2 Methodik nach Grüninger und Fox

Diese Methodik wurde von Michael Grüninger und Mark S. Fox im Rahmen des TOVE (TOronto Virtual Enterprise) Projektes entwickelt und vorgestellt, welches Ontologien für Schlussfolgerungen im industriellen Umfeld anbietet. Spezielles Anwendungsgebiet ist das Supply Chain Management, welches sich mit Möglichkeiten zur Koordination von Logistik und Distribution sowie mit der Abbildung simultaner Produktion befasst [GF95].

In dieser Methodik wird zum einen das Wissen anhand von Fragen, die den Rahmen der Ontologie angeben, in Form von natürlicher Sprache ergründet. Zum anderen erfolgt die Darstellung des Wissens durch die Nutzung der formalen Prädikatenlogik erster Stufe, welche die Vorteile der Klassenlogik nutzt und eine Art Anleitung für die Transformation von informalen Modellen in Computer-Modelle gibt [GPFC04].

Der Entwicklungsprozess für eine Ontologie gliedert sich nach [GF95] in die sechs nachfolgend dargestellten Schritte:

1. **Motivationsszenarien:** Die Entwicklung von Ontologien ist motiviert durch Szenarien, welche in Applikationen entstehen oder auftauchen. In diesem Schritt wird der konkrete Sachverhalt informal erläutert und mindestens eine mögliche Lösung vorgeschlagen. Durch diese Beschreibung werden erste Ansätze für Klassen und Relationen geliefert.

2. **Informale Kompetenzfragen:** In diesem Schritt werden Fragen, welche die Ontologie beantworten muss, informal formuliert und idealerweise strukturiert. Diese Kompetenzfragen dienen als Anhaltspunkt für die Ausrichtung und eine erste Bewertung der Ontologie [GF95].

3. **Formale Terminologie:** Nach der Fertigstellung der Kompetenzfragen wird nun die Terminologie der Ontologie mit Hilfe der Prädikatenlogik spezifiziert.

4. **Formale Kompetenzfragen:** Nun werden die informalen Kompetenzfragen unter Verwendung der Terminologie in formale überführt. Dabei entsteht eine Reihe von Konsistenzproblemen unter Beachtung der Axiome in der Ontologie, welche mit Hilfe der Prädikatenlogik in Schritt 5 definiert werden.

5. **Formale Axiome:** Die Axiome legen genaue Definitionen für die Terme der Ontologie und Bedingungen für deren Interpretationen fest. Axiome sind als Ausdrücke der Prädikatenlogik definiert, die sich auf die konkreten Eigenschaften der Ontologie beziehen.

6. **Vollständigkeitstheorem:** Nachdem nun die Kompetenzfragen formalisiert wurden, müssen Bedingungen aufgestellt werden, unter denen die Antworten auf die Fragen vollständig sind. Diese Bedingungen sind in dem Vollständigkeitstheorem zu der entwickelten Ontologie ausgedrückt.

Die wichtigste Neuerung ist die in diesem Ansatz geforderte Definition von Kompetenzfragen, welche sich zur Entwicklung und Bewertung von Ontologien bewährt haben. Dieser Teil der Methodik nach Grüninger und Fox lässt sich problemlos mit anderen Vorgehensmodellen zur Ontologieentwicklung kombinieren.

3.3.3 Methodik nach Noy und McGuinness

Die Methodik nach Noy und McGuinness beschreibt einen iterativen Prozess für die Entwicklung von Ontologien im Kontext deklaratorischer framebasierter Systeme und diskutiert generelle, zu beachtende Sachverhalte [NM01]. Vor dem eigentlichen Entwicklungsprozess beschreiben Noy und McGuinness einige grundlegende Regeln:

- Es gibt keine Vorschriften für eine richtige Modellierung, sondern immer unterschiedliche Alternativen. Eine einzige korrekte Ontologie zu einer Domäne existiert nicht.
- Der Entwicklungsprozess wird iterativ gesehen, d. h. es sind jederzeit Rücksprünge in vorherige Phasen möglich.
- Die Bezeichner der Konzepte sollten nah an denen der realen Objekte liegen. Für Klassen werden die Nomen und für Beziehungen die Verben der beschreibenden Aussagen zu der Domäne benutzt.

Der eigentliche Entwicklungsprozess ist in die folgenden iterativen Phasen unterteilt:

1. Bestimme die Domäne und den Umfang der Ontologie, z. B. durch Kompetenzfragen
2. Suche möglicherweise bereits existierende, wiederverwendbare Ontologien
3. Liste wichtige Begriffe der Ontologie auf
4. Definiere Konzepte und ihre Hierarchie
5. Definiere Relationen und Konzepteigenschaften

6. Definiere Nebenbedingungen, wie etwa Kardinalitäten oder Wertetypen

7. Erzeuge Instanzen

Zu den entscheidenden Schritten 4 bis 6 stellt [NM01] weitergehende, ausführliche Erläuterungen und Ratschläge bereit. Ihre weite Verbreitung verdankt die Methodik der Tatsache, dass sie im Zusammenhang mit dem Ontologiewerkzeug Protégé (siehe Abschnitt 3.4.1) entwickelt und zugänglich gemacht wurde.

3.3.4 UPON

Die UPON-Methodik folgt einem Vorschlag zur Entwicklung von Ontologien von De Nicola, Missikoff und Navigli aus dem Jahr 2005. UPON steht dabei für „Unified Process for ONtology building". Das Vorgehen ist angelehnt an den Standardprozess zur Softwareentwicklung (Unified Software Development Process, siehe z. B. [JBR99]) und nutzt die Vorteile der Unified Modelling Language (UML).

Dabei ist der UPON zugleich anwendungsfallgesteuert als auch iterativer und inkrementeller Natur. Iterativ bedeutet in diesem Zusammenhang, dass Rücksprünge in vorherige Entwicklungsschritte jederzeit möglich sind. Nach jedem Arbeitsschritt liegt aber auch eine detailliertere Ontologie – als inkrementelle Erweiterung – vor [DNMN05].

Die Entwicklung verläuft in Zyklen, welche jeweils in die vier Phasen Anfang, Ausarbeitung, Konstruktion und Transition unterteilt sind. Mit Beendigung jedes Zyklus entsteht eine neue Version der Ontologie. In jedem Durchgang werden dabei die fünf nachfolgend beschriebenen Arbeitsschritte ausgeführt:

1. **Anforderungen:** Bei diesem Arbeitsschritt werden semantische Notwendigkeiten und das Wissen, welches die Ontologie enthalten soll, spezifiziert. Dabei gibt es wiederum sechs Aufgaben:
   (a) Bestimmung der Domäne
   (b) Bestimmung des Zwecks der Ontologie
   (c) Schreiben eines „Storyboards" zur Verwendung der Ontologie
   (d) Erstellen eines Anwendungslexikons
   (e) Identifizieren von Kompetenzfragen
   (f) Identifizieren von Anwendungsfällen

2. **Analyse:** Diese Phase umfasst die Verfeinerung und Strukturierung der aufgestellten Anforderungen.
   (a) Existierende Ressourcen beachten und ggf. wiederverwenden und relevante Konzepte identifizieren
   (b) Anwendungsfälle mit UML-Diagrammen modellieren
   (c) Erstellen eines Glossars

3. **Entwicklung:** Die analysierten Anforderungen werden weiter verfeinert und auf ihre Beziehungen hin untersucht. Die Ergebnisse der Analyse werden als Konzepte formuliert.

4. **Implementierung:** Dieser Arbeitsschritt umfasst die Umsetzung der Ontologie in eine formale Sprache, wie z. B. die Web Ontology Language (OWL, Abschnitt 3.2.2)

5. **Test:** Die Ontologie wird auf die korrekte Implementierung der gestellten Anforderungen überprüft.

Im Zentrum dieses Vorschlags für ein Vorgehen zum Ontology Engineering steht die Idee, die Aufgabe durch die Anlehnung an bekannte Softwareentwicklungsprozesse zu vereinfachen [DNMN05].

3.3.5 Ontology Engineering für die Produktentwicklung

Ontologien bieten vielfältige Möglichkeiten für die Darstellung und Modellierung bestimmter Domänen. Um eine Ontologie entwickeln zu können, müssen Klassen identifiziert, verschiedene Zusammenhänge in Form von Relationen und Axiomen definiert und erste mögliche Instanzen der Ontologie erstellt werden. Damit dieses Vorgehen systematisch und wissenschaftlich angegangen werden kann, ist es notwendig, aus den verschiedenen Entwicklungsmethodiken eine passende auszuwählen und damit die Entwicklung durchzuführen.

Im Rahmen der Erläuterungen zu den in dieser Arbeit verwendeten Ontologien (Kapitel 5) ist jeweils die zur Erstellung verwendete Methodik angegeben und ihre Auswahl motiviert.

3.4 Werkzeuge

Ontologien werden unter Verwendung dedizierter Werkzeuge erzeugt, verwaltet und genutzt. In den vergangenen Jahren gab es eine Reihe von interessanten Neuentwicklungen, allerdings kommen auch viele ältere Ansätze, die zuvor ein Schattendasein führten, zu neuen Ehren. Während die allermeisten Werkzeuge aus dem akademischen Milieu stammen und eher den Entwicklungsstand erweiterter Prototypen aufweisen, sind in jüngster Zeit auch diverse Angebote kommerzieller Hersteller zu vermerken. Dazu gehören etwa die Toolsuite „SemanticWorks“[3] von Altova (siehe unten) oder der „TopBraid-Composer“[4].

Dieser Abschnitt nennt die im Rahmen der Arbeit bedeutendsten Werkzeuge. Dabei fallen viele der zahllosen Detaillösungen weg, die sich zum großen Teil sehr spezialisierten Problemen widmen. Dagegen benötigt man für jede Ontologieentwicklung einen Editor sowie zur Nutzung des Ergebnisses Reasoner und Application Programming Interfaces (API). Ungedeckten Bedarf für eine Softwarelösung gibt es derzeit (noch) bezüglich der Unterstützung für die – von allen Vorgehensmodellen aus Abschnitt 3.3 unisono geforderte – Evolution erstellter Ontologien.

Eine weitere wichtige Sparte für Ontologiewerkzeuge dient der Schemaintegration. Da dieses Thema jedoch einen Kernbereich der Arbeit berührt, wurden die entsprechen-

[3]http://www.altova.com/products/semanticworks/semantic_web_rdf_owl_editor.html
[4]http://www.topquadrant.com/topbraid/composer/index.html

den Ansätze bereits in Kapitel 2.2.2 zur „Ontology Integration“ als Teil der verwandten Arbeiten adressiert.

3.4.1 RDF/OWL-Editoren und -Browser

Ontologieeditoren ermöglichen die Ausgestaltung von Ontologiemodellen über eine graphische Schnittstelle. Dabei sind sehr unterschiedliche Herangehensweisen festzustellen: Während einige Werkzeuge nahe am Statementcharakter von RDF bleiben, setzen andere auf eine abstraktere, objektorientierte Darstellung. Die folgenden Absätze betrachten einige der wichtigsten Editoren genauer.

Nicht der Erzeugung, sondern der übersichtlichen Darstellung von Ontologien sind RDF-Browser gewidmet. Sie leisten gerade in großen Modellen gute Dienste. Der vorliegende Abschnitt stellt „Longwell“ als Vertreter dieser Gattung von Werkzeugen vor.

Protégé

Mit Protégé liefert die Arbeitsgruppe Medizininformatik der Stanford University das bewährteste und sicher auch umfänglichste Ontologiewerkzeug. Ursprünglich allgemein auf die interaktive und graphische Wissensakquise und -modellierung ausgerichtet, hat sich Protégé im Laufe der Zeit und mit der wachsenden Verbreitung von Ontologien und der OWL auf diese Richtung fokussiert. Heute nutzt der überwiegende Teil der Anwender das Werkzeug in diesem Kontext.

Bei Protégé handelt es sich um eine nichtkommerzielle, quelloffene Entwicklung, die ein Application Programming Interface zur Verfügung stellt und über einen Komponenten-(Plugin-) Mechanismus von jedermann erweitert werden kann. Von dieser Möglichkeit wurde in der Vergangenheit reichlich Gebrauch gemacht, zahllose Plugins für diverse Bereiche – von der Visualisierung über das Reasoning bis zu branchenspezifischen Anpassungen – stehen zur Verfügung. Die hinter Protégé stehende Arbeitsgruppe hat nicht nur mit der Entwicklung und Bereitstellung des eigentlichen Werkzeugs beigetragen, sondern auch durch (wissenschaftliche) Überzeugungsarbeit an der Verbreitung der Ideen zur semantischen Modellierung mitgewirkt. Ihre Mitglieder zeichnen für eine beeindruckende Zahl an Veröffentlichungen (etwa [NM01], [NK02]), Workshops sowie selbstverständlich auch für einige wichtige und verbreitet genutzte Ontologien verantwortlich.

Der Hauptteil der Designarbeiten an den im Rahmen dieser Arbeit erstellten und verwendeten Ontologien wurde mit Hilfe von Protégé durchgeführt.

SemanticWorks

Mit SemanticWorks stellt sich Altova als erstes kommerzielles Unternehmen ernsthaft dem Markt der semantischen Modellierungswerkzeuge. Es setzt damit ein wichtiges Signal für die Forschungsrichtung und zeigt, dass die Ideen einer semantischen Modellierung den Kinderschuhen entwachsen und Ontologien mehr als akademische Spielereien sind.

Der angebotene Ontologieeditor ähnelt in Aufbau und Nutzungsverhalten sehr den bekannten XML- und WebService-Werkzeugen aus dem gleichen Hause. Es wird eine umfassende Unterstützung für den gesamten Umfang von RDF/S und OWL geboten. Ein graphischer Editor erleichtert den Einstieg in die Modellierung und wird automatisch mit einem Sourcecode-Editor synchronisiert. Das Werkzeug hat einen ansehnlichen Reifegrad und ist für den produktiven Einsatz in Unternehmen eher als Protégé geeignet – der geübte Modellierer vermisst allerdings die zahlreichen Plugins, die den Funktionsumfang von Protégé gegenüber SemanticWorks um Größenordnungen höher erscheinen lassen.

Die im Prototyp zu dieser Arbeit verwendeten Ontologien wurden unter Verwendung von sowohl Protégé als auch SemanticWorks erarbeitet.

Longwell

Die intuitive textliche, tabellarische oder auch graphische Darstellung von Wissensnetzwerken im Allgemeinen und Ontologien im Besonderen ist nicht trivial. Die Gründe hierfür liegen in dem häufig großen Umfang der Netze, der generischen Graphstruktur und der beliebigen, nicht vorherzusehenden Verknüpfbarkeit von Ressourcen. Diese Umstände machen es schwer, einzelne Objekte zu identifizieren und sie dann, wie beispielsweise in UML-Modellierungswerkzeugen üblich, darzustellen. RDF-Browser begegnen diesen Schwierigkeiten mit neuen, eigens entwickelten Visualisierungskonzepten.

Ein gutes Angebot macht hier eine Entwicklung des MIT[5]: „Longwell". Dieser hoch konfigurierbare Browser passt sich dynamisch der vorgefundenen Ontologiestruktur an und kann so beliebige Ontologien übersichtlich darstellen. Zugleich erlaubt ein umfassendes „Customizing"-Konzept die Anpassung an den Anwendungskontext. Die Darstellung erfolgt dabei sowohl textlich-tabellarisch als auch graphisch; so genannte „Facets" bestimmen die Anzeigeart von Ressourceneigenschaften und -verknüpfungen typspezifisch, wobei Standards unvorhergesehene Fälle abdecken.

Der Bezug zur hier vorgestellten Arbeit besteht über das integrierte Produktmodell, welches sich nicht nur mit dem in Kapitel 7 beschriebenen Prototyp „Permeter" betrachten und auswerten lässt, sondern auch in Longwell dargestellt interessante Einblicke in die Produktentwicklung verschafft.

3.4.2 Reasoning

Mit dem Ausdruck „Reasoning auf einer Ontologie" bezeichnet man Mechanismen, die in einer Ontologie implizit vorhandene Fakten explizit verfügbar machen. Auf der Ebene des RDF besteht jede Ontologie, wie oben gezeigt, aus einer Menge von Statements, die einen Graph bilden. Reasoning fügt dieser Sammlung auf der Basis semantischer Regeln weitere, abgeleitete (engl.: „infered") Statements hinzu. Verschiedene Anwendungsfälle für Reasoning aus Ontologien sind denkbar, die beiden wichtigsten sind:

- **Validierung:** Die Validierung einer Ontologie zielt auf die Überprüfung, ob eine Ontologie eine Domäne der realen Welt in geeigneter Weise abbildet. Das Reasoning ist integraler Bestandteil jeder Validierung, da es eine Ontologie auf formale und logische Widersprüche untersucht. Keine so als inkonsistent erkannte Ontologie kann als gültig, und damit als geeignete Repräsentation der Domäne, gelten.

[5]Longwell wird von der Arbeitsgruppe „Simile" (Semantic Interoperability of Metadata and Information in unLike Environments) am Massachusetts Institute for Technology erstellt, die mit ihren kreativen Konzepten und Implementierungen großen Anteil am Gedeihen der Forschungsrichtung hat.

- **Analyse:** Während sich die Validierung um die Richtigkeit der Ontologie in Bezug auf ihre Domäne kümmert, wird diese Korrektheit bei der Analyse vorausgesetzt. Ihr geht es um die Nutzung der in der Ontologie repräsentierten Fakten (Statements). Durch die Analyse werden implizite Fakten, die sich erst durch die Kombination von zwei oder mehr Statements ergeben, zu Tage gefördert und dem Wissensgehalt der Ontologie hinzugefügt.

Werkzeuge, die Reasoning unterstützen, verwenden verschiedene, in der Literatur ausführlich beschriebene Ansätze [Fen04]. Das im Rahmen dieser Arbeit vorgestellte Werkzeug verwendet Pellet.

Pellet

Pellet gehört zu den ältesten und ausgereiftesten Werkzeugen im Bereich des Reasoning. Ursprünglich im Rahmen der „Mindswap"-Arbeitsgruppe an der Universität Maryland, USA konzipiert, basiert die Entwicklung des Open-Source-Programms heute auf Beiträgen aus der ganzen Welt. Mit der Clark & Parsia LLC ist inzwischen ein kommerzieller Anbieter auf den Erfolg angesprungen und bietet professionellen Anwendersupport.

Pellet unterstützt den Sprachumfang der OWL DL (Description Logics, Version 1.1) und erfreut sich großer Verbreitung. Über eine DIG (DL Implementation Group) Schnittstelle ist die Integration mit dem Ontologieeditor Protégé (siehe oben) und auch der API Jena (unten) realisiert. Zudem ist Pellet in der Programmiersprache Java geschrieben und bietet sich daher zur Verwendung im Prototyp zu dieser Arbeit an. Im Zuge von dessen Entwicklung erwies sich die hohe Performanz von Pellet angesichts der teils recht umfangreichen Produktmodelle als gewichtiger Pluspunkt.

Racer

In Konkurrenz zu Pellet ist an der Technischen Universität Hamburg ein weiterer Reasoner entstanden: Racer (Renamed Abox and Concept Expression Reasoner). Auch dieser kann auf eine lange Entwicklungszeit zurückblicken und einen hohen Reifegrad vorweisen. Mit dem „Racer Porter" bietet das Werkzeug zudem und im Gegensatz zu Pellet eine komfortable Benutzungsschnittstelle, die die Arbeit des Reasoners illustriert. Auch Racer legt dabei eine annehmbare Performanz an den Tag.

Weniger gelungen sind die Möglichkeiten zu Kommunikation und Datenaustausch mit anderen Werkzeugen und Bibliotheken. Aufgrund dieser Tatsache wurde im Kontext der vorliegenden Arbeit Pellet der Vorzug gegeben.

3.4.3 Application Programming Interfaces

Application Programming Interfaces (APIs) schaffen einen Zugang zu Ontologien für Softwaresysteme. Diese könnten auch direkt auf das in Datei oder Datenbank abgelegte Modell zugreifen, bekommen mittels einer API jedoch bequemere Möglichkeiten zur Arbeit mit und zur Manipulation von Ontologien angeboten. Zudem lassen sich verschiedene Einstellungen, etwa zum verwendeten Reasoning-Mechanismus, vornehmen. Permeter verwendet die API „Jena", welche hier neben der Alternativentwicklung „Kaon 2" vorgestellt wird.

Jena

Jena ist eine der wichtigsten und verbreitetsten APIs zum Umgang mit Ontologien. Sie stammt aus den Open-Source-Laboren von Hewlett-Packard und hat in der Forschungs- und Entwicklungsgemeinschaft einen exzellenten Ruf.

Hauptfunktionalität der API ist die Abbildung und Übertragung von Ontologien in die Welt der Programmierung. Dazu definiert Jena in Java eigene Klassen, die Konzepte, Prädikate und Individuen kapseln. Spezielle Senken- und Quellenimplementierungen sorgen für komfortable Möglichkeiten zum Zugriff auf Modelle aus verschiedenen Serialisierungsformaten und die automatische Integration externer Ressourcen. Mit Hilfe zahlreicher Methoden lässt sich ein geladenes Modell abfragen und bearbeiten. Rund um diese Kernfunktionalitäten hat sich eine ganze Reihe von weiteren Komponenten entwickelt, die von einer eigenen Regelsprache über den RDF-Server „Joseki“ bis zum Qualitätsprüfer „Eyeball“ reicht.

Weiterhin gehören eine Implementierung von SPARQL (siehe Abschnitt 3.2.3) und eigene Reasoning-Funktionalitäten (siehe voriger Abschnitt) zur Jena-Bibliothek, Letztere reichen allerdings nicht an den Funktionsumfang von Pellet oder Racer heran.

Kaon 2

Als OWL-kompatibler Nachfolger von Kaon bietet Kaon 2 eine moderne API zur Manipulation von Ontologien. Weiterhin sind integriert:

- Eine Serveranwendung, die den Fernzugriff auf Ontologien und ihre Ressourcen ermöglicht
- Ein Reasoner, der Abfragen unter Berücksichtigung abgeleiteter Statements verarbeitet und beantwortet, wobei als Abfragesprache die oben erläuterte SPARQL zur Anwendung kommt
- Eine DIG-Schnittstelle, die auch hier der Integration (etwa mit Protégé) dient

Eine besondere und interessante Komponente von Kaon 2 widmet sich dem Zusammenspiel von relationalen Datenbanken und Ontologien. Dazu definiert der Anwender in einem speziellen Format welche Datentupel aus den relationalen Tabellen Ressourcen bzw. Individuen repräsentieren. Kaon sorgt dann „on-the-fly“ für die automatische Übersetzung der Datenbankinhalte in die Terminologie der verwendeten Ontologie.

Insgesamt erreicht Kaon 2 allerdings nicht den Funktionsumfang und die Reife von Jena. Daher wird diese API auch im Rahmen dieser Arbeit nicht verwendet.

3.4.4 Versionsverwaltung und Evaluation

[KDFO02] untersucht die Anforderungen an ein Ontology Management System (OMS) und bemängelt, dass keines der bestehenden Systeme diese vollständig erfüllt. Die Autoren betonen die besondere Wichtigkeit der Versionierung von Ontologien, die sich nirgendwo angemessen berücksichtigt findet. Diese Feststellung stehe in auffälligem Kontrast zur Hauptaufgabe der OMS, der Unterstützung zur Erweiterung von Ontologien. Dagegen argumentieren [KN03], dass es in Ontologien keinen Unterschied zwischen Evolution und Versionierung gebe, da eine Ontologie alle ihre vorherigen Versionen „in sich trüge".

Mit ihrer Untersuchung motivieren [KKOF02] die Entwicklung von OntoView, einem OMS, welches durch das Versionierungstool CVS inspiriert ist. Das Problem der Versionierung wird in dem vorgestellten Werkzeug zur Evaluation der Produktentwicklung mit Hilfe von Namensräumen und dem allgemeinen Versionierungstool SVN gelöst – eine Möglichkeit die keines der existierenden OMS explizit unterstützt. Neben der Versionsverwaltung ergibt sich bei der Erstellung von Ontologien eine weitere Herausforderung: Die Evaluation der erstellten Ontologie gehört zu den meisten Methodiken des Ontology Engineering hinzu (siehe Abschnitt 3.3). Konkrete Vorschläge zu deren Durchführung, die über die Betrachtung der eventuell vorhandenen Kompetenzfragen hinausgehen, finden sich allerdings selten. Mit OntoClean existiert jedoch ein unabhängiges Konzept für ein solches Vorgehen.

OntoClean

OntoClean ist eine Methode zur Validierung der Angemessenheit der taxonomischen Beziehungen innerhalb einer Ontologie. Dabei basiert das Vorgehen auf allgemeinen, formalen Begriffen, welche aus der Philosophie, genauer der „analytischen Metaphysik" [GW04], abgeleitet wurden und losgelöst von einer bestimmten Domäne auf alle Ontologien zur Validierung anwendbar sind. Es wird dabei die Taxonomie der Ontologie auf unpassende und inkonsistente Modellierungsentscheidungen untersucht. Dies geschieht durch die Vergabe von so genannten Meta-Eigenschaften, welche für jedes Konzept bestimmt werden, wodurch der Taxonomie zu erfüllende Bedingungen auferlegt werden [GW04].

OntoClean kam zur Evaluation aller im Rahmen dieser Arbeit verwendeten Ontologien zum Einsatz.

Kapitel 4

Modelle und Modelloperationen

DIE Modellierung von (Teil-)Aspekten der realen Welt ist Standard in Wissenschaft und Entwicklung. Modelle dienen dazu, den Gegenstand der Betrachtung zu beschreiben, zu vereinfachen und seine wesentlichen Aspekte zu verstehen. In der Produktentwicklung haben Modelle einen hohen Stellenwert: Eine mögliche Sichtweise auf die Produktentwicklung ist, sie als nichts weiter als die Erstellung von immer zahl- und detailreicheren Modellen des gewünschten Produkts zu betrachten [PV03]. Die Produktentwicklung versteht sich dabei als Zyklus von Synthese- und Analyseschritten. Am Ende steht ein Modell, welches so fein ausgestaltet ist, dass es alle Informationen für die zukünftige Fertigung des Produkts trägt.

Um das allgemeine, einheitliche Verständnis von Modellen zu gewährleisten, muss deren Aufbau und Struktur festgelegten Regeln sowie einer wohldefinierten Semantik folgen. Dies gilt insbesondere für elektronisch erstellte und bearbeitbare Modelle. Solche Regeln sind in Metamodellen festgelegt, die spezifizieren, welche Artefakte in welchen Kombinationen in den entsprechenden Modellen erlaubt oder erforderlich sind. Auf diese Weise entsteht ein so genannter Metamodell-„Stack", in dem die jeweils obere Ebene Aufbau und Struktur der unteren definiert. Ein prominentes Beispiel für solche ebenendefinierenden Modellsysteme ist – ursprünglich aus dem Bereich der Softwareentwicklung stammend – jenes der Object Management Group (OMG). Es definiert insgesamt vier Modellebenen, die im Abstraktionsgrad von den eigentlichen Daten (Ebene 0) bis zur Meta Object Facility (MOF, Ebene 3) reichen. Weit verbreitet ist die Modellbildung mit der Unified Modelling Language (UML), die auf Ebene 2, unterhalb der MOF, angesiedelt ist [Som06] und in den vorangegangenen Kapiteln schon verschiedentlich referenziert wurde.

In der Vergangenheit haben sich zahlreiche Metamodelle zu den verschiedenen Produktsichten, also etwa Spezifikation oder Baustruktur, etabliert [AT00]. Oft existieren mehrere Metamodelle zu ein und derselben Sicht, auch branchenspezifische Lösungen sind zu verzeichnen. Die Festlegung auf eines dieser angebotenen Metamodelle ist nicht ohne Risiko, da es von anderen Modellen referenziert und so nicht ohne Probleme ausgetauscht oder ergänzt werden kann. Auch erschwert sich der Austausch zwischen Entwicklungsteams, die verschiedene Metamodelle nutzen. An diesem Punkt stehen Modelltransformationen bereit, um mit Hilfe festgelegter Regeln eine, nach Möglichkeit automatisierte, Übersetzung von Modellen durchzuführen. Neben den Transformationen spielen auch Modellmappings eine wichtige Rolle. Diese dienen nicht der Überführung, sondern vielmehr der Verknüpfung von Modellartefakten. Ein typisches nützliches Beispiel wäre hier die semantische Verknüpfung zwischen einer Anforderung und der resultierenden Funktion.

Dieses Kapitel erläutert die verschiedenen Ansätze zu Modelltransformationen und -mappings in Abschnitt 4.2. Es bereitet damit deren Nutzung zur Erstellung des integrierten Produktmodells vor (siehe Kapitel 5). Vorangestellt sind einige einleitende Erläuterungen zu Natur und formaler Form von Modellen.

4.1 Modelle

Modelle repräsentieren Realitäten. Ihre Erstellung und Nutzung ist zweckgetrieben. Jedes Modell enthält notwendigerweise nur einen Teil der Informationen aus der betrachteten Domäne, wobei sich die Auswahl der repräsentierten Elemente durch die angestrebte Verwendung des Modells bestimmt [KK05]. So wird man in dem Datenmodell einer bestimmten Domäne sicher ganz andere Informationen repräsentiert finden, als es in einem Prozessmodell desselben Kontexts der Fall wäre.

Ein illustratives Beispiel für die Notwendigkeit der Beschränkung bieten Wettermodelle. Als komplexe geographische Modelle ist es ihnen selbstverständlich unmöglich, alle Informationen zu tragen, da sie sonst zu einer Kopie des realen Betrachtungsgegenstands werden müssten. Die erste Aufgabe des Meteorologen ist es daher, mit Hilfe der bekannten Wirkungszusammenhänge zu bestimmen, welche der Daten relevant und damit der Aufnahme in sein Modell wert sind. Doch nicht genug: Auch die relevanten Informationen wird er nicht an jedem Ort, sondern nur an diskreten Stellen seines kontinuierlichen Betrachtungsgegenstandes aufnehmen können. Hinzu kommt, dass sich Auswertungsmöglichkeiten zu verschiedenen Fragestellungen bezüglich ihrer Anforderungen an die zur Verfügung stehenden Daten unterscheiden. So benötigt eine allgemeine Wetterlangzeitprognose sicher ein anderes Modell als die landwirtschaftliche Regenvorhersage oder ein Pollenflugkalender.

Diese Analogie passt zu dem in der vorliegenden Arbeit beschriebenen Konzept. In Kapitel 5 wird gezeigt, wie aus dem umfassenden „Informationspool“ der Produktentwicklung zweckgetrieben jene Informationen abzuschöpfen sind, die eine entsprechende fokussierte Auswertung erlauben. Zunächst ist es jedoch nützlich, einige Grundlagen zu Modellen und Operationen, die man auf ihnen ausführen kann, zu betrachten. Dazu verwendet dieses Kapitel eine formal-mathematische Definition für Modelle, mit deren Hilfe sich Eigenschaften derselben darstellen lassen. Weiterhin untersucht es bestehende Methodiken und Werkzeuge zur Transformation und Integration von Modellen. Transformation und Integration sind die im Rahmen der vorliegenden Arbeit zentralen Modelloperationen.

4.1.1 Formale Definition von Modellen

Um eine formale Definition von Modellen zu erreichen, müssen zunächst einige Einschränkungen deren Gültigkeitsbereich eingrenzen. Diese Arbeit nutzt abstrakte Modelle im informationstechnologischen Sinne. Prototypen mit physikalischer Ausdehnung bleiben im Folgenden und auch von der vorgestellten Definition unberücksichtigt (zumal deren unmittelbare Integration mit anderen Modellen ohnehin schwer denkbar ist). Andererseits lassen sich Prototypen selbst natürlich auch wiederum abstrakt modellieren und sind somit von den Auswertungen zur Performanz der Produktentwicklung keineswegs endgültig ausgeschlossen.

Abstrakte Modelle lassen sich als Graph auffassen, diese Arbeit folgt der Definition von [BCD+07]:

Ein benannter gerichteter Multigraph ist ein 6-Tupel $G = (V, E, s, t, l_v, l_e)$, wobei:

- V die Knotenmenge (engl.: Vertex) von G ist;
- E die Kantenmenge (engl.: Edge) von G ist;
- $s : E \rightarrow V$, eine Funktion ist, die Kanten mit einem Ausgangsknoten verbindet;
- $t : E \rightarrow V$, eine Funktion ist, die Kanten mit einem Eingangsknoten verbindet;
- $l_v : V \rightarrow \sum_V$, eine Funktion ist, die einen Knoten benennt;
- $l_e : E \rightarrow \sum_E$, eine Funktion ist, die eine Kante benennt.

Mit Hilfe dieser Definition betrachtet die Arbeit Modelle – unberücksichtigt des zur ihrer Definition genutzten Formalismus – als eine Menge von Multigraphen, abgekürzt MMG. Ein Multigraph ist dabei ein Graph, der zwischen zwei Knoten eine Mehrzahl an Kanten erlaubt. Von diesen Kanten wird weiterhin verlangt, dass sie zum einen gerichtet, also zwischen Ziel- und Ausgangsknoten unterscheiden, und dass sie zum anderen benannt, also mit einer Semantik versehen, sind. Zur Vorbereitung von Abschnitt 4.2 nennen wir $M2M$ eine Menge von Funktionen, die Modelle transformieren, $f : MMG \rightarrow MMG$.

Nicht alle der im Rahmen dieser Arbeit betrachteten Modelle unterliegen in ihrem Ursprungsformat den in der Definition geforderten formalen Ansprüchen. Für die in einem Textdokument beschriebenen Anforderungen etwa, für den Sourcecode einer Software oder die Einträge eines Testprotokolls gilt der oben genannte Modellbegriff nur implizit. Es wird Aufgabe der in Abschnitt 4.2 vorgestellten Transformationen sein, solchen Modellen die notwendige Formalität hinzuzufügen, die ihrerseits die Modellintegration erst ermöglicht.

4.1.2 Eigenschaften von Modellen

Nach [KK05] und [BCD+07] lassen sich Modelle anhand von vier Hauptdimensionen charakterisieren, die dieser Abschnitt untersucht. Interessant sind dabei die Auswirkungen auf die angestrebte Transformation und Integration, die sich aus dieser Kategorisierung von Modellen ergeben. Werkzeuge zur Transformation zielen in der Regel auf die Anwendbarkeit für alle Modelle mindestens einer Dimension und müssen daher die Definition abstrakter Regeln zur Überführung von Modellelementen erlauben. Entscheidend für die Machbarkeit des in dieser Arbeit konzipierten Ansatzes ist jedoch die Feststellung, dass sich alle Modelle ungeachtet ihrer Eigenschaften als Menge benannter gerichteter Multigraphen (MMG) auffassen lassen.

Die vier Dimensionen zur Einordnung von Modellen sind:

Dimension	Beschreibung
Metamodell (MM), Modell-Primitive	Das Metamodell eines Modells schafft den formalen Rahmen, in dem das Modell existiert. Es definiert, welche Elemente (Knoten und Kanten) mit welchen Semantiken im Modell verwendbar sind. Weiterhin entwirft es Regeln zu erlaubten Varianten von deren Kombination. Gemeinsam bilden die Modellelemente und die Regeln zu deren Verwendung die Modellsprache. Prominente Beispiele für Modellsprachen auf Metamodellebene sind die Unified Modelling Language (UML) und die XML Schema Definition (XSD). Jedes Metamodell ist selbst wiederum ein Modell, einen der detailliertesten „Modellstacks“ hat die OMG definiert. Der Exkurs in Abschnitt 4.1.3 zeigt hier Details, da das Verständnis für die Zusammenhänge zwischen Metamodell und Modell für die Arbeit mit Modellen zentral ist. Ebenso zentral sind Metamodelle für Transformationen. Gewöhnlich leiten Transformationen die Regeln, auf denen sie arbeiten, aus einem Mapping von Elementen auf Metamodellebene her, siehe Abschnitt 4.2.
Struktur (ST)	Aussagen zur Struktur von Modellen korrespondieren mit deren Auffassung als Graphen. Entsprechend lassen sich verschiedene graphentheoretische Charakterisierungen anwenden. Eine der wichtigsten Unterscheidungen ist hier die zwischen Baum- und Netzstruktur. Baumstrukturen sind in der Informationstechnologie weit verbreitet und bilden Hierarchien ab. Bäume sind Sonderfälle von Graphen, für die gilt, dass sie keine Zyklen und einen gemeinsamen Wurzelknoten ausweisen (zusammenhängend und kreisfrei). Netzstrukturen schöpfen dagegen alle Möglichkeiten von Graphen aus und unterliegen keinen solchen Einschränkungen. Entsprechend komplexer gestaltet sich ihre Transformation.
Terminologie (TE)	Die Terminologie bezieht sich auf die Begriffswelt des Modells. In Bezug auf die Definition aus Abschnitt 4.1.1 besteht die Terminologie eines Modells aus der Summe der Beschriftungen von Knoten und Kanten und definiert so dessen „Lexikon“. Damit ist die Terminologie disjunkt von den Definitionen des Metamodells. Während dort die zur Verfügung stehenden Elemente, also zum Beispiel die „Klasse“ im UML-Metamodell oder „Subprogram“ in VHDL, festgelegt sind, enthält die Terminologie Begriffe aus der Anwendungsumgebung des Modells wie etwa „Bestellung“ oder „Flipflop“.

Dimension	Beschreibung
Terminologie (TE) – Forts.	Modelltransformationen abstrahieren in der Regel von der Terminologie. Dennoch ist der Erhalt der Begrifflichkeiten während der Transformation eine wichtige Anforderung, da diese die Grundlage für Semantik und Interpretation von Modellen liefern.
Semantik (DS)	Die Semantik ist die „Königsdisziplin im Modellsport“. Sie fokussiert die Interpretation des Modells. Ziel formaler Modelle ist stets die Beschränkung der Anzahl möglicher Interpretationen und die Schaffung einer eindeutigen Semantik. Hierum bemühen sich insbesondere Ontologien, siehe voriges Kapitel 3. Erst deren formale Semantik ermöglicht die eineindeutige Interpretation und Auswertung der im Rahmen dieser Arbeit angestrebten integrierten Produktmodelle. Die Semantik spielt auch eine entscheidende Rolle in Bezug auf die angestrebten Modelltransformationen. Abschnitt 4.2.2 geht daher mit besonderer Sorgfalt auf diese Zusammenhänge ein.

Im Folgenden wird die Arbeit zur Charakterisierung von Modellen verschiedentlich diese Dimensionen referenzieren.

4.1.3 Zum Beispiel: Modellstack der Object Management Group (OMG)

Da sie in den vergangenen Jahren eine gesteigerte Aufmerksamkeit erfahren haben und Auslöser für zahlreiche Forschungsaktivitäten im Bereich der Modelle und Transformationen waren, erläutert dieser Abschnitt die Konzepte der OMG zu Modellen.

Die OMG hat umfangreiche Arbeiten zu Modellen und Metamodellen vorgelegt, die Abbildung 4.1 zusammenfasst (u. a. [Fra03], [Som06]). Sie illustriert den erweiterbaren Modellstack, den die OMG als Grundlage ihrer Modellierung verwendet. Dabei steht die Verwendung der Meta Object Facility (MOF) auf der obersten Ebene (Level 3) fest. Diese ist so allgemein, dass sie sich selbst als Metamodell dient und auf diesem Wege eine Rekursion einbringt, die verhindert, dass der Stack über die dritte Ebene hinaus wächst. Konkrete Komponenten der MOF sind abstrakte und auf den darunterliegenden Ebenen auszugestaltende Objekte wie „ModellElement“, „Association“ oder „Attribute“. Die unterste Ebene des Stacks (Level 0) ist nicht in der Abbildung dargestellt, da es sich hier nicht um ein Modell, sondern vielmehr um die reale Welt handelt. Deren Repräsentation dienen die Modelle auf Ebene 1 am unteren Rand der Darstellung. Sie enthalten je nach Anwendungskontext die eigentlichen Modellinformationen, ausgedrückt unter Verwendung des Metamodells (der Sprache) aus der zweiten Ebene (Level 2).

Verständlicher werden diese Zusammenhänge anhand eines Beispiels. Dabei wäre der Pick2Light-Chip ein Objekt der realen Welt (Ebene 0), dessen Aufbaustruktur (Bausteine, Verdrahtung etc.) ein Entwickler mittels eines Modells auf Ebene 1 repräsentiert. Die Komponenten und Regeln hierfür liefert die Unified Modeling Language (UML, Ebene 2) als Metamodell. Die UML bedient sich ihrerseits wiederum bei der MOF.

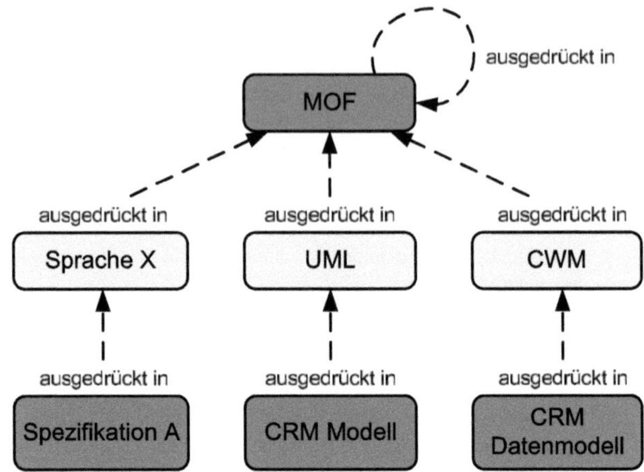

Abbildung 4.1: Modellstack der Object Management Group

Im Kontext der Ableitung von Transformationsregeln aus Mappings (Abschnitt 4.2.3) werden die Zusammenhänge und Qualitäten der einzelnen Ebenen im Modellstack nochmals allgemein betrachtet und qualifiziert.

4.1.4 Ontologien als Modelle

Ontologien, wie sie im Rahmen dieser Arbeit verstanden werden (siehe Kapitel 3), sind spezielle, abstrakte Modelle mit zusätzlichen besonderen Eigenschaften. Diese beziehen sich auf die Dimensionen des Metamodells und der Semantik.

Das Metamodell von Ontologien ist die Web Ontology Language (OWL). Wie in Abschnitt 3.2.2 bereits gezeigt, ermöglicht OWL die explizite Anwendung formaler Konstrukte in der Modellierung. Knoten werden als Mengen und Elemente aus Mengen aufgefasst, Kanten als Relationen im Sinne mathematischer Formeln. Die Semantik von Ontologien ist daher im Vergleich zu anderen Modellen besonders explizit und formal eindeutig. Mehr noch: Ontologien dienen exakt diesem einen Zweck: der Eindeutigkeit (und damit der maschinellen Interpretierbarkeit) von Semantik. In Grubers Ontologiedefinition [Gru93] ist diese Forderung aufgenommen: „Eine Ontologie ist die formale und eindeutige Spezifikation einer geteilten Konzeptualisierung.“

Da sie spezielle Modelle sind, lassen sich viele der für Modelle geltenden Aussagen ebenso auf Ontologien übertragen wie einige Methodiken und Werkzeuge. Beispielsweise ist Forschung zur allgemeinen Datenmodellierung für Ontologien durchaus relevant. Verfahren etwa der Datenbankmodellierung mit ER-Diagrammen oder des Schema-Matching [KS03] lassen sich auf Ontologien übertragen. Abschnitt 4.3 zur Integration von Modellen wird diese Parallelen nutzen, aber auch betonen, dass von bestehenden Ansätzen inspirierte und auf die Besonderheiten von Ontologien adaptierte Vorgehensweisen den größten Erfolg versprechen. Mit ihren besonderen semantischen Eigenschaften bieten Ontologien Ansatzpunkte, die anderen Typen von Modellen fehlen und die sie für die Verwendung im Rahmen dieser Arbeit prädestinieren.

4.2 Transformationen und Mappings

Modelltransformationen haben in den letzten Jahren ein breites Forschungsinteresse in der Informatik auf sich gezogen. Die Ursachen für diese Entwicklung sind vielfältig: Die verbreitete Verwendung von Modellen und die Existenz einer großen Zahl teils konkurrierender Modellierungsstandards sind sicherlich zentral zu nennen. Hinzu kommt die hohe Bedeutung, die dem von der OMG vorgestellten Konzept der „Model Driven Architecture“ (MDA), also der modellgetriebenen Softwareentwicklung, zugeschrieben wird. Die MDA strebt die Implementierung von Software auf Basis von konzeptionellen Modellen der Architektur und der Einsatzumgebung an [Fra03]. Die Überführung von den Modellelementen in den Sourcecode der Anwendung findet mit Hilfe von Modelltransformationen statt. Eine der Anforderungen von MDA ist es, diese Transformationen so weit wie möglich zu automatisieren.

Obgleich prominent, ist die MDA beileibe nicht der einzige Bereich, in dem Modelltransformationen eine gewichtige Rolle spielen. Auch die Produktentwicklung im Allgemeinen ist reich an Notwendigkeiten und Beispielen für die Übertragung von Modellinformationen. So ist etwa der in Abschnitt 2.2.1 beschriebene „Standard for the Exchange of Product Model Data“ unmittelbar diesem Thema gewidmet [AT00].

Der vorliegende Abschnitt arbeitet zunächst die an Transformationen gestellten Anforderungen auf und widmet sich deren wichtigsten Eigenschaften. Weiterhin stellt er dar, wie Transformationen und Mappings zusammenhängen. Die Betrachtung einer Auswahl der heute vorliegenden Werkzeuge zur Transformation von Modellen rundet die Sektion ab.

4.2.1 Anforderungen

Dieser Abschnitt nennt und erläutert zunächst allgemeine Anforderungen, die Modelltransformationen erfüllen müssen. Je nach Anwendungskontext variiert die Betonung einzelner Merkmale, insbesondere sind einige der Bedürfnisse direkt der Fokussierung auf MDA und die Softwareentwicklung geschuldet. Im Anschluss an deren Vorstellung legt der Abschnitt dar, welche Anforderungen für die Konzeption eines Werkzeugs zur Performanzmessung in der Produktentwicklung besonderes Gewicht haben. Als Anforderungen, wie sie auch [CH03] formulieren, sind im Einzelnen zu nennen:

- **Automatisierbarkeit:** In Bezug auf die Automatisierbarkeit werden in der Regel drei Kategorien unterschieden: manuelle, voll- und semiautomatische Verfahren. Manuelle und voll-automatische Transformationen markieren jeweils den Grenzfall, so dass sie selten vor- und nur unter bestimmten Bedingungen in einer begrenzten Anzahl von Szenarien zum Einsatz kommen. Die Regel sind semiautomatische Verfahren, die sich allerdings voneinander stark unterscheiden; so brauchen so genannte selbstlernende Ansätze nur in der Trainingsphase menschliche Anleitung, während einfachere Verfahren bei jedem Durchlauf der Kontrolle und Unterstützung bedürfen.

- **Skalierbarkeit und Robustheit:** Die Merkmale der Skalierbarkeit und Robustheit zielen auf die Anwendung von Modelltransformationen auf große und/oder ungewöhnliche Modelle. So skalieren manuelle Transformationen schlecht, da große Modelle die menschliche Konzentration und Geduld überfordern und damit die Fehleranfälligkeit der Übersetzung steigt. Die Skalierbarkeit erhöht sich demnach mit dem Grad der Automatisierung. Dies trifft auf die Robustheit nicht unbedingt zu. Diese quantifiziert die Fertigkeit des Verfahrens, mit ungewöhnlichen Konstrukten im Ausgangsmodell umzugehen und trotz deren Existenz ein kohärentes Ergebnis zu liefern.

- **Wiederholbarkeit und Umkehrbarkeit:** Transformationen erzeugen mittels einer formal definierten Methodik aus den Elementen eines Eingangsmodells korrespondierende Elemente im Ausgangsmodell. Wiederholbare Transformationen erzeugen bei gleicher Eingabe (d. h. demselben Eingangsmodell) jeweils das identische – im Sinne der Auffassung von Modellen als Graphen: isomorphe – Resultat. Ist das Verfahren zudem umkehrbar, so lässt sich aus dem resultierenden Ausgangsmodell das Eingangsmodell rekonstruieren. Die Frage nach der Umkehrbarkeit einer Transformation lässt sich mit dem Blick auf ihre semantischen Eigenschaften, siehe Abschnitt 4.2.2, beantworten.

- **Anpassbarkeit und Wiederverwendbarkeit:** Anpassbare Transformationen sind auf eine möglichst große Zahl verschiedener Modelle anwendbar. Sie basieren auf allgemeinen übertragbaren Prinzipien, die die Wiederverwendbarkeit (Übertragbarkeit) des Verfahrens ermöglichen. Ein Beispiel für solche Prinzipien ist mit den mappingbasierten Transformationen in Abschnitt 4.2.3 näher beleuchtet.

- **Rückverfolgbarkeit:** Die Rückverfolgbarkeit (engl.: Traceability) dient vor allem der Fehlersuche in Transformationen (Debugging) und ist ein typisches Beispiel für aus dem Kontext der MDA stammende Anforderungen. Rückverfolgbarkeit wird auf verschiedene Arten gewährleistet; während graphisch unterstützte Transformationsverfahren ein „Replay“ bieten, kommen einfachere Ansätze mit der Erzeugung einer Log-Datei aus. Gelegentlich findet auch die automatische Annotation des Ergebnismodells Verwendung, so dass nach der Übersetzung ablesbar bleibt, aufgrund welcher Zusammenhänge im Ursprungsmodell ein Element erzeugt wurde.

Neben diesen allgemeinen Anforderungen an Modelltransformationen ergeben sich aus dem Anwendungskontext der Transformationen im Rahmen dieser Arbeit weitere. Sie sind insbesondere der Tatsache geschuldet, dass das Ziel der betrachteten Transformationen eine Ontologie, und damit ein spezieller Typus von Modell, ist. Dies macht die folgenden Forderungen notwendig:

- **Erhalt der Identität von Modellelementen über die Zeit:** In Ontologien erhält jedes Element, unbesehen ob Instanz oder Konzept, eine eindeutige Identifikation in Form eines Uniform Resource Identifier (URI). An Transformationen wird die

Anforderung gestellt, identischen Elementen in den Quellmodellen stets denselben URI zuzuweisen. Diese Bedingung bleibt auch über die Dauer des Projekts hinweg und bei Änderungen am Quellmodell bestehen. Sie verschärft damit die oben genannten Bedingungen der Wiederholbarkeit und Anpassbarkeit.

- **Erhalt der Semantik:** Diese zentrale Anforderung kann sich in verschiedene Richtungen auswirken. Einerseits kann der vollständige Transfer der Semantik verlangt sein, andererseits ist ebenso häufig eine „Verschlankung“ der Interpretationsgröße, gegebenenfalls bei gleichzeitiger Formalisierung, gewünscht. Da dieser Punkt für die vorliegende Arbeit von besonderer Bedeutung ist, gehen Abschnitt 4.2.2 und 4.2.5 nochmals gesondert auf ihn ein.

Die beiden genannten Punkte erhöhen die Ansprüche an die im Rahmen dieser Arbeit verwendeten Modelltransformationen zusätzlich. Sie sind zusammen mit den anderen oben genannten Anforderungen bei der Konzeption der Transformationen für das vorgestellte Werkzeug zu berücksichtigen. Kapitel 5 nimmt daher systematisch auf sie Bezug.

4.2.2 Semantische Eigenschaften

Welche Auswirkungen haben Transformationen auf die Semantik der transformierten Modelle, also auf die Operanden der Transformation? Auch anhand dieser Frage lassen sich Modelltransformationen in Kategorien aufteilen. Im Allgemeinen ist zu beobachten, dass es sowohl Transformationen gibt, die den semantischen Gehalt eines Modells ändern, als auch solche, die dies vermeiden. Beide sind, unter den richtigen Umständen und Voraussetzungen angewandt, nützlich. Es lassen sich zunächst vier Klassen von Transformationen unterscheiden:

1. **Semantik erhaltende Transformationen**, bei denen der semantische Gehalt von Quell- und Zielmodell übereinstimmt

2. **Semantik erweiternde Transformationen** (Verfeinerung, engl.: Refinement), die dem Zielmodell zusätzliche Information hinzufügen und ihm somit zu einem größeren semantischen Gehalt als dem Quellmodell verhelfen

3. **Semantik abstrahierende Transformationen** (Abstraktion), die Teile der semantischen Information des Ursprungsmodells unberücksichtigt lassen

4. **Semantik erweiternde/abstrahierende Transformationen**, die die beiden oberen Klassen kombinieren, also bestimmte Bereiche des Ergebnismodells mit zusätzlicher Information anreichern und andere zugleich vernachlässigen

Elemente aus diesen Klassen von Modelltransformationen weisen die verschiedensten weiteren Eigenschaften im Sinne von Abschnitt 4.2.1 auf. So sind etwa die im Rahmen dieser Arbeit besonders wichtigen abstrahierenden Transformationen in der Regel nicht umkehrbar, skalieren aber besser als die Verfahren aus anderen Kategorien.

Neben der Einteilung nach den semantischen Auswirkungen von Transformationen ist auch die Beurteilung auf Basis der anderen in Abschnitt 4.1.2 genannten Eigenschaften von Modellen möglich. Abschnitt 4.2.5 adressiert die Frage, welche Typen von Transformationen Grundlage für die Erstellung eines integrierten Produktmodells sind, und führt so die zahlreichen Anforderungslisten und Kategorisierungen aus den vorangegangenen Abschnitten zusammen. Zuvor stellt der folgende Abschnitt den Hintergrund von Transformationen vor.

4.2.3 Ableitung von Transformationsregeln aus Mappings

Dieser Abschnitt adressiert die Rolle von Mappings, also der Abbildung von Modellelementen aufeinander, beim Design von Modelltransformationen (siehe Abschnitt 4.3.1 für Verfahren zur Erstellung von Mappings). Viele Transformationen von Modellen, d. h. Verfahren zur Übertragung von Elementen eines Ausgangsmodells in entsprechende Elemente eines Zielmodells, basieren explizit oder implizit auf einem Mapping ihrer Metamodelle. Diesen Zusammenhang illustiert Abbildung 4.2, die im oberen Bereich zwei beliebige Metamodelle (Ebene $X+1$) und im unteren Bereich zwei passende Instanzierungen (Ebene X) zeigt. Eine Transformation der Modelle auf unterer Ebene resultiert demnach auf einem Mapping der abstrakten Elemente der Metamodelle. Das weiter unten gezeigte Beispiel ist geeignet, die Einsicht in dieses Konstrukt zu erhöhen.

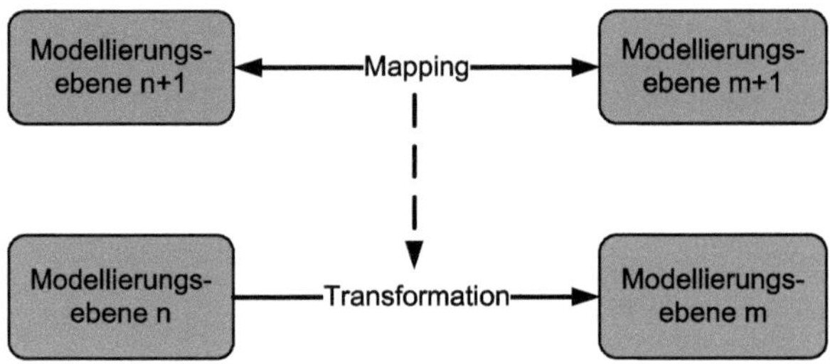

Abbildung 4.2: Vom Mapping zur Transformation

Die oben in Abschnitt 4.2.2 genannten Klassen von Transformationen resultieren direkt aus ihrer Verwendung verschiedener Mappings, die sich entsprechen als

1. Mappings, die die Korrespondenz semantisch äquivalenter Elemente feststellen,
2. Mappings, die das Metamodell des Eingangsmodells als in dem des Ausgangsmodells enthalten beschreiben (semantisch verfeinerndes Mapping),
3. Mappings, die umgekehrt das Metamodell des Ausgangsmodells als Teil des Metamodells des Eingangsmodells ansehen (semantisch abstrahierendes Mapping) und schließlich
4. Mappings, die einige Elemente detaillieren und andere nicht berücksichtigen

aufzählen lassen.

Das folgende Beispiel für eine mappingbasierte Transformation illustriert Vorgehensweise und Eigenschaften solcher Ansätze. Abbildung 4.3 zeigt zwei Modelle, genauer: Metamodelle, vergleichbaren Inhalts. Beide modellieren die Komponentenhierarchie von Mikrochips, auf der rechten Seite ist das in Produktiv+ erstellte Metamodell, auf der linken die entsprechenden Formalismen aus der VHSIC[1] Hardware Description Language (VHDL) vereinfacht dargestellt.

Mit Hilfe der Pfeile sind die Regeln des Mappings visualisiert. Diese setzen einzelne Elemente oder Gruppen von Elementen des einen Metamodells mit entsprechenden Strukturen des anderen Metamodells in Beziehung. So wird in der Abbildung dargestellt, dass eine der Regeln das Attribut „id“ aus dem VHDL-Element als Namen des Designartefakts festlegt. Komplexer ist die Übersetzung der Elementhierarchie selbst: Während die VHDL hier zwischen den Konstrukten „Entity“ und „Component“ unterscheidet, ist in der Ontologie aus Produktiv+ lediglich die Schachtelung der Designartefakte vorgesehen. Um aus dem gezeigten Mapping eine Transformation abzuleiten, wird aus jeder Abbildung, d. h. jeder als Pfeil dargestellten Regel, eine Handlungsanweisung abgeleitet. In der Summe entsteht ein möglichst umfassender und automatisierbarer Transformationsablauf. Die in Abschnitt 4.2.4 genannten Werkzeuge helfen bei der Identifikation solcher Regeln und der Umsetzung der darauf basierenden Transformation.

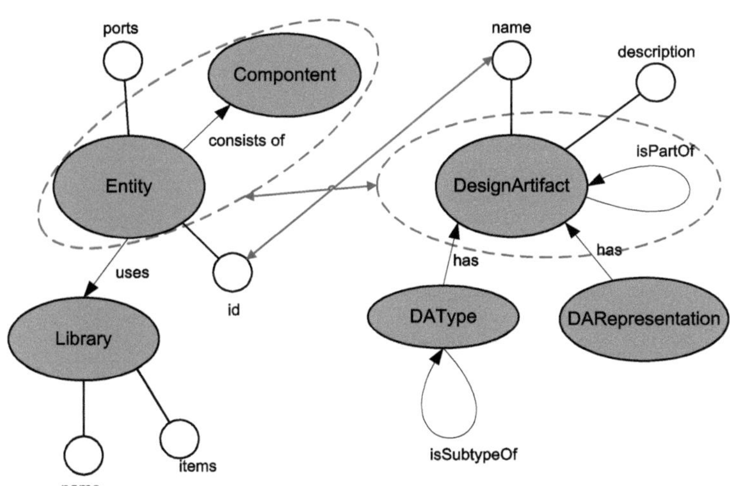

Abbildung 4.3: Mapping am Beispiel von Chiphierarchiemodellen

Um die Bedeutung von Mappings für Transformationen im Detail zu verstehen, hilft eine Rückbesinnung auf die Verhältnisse zwischen Metamodell und Modell. Bei der Be-

[1] Very High Speed Integrated Circuit

trachtung von Modellen ist es nützlich, jeweils anzugeben, auf welchem Metamodelllevel diese angesiedelt sind. Es werden dabei bis zu vier Level unterschieden. Aufgrund ihrer fundamentalen Bedeutung für das Verständnis der Inhalte dieser Arbeit werden diese hier nochmals dargestellt.

Level 0 ist das nicht instanziierbare Basislevel. Hier finden sich die eigentlich repräsentierten Daten, im Sinne von Ontologien die Instanzen, des Modells. Level 0 hat damit eine direkte Entsprechung in der realen Welt. Ein Beispiel für ein Modell auf Level 0 wäre die (nicht gezeigte) XML-Repräsentation der Chiphierarchie aus obiger Abbildung 4.3, also die konkrete Instanziierung von Designartefakten eines bestimmten Mikrochips. Level 1 ist die Ebene, die zur Erzeugung der Basisdaten auf Level 0 ausgeprägt wurde. Es legt fest, welche realweltliche Terminologie das Modell besitzt. Im Beispiel von XML-Modellen handelt es sich hier um eine XML-Schemadefinition. Level 2 beschreibt die verwendete Sprache selbst und ist daher in der Regel mit dem Begriff „Metamodell“ referenziert, solange nicht explizit eine andere Ebene genannt wird. Ein solches – in diesem Sinne „klassisches” – Metamodell ist die XML-Sprache. Schließlich bildet Level 3 als Basis zur Erzeugung verschiedener Sprachen den Abschluss der Hierarchie. Für XML-Modelle steht auf dieser Ebene die Standard Generalized Markup Language (SGML). Mehr als vier Modellebenen werden normalerweise nicht betrachtet. [HPv02] etwa beschränkt seine Betrachtungen auf drei Ebenen. Diese unteren drei Ebenen sind auch zur weiteren Charakterisierung von Modelltransformationen nützlich.

Mit ihrer Hilfe und Abbildung 4.2 ergeben sich die folgenden beiden Typen von mapping-basierten Modelltransformationen:

- **Datenaustausch und -abgleich (0-1):** Zielt auf die Etablierung eines Mappings auf Level 1 und ermöglicht so die Transformation der Daten auf Level 0. Ein Beispiel aus dem Bereich des Chipdesign wäre die Übertragung von Entitäten aus den VHDL-Dateien in Instanzen einer Ontologierepräsentation.

- **Modellaustausch (1-2):** Installation des Mappings auf der Ebene des Metamodells. Damit operiert die Transformation nicht auf den Daten, sondern auf den Modellen, die das Metamodell instanziieren. Solche Transformationen werden genutzt, um ein Modell aus dem Formalismus einer Sprache in den einer anderen zu übertragen. Im Chipdesign werden auf diese Weise Informationen aus Reportdateien in Ontologien überführt.

Das in Kapitel 5 vorgestellte Werkzeug zur Performanzmessung in der Produktentwicklung verwendet beide Typen von Modelltransformationen. Es ist sowohl auf die Übertragung (von Teilen) der Daten als auch auf die Änderung der Formalisierung angewiesen.

4.2.4 Werkzeuge und Generatoren

Die hier beschriebenen Werkzeuge und Generatoren sind Mittel zum Zweck der Definition von Modelltransformationen. Sie sind, mit Ausnahme von eXtensible Stylesheet Language Transformations (XSLT), nicht auf bestimmte (Meta-)Modelle festgelegt. Daher lassen sich die oben beschriebenen Bewertungskriterien und Klassifikationsansätze nicht auf die Werkzeuge selbst, wohl aber auf mit ihrer Hilfe formulierte Verfahren anwenden. Solche konkreten Transformationsansätze finden sich in Kapitel 5.

Bei den vorgestellten Werkzeugen und Generatoren kommt es auf andere Eigenschaften an. Im Zentrum stehen Verfügbarkeit, Reifegrad und die Anwendbarkeit auf eine möglichst weit reichende Anzahl von Modellen. Die nachfolgenden Abschnitte stellen drei repräsentative Verfahren vor, die sich in ihren Eigenschaften stark unterscheiden. So sind XSLT-Transformationen auf XML-Modelle beschränkt, angesichts der Omnipräsenz dieser Sprache und der bewährten zur Verfügung stehenden Implementierungen gereicht dies jedoch nicht zum Nachteil. Die Atlas Transformation Language (ATL) nimmt den Platz eines allgemein anwendbaren Transformationsansatzes ein. Sie kann noch auf keine lange Geschichte zurückblicken und ist insbesondere durch Integration mit dem verbreiteten Integrated Development Environment (IDE) „Eclipse" interessant. Der Abschnitt schließt mit Betrachtungen zur direkten, algorithmischen Überführung von Modellen. Dieser Ansatz weist eine Reihe von Nachteilen aus, ist allerdings aufgrund seiner Universalität in allen Situationen anwendbar.

Jedes der drei Verfahren wird im Folgenden kurz beschrieben und bewertet. Ein besonderes Augenmerk liegt dabei auf der Art und Weise in der die Ansätze die Repräsentation der Regeln zur Transformation unterstützen, da dies als die wichtigste Eigenschaft eines Werkzeugs zur Modelltransformation gelten kann.

XSL-Transformationen

Ende 1999 hat das WorldWideWeb Consortium (W3C) die XSL-Transformationen, kurz XSLT, als Empfehlung herausgegeben [Cla99]. Die selbst in XML formulierte Sprache ermöglicht es, aus beliebig strukturierten XML-Daten andere Formate zu erzeugen. Im Fall der vorliegenden Arbeit werden XML-Dokumente in OWL-Dokumente und somit in eine Ontologie transformiert.

Die Verarbeitung von XML-Quellen mit einem XSLT-Programm bedeutet grundsätzlich, dass das Programm aus der Quelle einen Dokumentenbaum (entsprechend der hierarchischen Organisation von XML) erzeugt und mit Hilfe des XSLT-Stylesheets in einen Zielbaum umwandelt. Abbildung 4.4 veranschaulicht diesen Prozess.

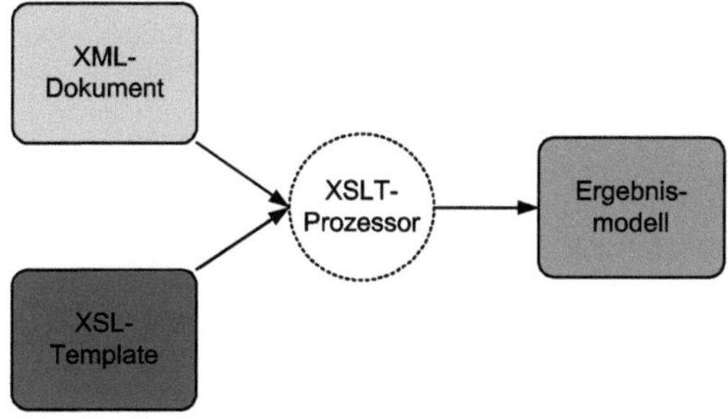

Abbildung 4.4: Ablauf einer XSL-Transformation

Eine in XSLT ausgedrückte Transformation beschreibt ihre Regeln durch die Assoziation von Mustern mit Resultaten. Die Regeln sind in Templates organisiert. Jede Regel nennt Bedingungen für ihre Anwendung, etwa eine bestimmt Abfolge oder Struktur von XML-Elementen, und legt fest, welche Konstrukte im Zielmodell aus ihnen entstehen. Bei der Durchführung der Transformation werden die Muster gegen Elemente des Quellbaumes getestet. Erfolgt dabei eine Übereinstimmung, wird das zugehörige Template instanziiert und so ein Teil des Ergebnisbaumes erstellt. Der Ergebnisbaum und dessen Struktur sind unabhängig vom Quellbaum, er kann sich durch gefilterte Elemente des Quellbaums oder durch umstrukturierte Elemente komplett von ihm unterscheiden. Des Weiteren können auch beliebige neue Strukturen durch ein Template hinzugefügt werden.

Im Zusammenhang mit XSLT hat das W3C zudem eine Sprache für den Zugriff auf Teile eines XML-Baumes verabschiedet. Diese XML Path Language (XPath) beschreibt durch Ausdrücke, welche Elemente und Attribute für die Verwendung auszuwählen sind, und ist damit eine wichtige Grundlage von XSLT. Im vorgestellten Werkzeug zur Performanzmessung in der Produktentwicklung stellt XSLT eine wichtige Option dar, sobald die Datenquelle im XML-Format vorliegt.

Stärken	Schwächen
+ Explizite Trennung von Regeln und deren Anwendung + Es stehen zahlreiche marktreife Implementierungen zur Verfügung + Als Ergebnismodell sind beliebige Formalisierungen möglich, u. a. Ontologien	- Nur auf XML-Dokumente als Eingangsmodelle anwendbar - Große Templates mit vielen Regeln werden schnell unübersichtlich

Atlas Transformation Language

Die ATL ist ein Vorschlag des französischen Forschungsinstituts ATLAS INRIA für den „Request for Proposal“ der OMG bezüglich des Queries/Views/Transformations (QVT)-Ansatzes [JK05]. Sie definiert Metamodell und Syntax einer Sprache zur Transformation von Modellen.

Die ATL unterscheidet zwischen deklarativen und imperativen Regeln. Bei deklarativen Regeln handelt es sich um einfache Mappings einzelner Modellelemente des Ursprungsmodells auf korrespondierende Konstrukte im Ergebnismodell. Mit imperativen Regeln lassen sich sowohl komplexe Bedingungen an die Ausführung von Regeln knüpfen als auch die Art und Weise von deren Abarbeitung beeinflussen. Beide Varianten werden von der Sprache unterstützt. Zudem ist die Kapselung und Wiederverwendung von Regeln vorgesehen.

Für ATL existiert eine Ausführungsumgebung, die Eingangsmodell sowie Regeln empfängt und daraus das Ausgangsmodell erzeugt. So lassen sich für ausreichend formalisierte Eingaben gute Ergebnisse erzielen, im Chipdesign bietet sich etwa die VHDL für eine Transformation auf Basis von ATL an. Allerdings fokussiert die zurzeit verfügbare Dokumentation stark auf die Verwendung von ATL im Zusammenhang mit XML Metadata Interchange (XMI).

Stärken	Schwächen
+ Explizite Trennung von Regeln und deren Anwendung + Unterstützung von deklarativen und imperativen Regeln + Schafft Mechanismen zur Wiederverwendung von Regeln	- Geringe Verbreitung und Werkzeugunterstützung außerhalb von Eclipse - Fokussierung von Dokumentation und Implementierung auf XMI (XML Metadata Interchange, Standard der OMG zum Datenaustausch) erschwert die universelle Anwendung

Parser

Ein Parser manifestiert die allgemeinste Art zur Implementierung von Transformationen. Da die Regeln zur Überführung von Modellen im Programmcode, also zum Beispiel in der Programmiersprache Java, verfasst sind, werden beliebige Operationen auf dem Eingangsmodell möglich. Ebenso gibt es keine Einschränkungen bezüglich Quell- und Zielformaten. Erkauft wird diese Universalität mit einem hohen Aufwand zur Umsetzung der Lösung.

Ein Sonderfall ist die Nutzung von Compilertools, etwa dem „JavaCC", die ihrerseits Parser erzeugen. Mit ihrer Hilfe lassen sich einige der Nachteile wettmachen, da die Regeln, nach denen die erzeugten Parser arbeiten, sich nun wieder unabhängig vom Programmcode abbilden lassen.

Aufgrund der genannten Eigenschaften kommen Parser vor allem dann zum Einsatz, wenn das Ursprungsmodell einen geringen Formalisierungsgrad aufweist. Ein Beispiel sind hier die Reportdateien, wie sie von EDA-Werkzeugen in der Chipentwicklung erzeugt werden. Diese Dateien sind in der Regel für die Rezeption durch den Menschen konzipiert und lassen sich daher nur umständlich maschinell weiterverarbeiten.

Stärken	Schwächen
+ Universelle Anwendbarkeit auf beliebige Modelle + Nutzung von Werkzeugen aus dem Bereich des Compilerbaus möglich + Gute Performanz erzielbar	- Keine explizite Trennung zwischen Regeln und Algorithmus - Hoher Implementierungs- und Wartungsaufwand - Keine Werkzeugunterstützung auf abstraktem Niveau

4.2.5 Transformation von Partialmodellen der Produktentwicklung

Schließlich und als Vorgriff auf die Ausführungen des folgenden Konzeptionskapitels fasst dieser Abschnitt die oben getroffenen Aussagen zu Modelltransformationen zusammen. Dabei kommt es darauf an, die Untersuchungen in den Kontext der Performanzmessung in der Produktentwicklung zu stellen.

Abbildung 4.5 stellt die im Werkzeug verwendeten Transformationen anhand ihrer beiden wichtigsten Eigenschaften schematisch dar. Als Ausgangssituation liegt in der Produktentwicklung eine ganze Reihe bestenfalls lose gekoppelter Modelle vor. Diese widmen sich jeweils einem Teilbereich der Entwicklung und werden daher hier als Partialmodelle bezeichnet. Gerade in den späteren Entwicklungsstufen sind diese Modelle in der Regel mächtig, haben also eine große Anzahl von Elementen. Ihre formale Semantik ist dagegen als eher gering einzuschätzen.

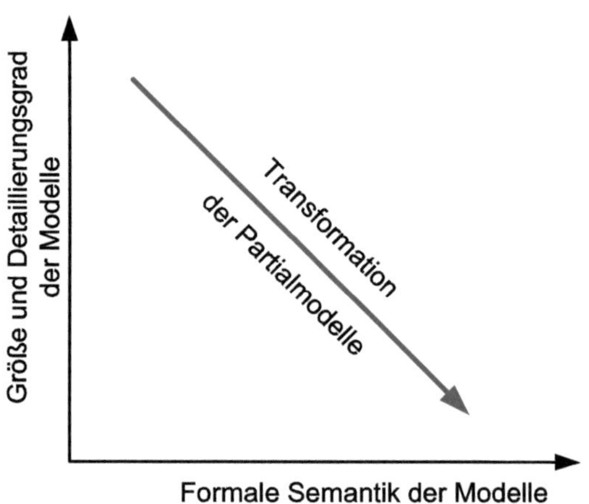

Abbildung 4.5: Transformationen im konzipierten Werkzeug

Ziel der verwendeten Transformationen ist es nun, die vorliegenden Partialmodelle in zweierlei Richtung zu verändern. Zum einen wird die Größe der Modelle verringert, um eine leistungsstarke Auswertung zu ermöglichen. Dazu überführt die Transformation aus den Ursprungsmodellen nur diejenigen Konstrukte, die für die Performanzmessung Nutzen verheißen. Zum anderen verspricht auch die Übersetzung in die strengeren Formalismen der Ontologien Vorteile bei der Auswertung der Daten. Zugleich wird so die im folgenden Abschnitt besprochene Integration der Partialmodelle vorbereitet.

Damit haben die im Werkzeug zur Performanzmessung verwendeten Transformationen in der Regel die folgenden wesentlichen Eigenschaften:

- Nicht umkehrbar, da semantisch abstrahierend
- Automatisierbar für große Partialmodelle

- Skalier- und wiederholbar
- Erhalt der Identität von Modellelementen

Die Transformationen manipulieren Metamodell und Semantik der Modelle, während Struktur, von der beschriebenen „Ausdünnung" abgesehen, und Terminologie erhalten bleiben (siehe Abschnitt 4.1.2 für diese Begriffe). Dabei kommen je nach Kontext und Partialmodell alle Typen der oben genannten Werkzeuge und Generatoren zum Einsatz.

Die Details zu den verwendeten Transformationen finden sich als Teil der Konzeption in Kapitel 5. Zudem zeigen die Ausführungen zur Implementierung konkrete Beispiele zur Umsetzung derselben.

4.3 Integration von Modellen

Auf dem Weg zum integrierten Produktmodell (Kapitel 5) ist mit der Transformation von Modellen nur der erste Schritt getan. Die Konzeption des Werkzeugs zur Performanzmessung in der Produktentwicklung verlangt in einem zweiten Schritt die Integration der Ergebnismodelle. Dabei meint Integration sowohl die „physikalische" als auch die logisch-semantische Zusammenführung; das Ergebnis der Integration liegt als ein einzelnes Modell vor, dessen Elemente auf ausdrucksstarke und die Realität spiegelnde Weise verbunden sind. Dieser Abschnitt stellt die bestehenden Ansätze und Vorgehensmodelle zur Modellintegration vor und setzt sie zu den Inhalten der vorliegenden Arbeit in Bezug.

Die Modellintegration hat im Rahmen dieser Arbeit aber noch weiter reichende Ansprüche als die simple Zusammenführung von Modelldaten: Sie verlangt die gezielte Verknüpfung von Inhalten mit dem Blick auf die Performanzmessung in der Entwicklung. Diese Bemerkung hat zwei Konsequenzen. Zum einen enthebt sie das vorgestellte Werkzeug von der Verantwortung, alle zwischen Partialmodellen bestehenden impliziten Korrespondenzen zu erkennen und abzubilden. Wegen der zwangsläufig inhärent starken, wenn auch informellen Kopplung der Modelle würde ein solcher Anspruch in die falsche Richtung führen. Zum anderen folgt, dass sich die Integration nicht allein auf automatische Methoden festlegen muss. Da direktes Expertenwissen abgebildet wird, kommen auch manuelle Methoden in Frage. Zusammengefasst hat die Integration die Aufgabe, die wichtigen und für die Performanzmessung bedeutsamen Zusammenhänge mit möglichst geringem Aufwand zu explizieren und auf ihrer Basis das Ergebnismodell aufzubauen.

4.3.1 Methodischer Ablauf

Die Integration von Modellen ist als Modelloperation der Transformation nicht unähnlich, auch sie verlässt sich auf die Etablierung von Mappings. Während allerdings die Modelltransformationen durch Mappings auf der Ebene des Metamodells ermöglicht werden und so die Übertragung von Modellen fokussieren, liegen bei der Integration bereits zwei oder mehrere Modelle vor, welche zusammenkommen. In diesem Fall dient das Mapping mit der Information, welche Elemente der vorliegenden Modelle zu vereinigen sind.

Zugleich bezeichnet der Begriff des Mappings im Hinblick auf die Integration auch den ersten Schritt der Operation, der sich in insgesamt drei Aufgaben unterteilen lässt [BCVB01]:

1. **Mapping:** Identifikation korrespondierender Elemente und Verknüpfungen in den Modellen und Ableitung von Regeln zu deren Darstellung

2. **Alignment:** Manipulation der zu integrierenden Modelle im Sinne des Mappings und zur Beseitigung von widersprüchlichen, inkonsistenten Angaben

3. **Merging:** Zusammenführung der Eingangsmodelle in einem gemeinsamen Modell, das alle Informationen der Ursprungsmodelle subsumiert

Abbildung 4.6 stellt die Schritte 1 und 3 dar. Auf der linken Seite a) ist, analog zur Darstellung in Abbildung 4.3, ein Mapping skizziert. Es illustriert Korrespondenzen zwischen den zur Integration bestimmten Modellen. Das eigentliche Merging der beiden Modelle ist auf der rechten Seite b) dargestellt. Ergebnis des Vorgangs ist ein integriertes Modell, welches alle Informationen der Eingangsmodelle enthält (rechts oben).

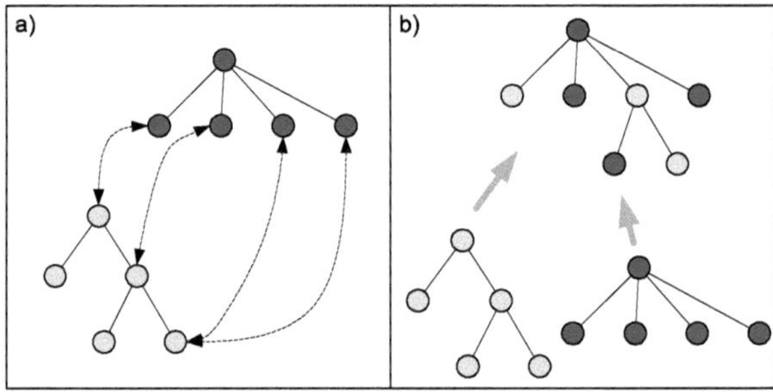

Abbildung 4.6: Modell Mapping (links) und Merging

Während sich einige Anwendungsfälle für die Modellintegration mit dem ersten oder den ersten beiden Schritten begnügen, wird in dieser Arbeit die vollständige Integration bis zum Merging angestrebt. So entsteht das integrierte Produktmodell, seinerseits Grundlage zur Untersuchung der Performanz in der Produktentwicklung.

Eine weitere domänenspezifische Besonderheit lässt sich feststellen: Im Allgemeinen ist die Modellintegration umso simpler, je geringer die Zahl der Korrespondenzen zwischen ihren Elementen ausfällt. Im Extremfall, bei Abwesenheit irgendwelcher Zusammenhänge, erschöpft sich die Integration in der bloßen „Nebeneinanderstellung" aller Modellelemente der beteiligten Modelle in einer gemeinsamen Struktur. Im vorliegenden Fall dieser Arbeit ist das Gegenteil richtig: Alle vorkommenden Modelle beschreiben *dasselbe* Produkt – und damit dieselben Zusammenhänge – aus verschiedenen Blickwinkeln. Diese Feststellung verdeutlicht die hohen Ansprüche der Arbeit an die Verfahren zur Integration von Modellen.

Die folgenden Abschnitte detaillieren die oben genannten Schritte zur Integration.

Mapping

Wie im Verlauf dieses Kapitels schon verschiedentlich erläutert, dient ein Mapping zur Repräsentation korrespondierender Elemente in zwei Modellen. Die enthaltenen Abbildungsvorschriften zeigen an, welche Strukturen, Elemente und Eigenschaftswerte des einen Modells sich im anderen an welcher Stelle wiederfinden. Siehe Abschnitt 4.2.3 für die Details zu Mappings.

Dieser Abschnitt stellt konkrete, in der Literatur verzeichnete Verfahren zur Erstellung von Mappings vor. Die zugehörigen Quellen sind jeweils angegeben.

- **Textähnlichkeit** ([SE04], [DMR02])
  Verfahren zur Untersuchung der Textähnlichkeit dienen der Identifikation ähnlicher oder korrespondierender Elemente. Zum Beispiel lassen sich identische Typ- oder Elementdefinitionen aus zwei Modellen an der jeweils ähnlichen Bezeichnung und Beschreibung erkennen. Automatischen Verfahren stehen hier die Möglichkeiten der mathematischen Abstandsbestimmung zwischen Texten zur Verfügung. So bietet sich etwa die Berechnung der Levenshtein-Distanz zwischen den Labels zweier Elemente an. Ist die Distanz klein, so wird ein Mapping der Konstrukte vorgeschlagen.

- **Extraktion von Schlüsselwörtern** ([XE03], [RB01])
  Schlüsselwörter in der Beschreibung und Bezeichnung von Elementen geben Aufschluss über Bedeutung und Semantik eines Konstrukts und lassen Rückschlüsse auf deren Beziehung zu anderen Elementen zu. Die meisten der einschlägigen Verfahren untersuchen hier das Vorkommen und die Frequenz von Nomen in den entsprechenden Texten.

- **Sprachbasierte Methoden** ([SE04])
  Sprachbasierte Methoden wie Stemming (Rückführung von Wörtern auf ihre ursprüngliche grammatikalische Grundform) oder die Entfernung von Stoppwörtern kommen zur (Vor-)Behandlung von Konzept- und Attributnamen zum Einsatz. So lässt sich etwa die Korrespondenz zwischen zwei Elementen wie „Chip“ und „Mikrochip“ feststellen.

- **Identifikation von Wortzusammenhängen** ([SE04], [DMR02], [RB01])
  Über sprach-basierte Methoden hinaus nutzen Verfahren zur Identifikation von Wortzusammenhängen in Lexika und Thesauri beschriebene Beziehungen, um weitere Möglichkeiten für Mappings aufzudecken. Das online und kostenfrei verfügbare WordNet[2] wird hier häufig als Ansatzpunkt referenziert.

- **Typähnlichkeit von Attributen und Relationen** ([DMR02], [XE03])
  Um zwei Objekte zu vergleichen, werden neben den Bezeichnungen auch die mit den Definitionen verbundenen Attribute und Relationen betrachtet. Diese weisen insbesondere Typbezeichnungen, entweder primitive Datentypen wie String, Integer oder Float oder Verweise auf andere Elemente, aus, die verglichen werden. Objekte mit einer Vielzahl vergleichbarer Attribute werden so zu Kandidaten für Mappings.

[2] http://wordnet.princeton.edu

- **Graphenanalyse** ([SE04], [RB01])
  Die Analyse des Modellgraphen MMG (Abschnitt 4.1.1) führt zur Identifikation ähnlicher Strukturen in den Modellen. Dabei werden nicht die Inhalte, sondern die Graphenstruktur der Ontologien mit den entsprechenden Knoten- und Kantenverbindungen zur Untersuchung herangezogen. Auf diese Weise lassen sich Methoden aus der Graphentheorie zur Anwendung bringen, etwa die Hammingdistanz der Adjazenzmatrizen (siehe beispielsweise [TDCG06]) oder die topologische Distanz nach Zhang et al. [ZLS06].

Interessant sind die zusätzlichen Mechanismen, die sich aus der Verwendung von Ontologien als Modelle ergeben. Diese sind hier im Dienst der Vollständigkeit, aber insbesondere auch als Vorgriff auf die Motivation zur Verwendung von Ontologien in der Konzeption (Kapitel 5) aufgenommen:

- **Analyse der Konzepthierarchie** ([XE03], [RB01])
  Die Konzepthierarchie einer Ontologie ist eine Taxonomie, die einzelne Konzepte als in anderen enthalten spezifiziert (Konzepte werden in Ontologien als Mengen aufgefasst, siehe Kapitel 3). Um ein Mapping zwischen Ontologien herzustellen, ist es nicht nur nötig, identische Konzepte zu lokalisieren, sondern auch solche Konzepte in der Hierarchie einzuordnen, die nur in einem Operanden (Modell) vorkommen. Auch hier bieten Thesauri einen wertvollen Ansatzpunkt.

- **Analyse und Interpretation von Eigenschaftswerten** ([SE04], [DMDH04])
  Vor dem Hintergrund, dass viele Ontologien auch Instanzen enthalten, werden diese ebenfalls zur Etablierung eines Mappings herangezogen. Da in Ontologien Konzepte Mengen von Instanzen repräsentieren, sind diese gleich, wenn sie dieselben Elemente enthalten. Auch die Bedeutung von Attributen und Relationen auf der konzeptionellen Ebene kann aus deren Verwendung auf Instanzebene inferiert werden, zum Beispiel wenn Produkte mit ihren Preisangaben abgebildet sind und feste Schlüsselsequenzen wie „EUR“ verwenden.

Alignment

Einige der im vorigen Abschnitt genannten Verfahren sind auch im Modell-Alignment einsetzbar. Hier geht es darum, Widersprüche zwischen den zu integrierenden Modellen aufzuspüren und auszuräumen. Da solche Gegensätze beispielsweise in Ausgestaltung der Typhierarchie oder in der Vorgabe von Attributeinschränkungen liegen, helfen die entsprechenden Verfahren der Mappingerstellung zu deren Identifikation.

Ziel des Alignments ist die Auflösung aller Widersprüche, da nur so die vollständige Integration der Ursprungsmodelle in ein kohärentes Ergebnismodell gelingt. Die aus der Transformation der Partialmodelle in der Produktentwicklung entstandenen Modelle (siehe Kapitel 5) sind vor ihrer Integration ebenfalls streng auf mögliche Widersprüche zu überprüfen. Dies gilt insbesondere dann, wenn zwei Partialmodelle dieselben Objekte der realen Entwicklung repräsentieren, also etwa eine Schaltung in VHDL und als Gatternetzliste vorliegt, und so die über ein Element getätigten Aussagen zu vereinigen sind. Hier ist die Wahrung der Konsistenz besonders kritisch zu überprüfen.

Das Alignment ist nicht nur vor dem Hintergrund der Modellintegration betrachtenswert. Bouquet et al. [BEEF05] nennen eine Vielzahl weiterer Verwendungsmöglichkeiten von der Agentenkommunikation über Webservice-Integration bis zur Einordnung von Produkten in elektronische Kataloge.

Merging

Bis zu diesem Punkt im Prozess der Modellintegration sind die Eingangsmodelle noch immer separiert. Mit der Durchführung des Mergings, also der Zusammenführung der Modelle, wird die eigentliche Integration vollzogen. Das Merging nutzt dazu die von Mapping und Alignment identifizierten Zusammenhänge, siehe Abbildung 4.6.

Analog zu der Unterteilung, die Abschnitt 4.2.2 bezüglich Transformationen trifft, hat auch das Merging Auswirkungen auf den semantischen Gehalt der Modelle. So ist durchaus eine fokussierte Zusammenführung unter Berücksichtigung festgelegter Blickwinkel im Sinne eines „abstrahierenden Mergings“ denkbar. Diese Möglichkeit hat allerdings für die Konzeption dieser Arbeit keine Bedeutung, da, wie oben bereits erläutert, alle benötigte Abstraktion bereits durch die vorgeschalteten Transformationen erreicht wird.

4.3.2 Integration von Partialmodellen aus der Produktentwicklung

Die oben genannten Verfahren zielen meist auf die automatisierte Integration von Modellen. Diese Automatisierung ist bei großen Modellen unumgänglich und als notwendig anzusehen [HHPS06]. Allerdings gibt es im konkreten Anwendungskontext dieser Arbeit Fälle, in denen eine Automatisierung nicht durchführbar ist, insbesondere dann, wenn es implizites Projektleiter- und Entwicklerwissen zu repräsentieren gilt. Da diese Informationen in keinem der zu integrierenden Partialmodelle vorliegen, laufen alle Versuche der automatischen Erfassung ins Leere.

Demnach entsteht die Notwendigkeit zur Schaffung einer Möglichkeit der manuellen Integration von Partialmodellen. Hierbei sind besonders „Intermodell-Relationen“ interessant, die beispielsweise Anforderungen mit Teilen der Konzeption verknüpfen. So wird, im Sinne der angestrebten Auswertung, sehr wertvolles, implizites Wissen der Projektteilnehmer von Hand eingefügt. Der Vorgang des „Explizit-Machens“ impliziter Information ist nicht nur vor dem Hintergrund dieser Arbeit bedeutsam, sondern für ein Projekt und seinen Verlauf insgesamt profitabel.

Das folgende Kapitel 5 konzipiert auf dieser Grundlage unter anderem ein zweigleisiges Verfahren zur Integration der transformierten Partialmodelle. Wo möglich wird automatisch integriert, wo nötig manuell.

Kapitel 5

Ontologien als konzeptionelle Produktmodelle

DIE vorangegangenen Kapitel haben mit der umfassenden Vorstellung von Problemstellung (Kapitel 1), den technischen Grundlagen und dem Stand der Technik das Fundament für die Konzeption einer Methodik zur Performanzmessung in der Produktentwicklung gelegt. Von den in Kapitel 2 dargestellten Technologien und dem abgeleiteten Handlungsbedarf ausgehend, stellt der vorliegende Abschnitt die eigentliche Spezifikation des Ansatzes vor. Im Kern der Konzeption liegt die Betrachtung der Produktmodelle als Ontologien im Sinne von Kapitel 3 sowie deren Integration mit den Methoden aus Kapitel 4.

Die im Rahmen dieser Arbeit vorgestellten Ontologien beschreiben Struktur und Aufbau von Produkten gemeinsam mit den bei deren Entwicklung entstehenden Artefakten. Ihre Ausprägung folgt dabei typischen Entwicklungsprozessen, etwa dem Kanon von Anforderungen, Konzeption, Umsetzung und Validierung. Jede der Ontologien repräsentiert für sich eine solche Sicht auf das Produkt, etabliert in der hier verwendeten Terminologie demnach ein „Partialmodell". Mit dem Ziel der Performanzmessung in Entwicklungsprozessen verschmelzen diese Teilmodelle zum integrierten Produktmodell, welches seinerseits die Grundlage zur Berechnung und Auswertung der Metriken aus Kapitel 6 bietet.

Das folgende Kapitel erläutert Definition und Struktur der im Rahmen der Arbeit als Produktmodelle verwendeten Ontologien. Die beschriebenen Konzepte und Relationen (t-boxen) bilden jeweils die konzeptionelle Vorlage zur Repräsentation eines Partialmodells des Produkts. Alle Ontologien werden mit Hilfe einer explizit angegebenen Methodik entwickelt und gepflegt. Instanziierungen aus dem Kontext des Anwendungsbeispiels Pick2Light verdeutlichen jeweils die vorgesehene Nutzung.

Zuvor visualisieren und vertiefen die Abschnitte 5.1 und 5.2 die Konzeption der Arbeit. Das „Leitbild" illustriert die statische Sicht auf den Ansatz, während das Prozessbild den dynamischen Ablauf verdeutlicht. Die detaillierte Darlegung zeigt auf, wie die eingeführten Konzepte und Methodiken zur Lösung der diese Arbeit motivierenden Problemstellung herangezogen werden. Die Bemühungen manifestieren sich in der mit Kapitel 7 adressierten prototypischen Umsetzung.

Das vorliegende Kapitel 5 zur Konzeption schließt mit den Betrachtungen zur Integration von Projektdaten und der Überprüfung des Konzepts im Hinblick auf die Anforderungen aus der Problemstellung.

5.1 Leitbild

Die Konzeption dieser Arbeit geht davon aus, dass die Produktentwicklung in erster Linie ein wissenserzeugender Prozess ist. Die Planer und Designer externalisieren im Ablauf der Entwicklung ihre Ideen und ihre Arbeit am Produkt allgemein in Form von Modellen. Dieses Wissen lässt sich mit Hilfe von Ontologien semantisch und eindeutig beschreiben. Wie dieses Kapitel zeigt, bietet die Verwendung von Ontologien gegenüber dem üblichen Vorgehen (einzelne, zersplitterte „Informationsinseln“ in properitären Modellformaten) umfassende und entscheidende Vorteile. Diese führen letzlich dazu, dass sich die Performanz der Entwicklung als die Rate auffassen und *messen* läßt, mit der eben jenes Produktwissen pro Ressourceneinsatz erzeugt wird.

Das Bedürfnis, die Performanz in der Entwicklung zu erfassen ist damit die treibende Kraft hinter dem in dieser Arbeit vorgestellten Ansatz. Obwohl die Performanzmessung als Ziel im Mittelpunkt steht, verbergen sich hinter dem abstrakten Begriff die verschiedensten Erwartungen und Ansprüche. Was Performanz im Detail bedeutet, wie sie zu erfassen und messen ist und insbesondere welche Maßnahmen zu ihrer Steigerung beitragen, unterscheidet sich nicht nur von Unternehmen zu Unternehmen, sondern auch von Projekt zu Projekt.

Der Einfluss der Motivation zur Untersuchung der Produktentwicklung manifestiert sich am deutlichsten im Rahmen der Auswertung, hat aber beispielsweise auch Einfluss auf die Transformationen, da nur dort berücksichtigte Informationen überhaupt für die Analyse zur Verfügung stehen. Die vorgestellte Methodik ist so konzipiert, dass es keine Einschränkungen, die zu einer Verringerung der Anwendbarkeit führen, einfordert. So ergibt sich ein branchenübergreifendes Angebot zur Beobachtung von Abläufen in der Produktentwicklung, welches sich mit verbreiteten Ansätzen etwa zur Strategiefindung und -verfolgung, etwa einer Balanced Scorecard, kombinieren lässt.

In Vorbereitung auf das Leitbild unten bietet Abbildung 5.1 eine weitere Illustration des Kontexts. Sie zeigt eine abstrakte, generische Betrachtung von Projekten im Bezug auf Performanz.

Die Abbildung ist im Wesentlichen durch die Definition der Produktivität als Ausbringungsmenge geteilt durch die Einbringungsmenge getrieben. Diese verbreitete Formel (siehe beispielsweise [PTP05]) lässt sich im Produktionsumfeld problemlos anwenden. Hier sind Ein- und Ausbringungsmenge direkt bestimmbar. Komplexer stellt sich die Situation in einem Entwicklungskontext dar. Während sich hier die Einbringungsmenge über Gehälter, Lizenz- und Materialkosten definiert, stehen auf der Ausbringungsseite in der Regel keine monetären Werte. Vielmehr ist der Wissenszugewinn in Form von Plänen und Prototypen, der eine Fertigung des entwickelten Produkts erst ermöglicht, zu bewerten.

Um eine solche Bewertung zu erlauben, ist es nicht länger tragbar, den Entwicklungsgegenstand und den Prozess des Designs als „Blackbox“ zu betrachten, so wie die Produktivitätsberechnung es bei der Fertigung tut [Neb07]. Im Gegenteil ist es notwendig, die Systemelemente und Entwurfsprozesse selbst in die Analyse einzubeziehen. Dafür gibt es neben den mehr oder minder immateriellen Ergebnissen der Produktentwicklung

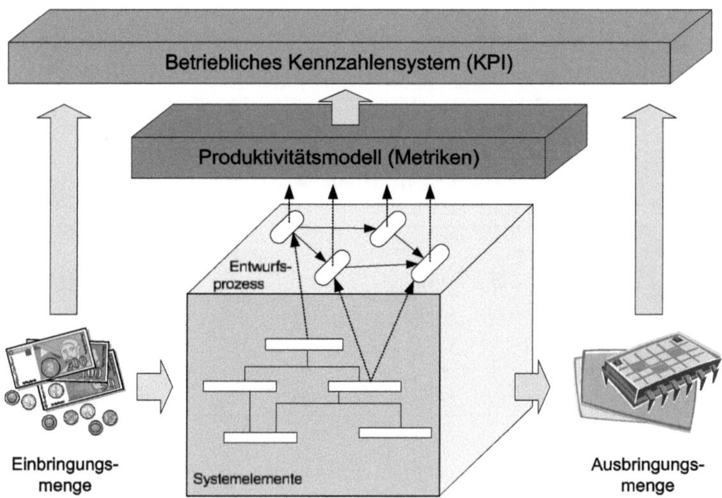

Abbildung 5.1: Kontext für Entwicklungsprojekte

noch einen weiteren Grund: Der Regelungskreislauf ist in der Entwicklung ungleich länger. Während Fertigungsprozesse ständig und frequent ablaufen und eine Regelung des Prozesses sich auf die Analyse des Endprodukts stützen kann, finden Designprozesse selten mehrmals unter den gleichen Bedingungen statt. Daher ist es für eine Einflussnahme am Ende des Ablaufs zu spät, Probleme müssen schon im Prozess entdeckt und die Performanz kontinuierlich überwacht werden. Dazu öffnet Abbildung 5.1 die Blackbox und modelliert Objekt und Prozess der Entwicklung. Auf Basis dieses Modells (unten Mitte) treiben Metriken ein Produktivitätsmodell (oben Mitte) zur Untersuchung des Vorgangs, dessen Ergebnisse gemeinsam mit Ein- und Ausbringungsmenge ihrerseits Grundlage für die betriebswirtschaftliche Betrachtung (oben) des Projekts bieten. Diese Arbeit widmet sich eben einer solchen Modellierung der Zusammenhänge in der Produktentwicklung.

Das Leitbild (Abbildung 5.2) bietet eine statische Sicht auf die Konzeption des hier vorgestellten Werkzeugs zur Performanzmessung in der Produktentwicklung. Es teilt sich in drei wesentliche Abschnitte: Transformation (unten), Integration (zentral) und Auswertung (oben). Neben diesen, in den folgenden Abschnitten detaillierten, Teilen steht mit der Administration (rechts) die Koordination der Untersuchung. Aufgabe der Administration ist es, Details wie den Rhythmus zur Erstellung des integrierten Produktmodells oder die Speicherorte der Modelle und Metriken festzulegen.

Die folgenden Abschnitte beschreiben das Leitbild entsprechend der oben getroffenen thematischen Unterteilung nach Transformation, Integration und Auswertung. Beispiele aus dem Umfeld von Pick2Light sind jeweils angegeben.

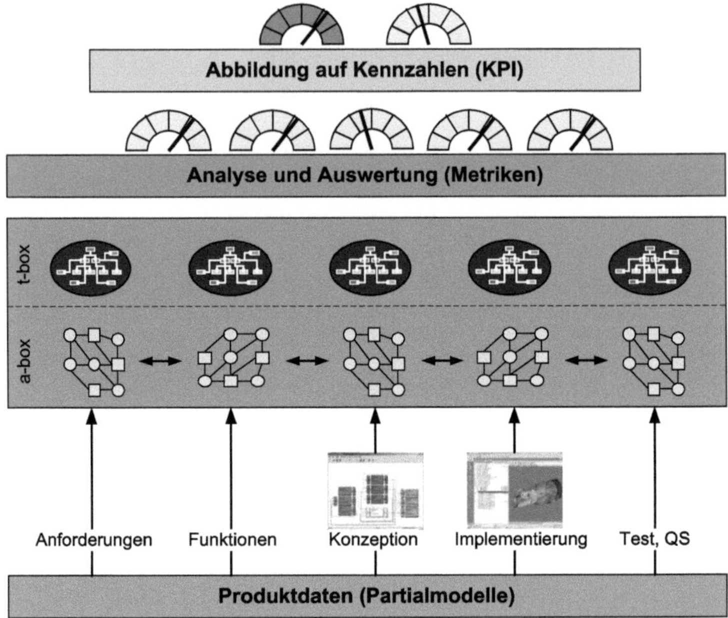

Abbildung 5.2: Konzept zur Performanzmessung in der Produktentwicklung

5.1.1 Transformation

Eine der zentralen Ideen der Konzeption ist die Abbildung der wichtigsten Wirkungszusammenhänge aus der Produktentwicklung in einem Semantischen Netz. Dieses Netz ermöglicht die semantische Integration zuvor fragmentierter Daten (siehe Kapitel 3 und Abschnitt 5.1.2). Der vorgestellte Ansatz erfordert demnach die Übertragung – die Transformation – von Produktdaten in Format und Struktur von Ontologien.

Abbildung 5.3 verdeutlicht diese Idee und zeigt, welche Aufgabe von den Transformationen zu erfüllen ist: die Überführung von Produkt- und Projektdaten aus ihren diversen Quellformaten in das Semantische Netz. Jeder Pfeil deutet die Transformation eines Partialmodells an. Kapitel 4 hat bereits diverse Ansätze zur Definition von Transformationen vorgestellt, die an dieser Stelle zum Einsatz kommen. Verschiedene Typen von Transformationen können innerhalb einer Implementierung des Ansatzes problemlos koexistieren, je nach Verfügbarkeit und betrachteten Partialmodellen. In Abbildung 5.3 sind ohne Beschränkung der Allgemeinheit fünf mögliche Partial-, und damit Quellmodelle, dargestellt.

Bezüglich des Zielmodells der angewendeten Transformationen besteht eine doppelte

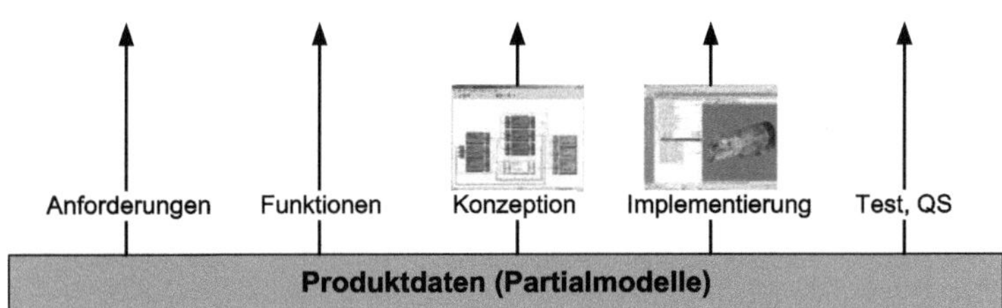

Abbildung 5.3: Leitbild – Transformation

Restriktion: Einerseits verlangt das Konzept als Metamodell für die Zielmodelle die Verwendung von Ontologien (OWL) und legt damit Format und Struktur fest, andererseits gehört auch die Terminologie zum Design der Transformation. So liefert jede hier betrachtete Transformation eine a-box zu einer zuvor festgelegten t-box, d. h. sie bevölkert eine Konzeptstruktur mit Individuen. Einige wichtige t-boxen werden im weiteren Verlauf des Kapitels im Detail vorgestellt, sie spiegeln die Struktur der zu transformierenden Partialmodelle wider. Zuvor zeigt das folgende Beispiel die Anwendung von Transformationen anhand von VHDL-Code und die Übertragung der dort repräsentierten Inhalte in eine a-box.

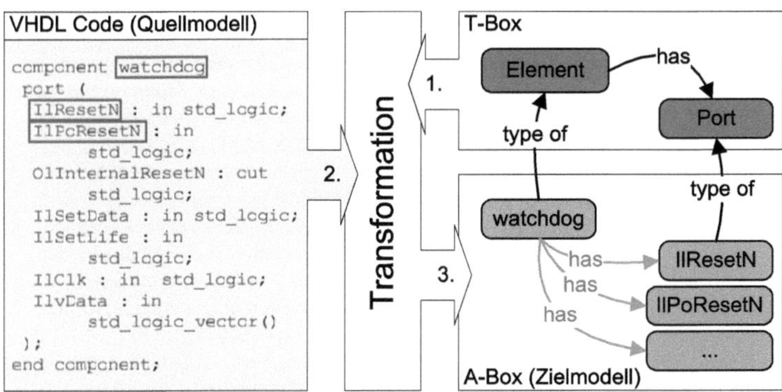

Abbildung 5.4: Transformation von VHDL (vereinfachte Darstellung)

Abbildung 5.4 illustriert den Ablauf bei der Transformation am Beispiel von VHDL. VHDL beschreibt den Aufbau und die Funktionsweise von Chip-Elementen auf abstraktem Niveau. Im Beispiel ist die Beschreibung eines „Watchdog" gegeben. Diese Komponente überwacht die Funktion des Gesamtchips und ist hier zunächst durch dessen Interface, also die ein- und ausgehenden Ports, definiert. (Im realen VHDL-Code ist die Beschreibung der Komponente ausführlicher angelegt, ebenso wie die t-box deutlich mehr als zwei Konzepte enthält. Um das Beispiel übersichtlich zu halten, wird auf deren Darstellung hier aber verzichtet.)

Aufgabe der Transformation ist, in Kenntnis der t-box, die im VHDL-Code repräsentierten Elemente als Instanzen der a-box zu erzeugen. So wird ein neues Element „Watchdog" generiert, welches der im VHDL-Code rot umrandeten Komponente entspricht. Analog entstehen die Repräsentationen der Ports und die Verknüpfungen. Auch Attribute, wie zum Beispiel die binäre Information „in/out" bei Ports, werden übertragen.

In der Regel enthalten die Quellmodelle mehr Informationen als zu Integration und Auswertung benötigt werden. Jede Transformation hat daher zusätzlich die Aufgabe, selektiv jene Informationen und Zusammenhänge zu übertragen, die ein späteres Assessment treiben. Details, etwa zu den Bitbreiten von Ports oder zu Kommentaren, ignoriert die VHDL-Transformation.

Die VHDL-Transformation ist auch ein Beispiel für eine Transformation, die zusätzliche Information erzeugt. In einem nachgeordneten Schritt berechnet sie eine Anzahl von Messwerten für in VHDL beschriebene Funktionen (beispielsweise deren Komplexität nach McCabe [McC76]) und fügt sie als Annotation in die neue a-box ein.

5.1.2 Integration

Die Durchführung der Transformationen von Partialmodellen zu Ontologien ist nur ein vorbereitender Schritt auf dem Weg zur Integration der Produktdaten im Semantischen Netz. Nach der dort erfolgten Aufbereitung und Selektion stehen die Partialmodelle noch immer getrennt nebeneinander.

Das im Rahmen dieser Arbeit vorgestellte Konzept beruht auf der oben belegten Annahme, dass die für den Fortschritt der Entwicklung entscheidenden Zusammenhänge nicht innerhalb einzelner Partialmodelle zu suchen sind, sondern sich vielmehr aus dem Zusammenspiel der Partialmodelle und ihrer Elemente ergeben. Als naheliegendes Beispiel ist hier ein Anforderungsmodell zu nennen. Unter dem Betrachtungswinkel der Performanzanalyse genügt keine der modellierten Anforderungen sich selbst, sondern wird nur in Verbindung mit durch sie beeinflusste Funktionen, Konstruktionsteile, Implementierungen und Tests betrachtet. Ziel und Aufgabe der Integration ist es daher, aus den fragmentierten Partialmodellen in ihrer Repräsentation als Ontologien ein zusammenhängendes Produktmodell zu schaffen. Dazu expliziert es zuvor zwischen den Elementen der Partialmodelle nur implizit vorhandene Korrespondenzen (Abbildung 5.5).

Abbildung 5.5 betont auch die zentrale Rolle der t-boxen. Wie schon bei der Transformation stecken sie den Rahmen ab, innerhalb dessen die Integration stattfindet. Alle Verknüpfungen zwischen den Elementen der Partialmodelle sind dort bereits vorbereitet. Daraus ergeben sich hohe Anforderungen an das Design und die Stabilität der t-boxen. Um diesen Ansprüchen gerecht zu werden, hält die Konzeption einen eigenen Abschnitt zu deren Betrachtung vor.

Integration durch Interkonnektivität

Kernaufgabe der Integration ist die semantische Verknüpfung von Artefakten aus den Partialmodellen. Dazu werden Statements mit in den t-boxen vordefinierter Bedeutung

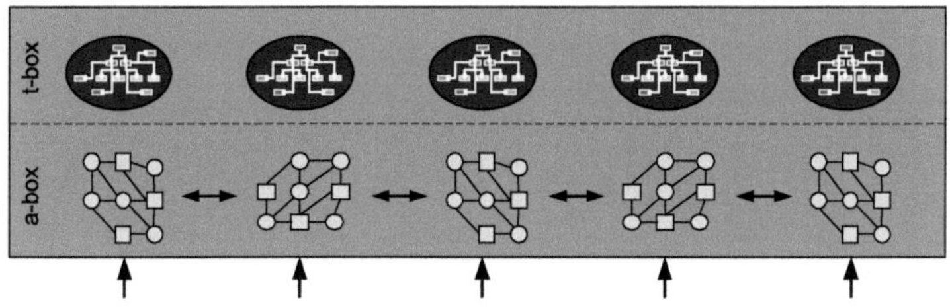

Abbildung 5.5: Leitbild – Integration

zwischen den Instanzen der Modelle etabliert, etwa „Anforderung X resultiert in Funktion Y“ oder „Test A belegt die korrekte Funktionsweise von Bauteil B“.

In der Regel handelt es sich bei der Erstellung von Verknüpfungen um einen manuellen Prozess, der viel Ingenieurswissen verlangt. Wie bereits erwähnt liegt hier auch eine der Stärken des Ansatzes: Er zwingt die Entwickler zur Externalisierung – zur Dokumentation – ihres impliziten Designwissens. Dennoch ist der Vorgang in einigen Fällen auch teilweise automatisierbar, etwa wenn sich aus bestimmten Attributwerten einzelner Elemente Korrespondenzen ableiten lassen. Ein solcher Vorgang ist unten beispielhaft erläutert.

Die Vor- und Nachteile der jeweiligen Herangehensweise bei der Integration nennt die folgende Tabelle:

Manuelle Verknüpfung	**Automatische Verknüpfung**
Nur für kleine Partialmodelle	Für kleine und große Datenmengen
Hohe Nutzerinteraktion	Geringe Nutzerinteraktion
Hohe Genauigkeit	Mittlere Genauigkeit

Aus dieser Liste ergibt sich keine eindeutige Präferenz, die jeweils passende Auswahl hängt vom aktuellen Anwendungsfall, also den zu verknüpfenden Partialmodellen ab. Während der manuelle Vorgang keinem festgelegten Ablauf folgt, wird der semiautomatische Ansatz in Abbildung 5.6 skizziert.

Die Abbildung zeigt im oberen Bereich jeweils zwei Ausschnitte aus zwei Partialmodellen, links vor und rechts nach der automatisierten Verknüpfung. Im unteren Teil der Darstellung ist der Prozess angedeutet, der zur Verknüpfung führt. Um in der Chip-Entwicklung Designartefakte mit zugehörigen Tests automatisch zu verknüpfen, ist der folgende Ablauf denkbar:

1. Auswahl der Partialmodelle „Design“ und „Test“, die zuvor durch geeignete Transformationen erzeugt wurden. Das Modell „Design“ enthält eine Menge von Designartefakten (A-C), etwa aus einer Strukturbeschreibung des Chips, während „Test“ sich aus einer Verifikationsdatenbank speist und dort abgelegte Prüfungen (X-Z) repräsentiert.

2. Als Verknüpfung wird „ist verifiziert durch“ ausgewählt, um Artefakte und Tests in Zusammenhang zu stellen.

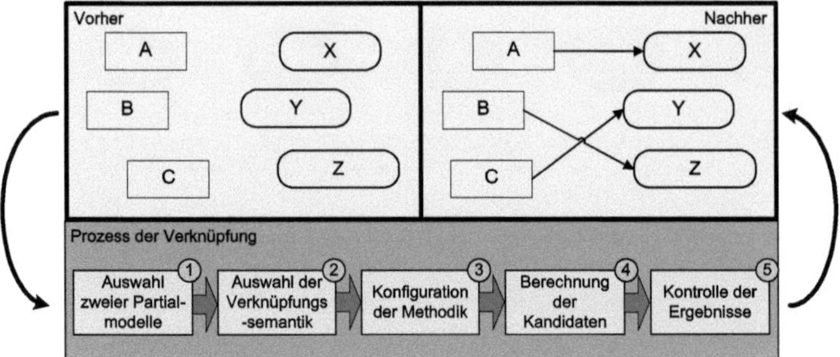

Abbildung 5.6: Semiautomatische Erzeugung von Verknüpfungen

3. Bei der Konfiguration der Methodik wird ein Textvergleich ausgewählt. Die betrachteten Attribute sind der Name (die ID) des Designartefakts respektive das auf den Gegenstand des Tests verweisende Attribut. Gehört ein Test zu einem bestimmten Designartefakt so ist eine Übereinstimmung oder zumindest die Ähnlichkeit der beiden Attributwerte zu erwarten.

4. Eine Menge von potentiellen Kandidaten für Verknüpfungen wird auf Basis der Methodik algorithmisch erzeugt. Bei Textvergleichen kommen beispielsweise auf der Levenshtein-Distanz beruhende Verfahren zum Einsatz.

5. In einem letzten Schritt verifiziert der Nutzer die Kandidaten. Die bestätigten Verknüpfungen werden angelegt.

Die ab Kapitel 7 beschriebene Implementierung des Ansatzes bietet Unterstützung für beide Wege, den manuellen wie den semiautomatischen, zur Integration.

5.1.3 Auswertung

Als Ergebnis von Transformation und Integration steht für die Auswertung ein Semantisches Netz ausgewählter Fakten zur Produktentwicklung bereit. In einem zwei- oder mehrstufigen Verfahren hierarchisch aufeinander beruhender Metriken lassen sich daraus Informationen zur Performanz der Entwicklung ableiten [HPH+07]. Aufgrund der unterschiedlichen Motivation und Fokussierung ist nicht jedes Entwicklungsprojekt mit denselben Metriken auswertbar. Vielmehr erscheint, im Sinne des „Goals, Questions, Metrics"-Ansatzes [BR88], die spezielle Metrikentwicklung für bestimmte Fragestellungen und Auswertungsziele notwendig. Kapitel 6 gewährt hier einen Einblick.

Abbildung 5.7 zeigt nochmals das integrierte Produktmodell und die darauf basierende Auswertung. Dabei ist die Grenze der Konzeption für diese Arbeit unterhalb des Blocks „Abbildung auf KPI" zu ziehen: Betriebswirtschaftliche Zusammenhänge werden nicht betrachtet. Die Fortführung der Metrikenhierarchie über die untere Basis hinaus zu unternehmerischen Kennzahlen ist der zukünftigen Forschung und Erweiterung vorbehalten.

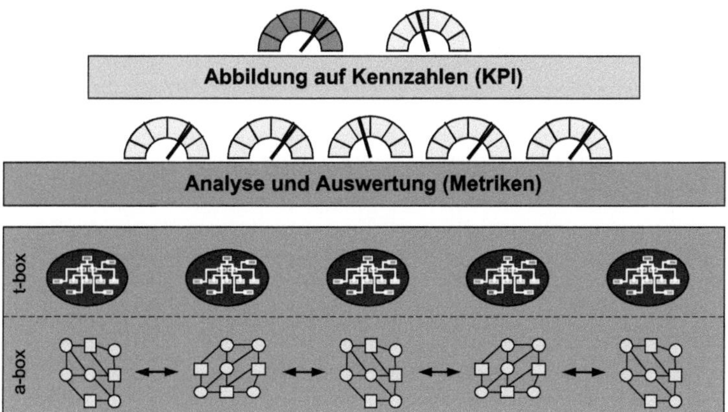

Abbildung 5.7: Leitbild – Auswertung

Jedoch lassen sich auch auf der unteren Ebene der Analyse bereits interessante Auswertungen durchführen und Ergebnisse erzielen, die sich besonders zur Kontrolle und Steuerung auf Projektleiterebene eignen. Dazu zählt etwa der auf realen Testergebnissen beruhende Anforderungserfüllungsgrad. Weitere Beispiele finden sich, wie oben erwähnt, in Kapitel 6, der Umsetzung von Metriken im Werkzeug widmet sich ein Abschnitt aus Kapitel 7.

5.2 Performanzmessung als Prozess

Während der vorangegangene Abschnitt die statische „Seitenansicht" der Konzeption erläutert, widmet sich diese Sektion einer dynamisch orientierten „Draufsicht". Ähnlich Abbildung 5.1 greift diese dynamische Sicht über die strengen Grenzen der Konzeption hinaus und deutet die zusätzliche Integration von Projektdaten an. Was hier nur zur besseren Illustration des Ablaufs der Performanzmessung dient, findet sich in Abschnitt 5.4.1 als Erweiterungsmöglichkeit der Methodik genauer betrachtet.

Die Performanzmessung begleitet den Prozess der Produktentwicklung. Die folgenden Schritte werden dabei durchgeführt:

0. Die **Erstellung der t-boxen** ist der Performanzmessung als „nullter" Schritt vorangestellt. Da t-boxen die Modellinhalte generisch abbilden, ist die Neuerstellung einer solchen Struktur nur notwendig, wenn noch in keinem Entwicklungsprojekt jemals das repräsentierte Partialmodell verwendet wurde. Ansonsten ist eine Wiederverwendung bestehender t-boxen angezeigt. Insbesondere für häufig verwendete Modelle wie „Anforderungen", „Funktionen", „Tests" oder „HW-Coding" und

„SW-Coding" im Chip-Design ist eine Wiederverwendung vorteilhaft, nicht zuletzt weil damit bereits definierte und implementierte Transformationen zu Verfügung stehen.
Eine Anpassung und Weiterentwicklung vorhandener t-boxen ist ebenfalls denkbar. Dieser Fall tritt auf, wenn eine spezielle Auswertung sich auf die Existenz von bestimmten Informationen in den Modellen verlässt, welche vorher unberücksichtigt blieben. Der Schritt zur Definition der t-boxen wird pro Projekt nur einmal, vorzugsweise zu Beginn des Prozesses, durchgeführt. Die ausgewählten Ontologien stehen dann unter einem definierten Namensraum zur Verfügung und werden von dem Werkzeug zur Performanzmessung verwendet (Abbildung 5.8, oben).

1. Sofern auch Projektdaten zur Integration vorgesehen sind, wird die **Instanziierung des Projekts** vorgenommen. Dieser optionale Schritt erzeugt somit ein erstes Partialmodell. Dazu findet eine Transformation von Projektdaten, zum Beispiel aus einer Microsoft-Project-Datei, in die a-box einer zuvor gewählten Projektontologie statt.

2. Zur **Konfiguration der Partialmodelle des Produkts** ergeben sich zwei Möglichkeiten: Sind Projektdaten vorhanden, so lassen sich aus diesen die verwendeten Partialmodelle ableiten, andernfalls erfolgt die Konfiguration der Partialmodelle manuell. Da sich Projektplanungen ändern, sind die Ergebnisse dieses Schrittes regelmäßig auf ihre Gültigkeit zu prüfen. Nach Abschluss des Vorgangs steht fest, aus welchen Partialmodellen sich das integrierte Produktmodell zusammensetzt, eine häufige Konfiguration ist „Pflichtenheft", „Funktionsmodell", „Konzeption" (z. B. Baustruktur, Ablaufplan), „Implementierung" (z. B. VHDL-Code) und „Qualitätssicherung".

3. Es folgt die **Transformation der Partialmodelle**, also deren Instanziierung als a-boxen der zuvor festgelegten Ontologiemodelle. Dazu nehmen Transformationsalgorithmen (siehe Kapitel 4) die Partialmodelle im Originalformat vor und übertragen ausgewählte Inhalte. Die transformierten Informationen finden sich als Instanzen der Ontologien repräsentiert.

4. Im vierten Schritt erfolgt die **Integration aller erzeugten Instanzen** aus den Partialmodellen des Produkts und gegebenenfalls auch des Projekts. Das integrierte Produktmodell entsteht (siehe Abschnitt 5.4 zu Details). Das Werkzeug zur Performanzmessung bietet Unterstützung zur manuellen und halbautomatischen Integration.

5. Die **Speicherung des integrierten Modells** erfolgt in einem Modellspeicher, der im Dateisystem oder einer Datenbank residiert. Der Modellspeicher kann eine beliebige Anzahl integrierter Produktmodelle aufnehmen. Die Verwendung einer Datenbank ist vorteilhaft, da so die Auswertung von der Erstellung der Modelle entkoppelt wird.

6. **Turnusmäßige Wiederholung** der Schritte 1 bis 5. Das Werkzeug unterstützt die Wiederholung der Schritte, indem nur tatsächliche Änderungen nachvollzogen werden. Bereits zuvor in früheren Versionen des integrierten Produktmodells herge-

stellte Verknüpfungen werden automatisiert zur Übernahme angeboten. Damit entsteht eine regelmäßige, vorzugsweise wöchentliche, Momentaufnahme des aktuellen Entwicklungsstands. Jeder dieser „Schnappschüsse" gelangt, mit einem Zeitstempel versehen, in einen Modellspeicher.

7. **Auswertung** auf Basis der integrierten Modelle. Die Analyse verlangt einen lesenden Zugriff auf den Modellspeicher. Falls die Speicherung in einer Datenbank erfolgt, sind dezentrale, parallele Auswertungsvorgänge möglich. Auswertung und Reporting sind als Webanwendung realisier- und so von außen zugreifbar (Abbildung 5.8, unten).

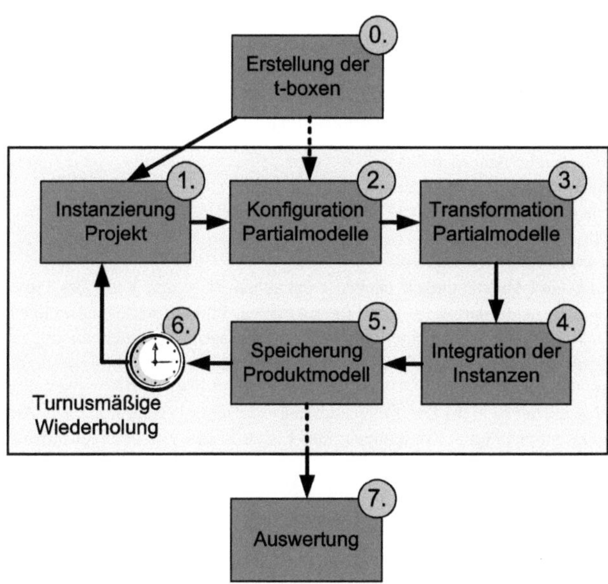

Abbildung 5.8: Prozess der Performanzmessung

Der vorgestellte Ablauf ist nahtlos in die Produktentwicklung integrierbar. Bei entsprechendem Automatisierungsgrad im Werkzeug ist der regelmäßige Aufwand als gering einzuschätzen. Empfehlenswert erscheint die Benennung eines Verantwortlichen für die regelmäßige Durchführung von Transformation, Integration und Auswertung. Dieser fordert nach Bedarf Detailwissen bei den Teammitgliedern ein und stellt der Projektleitung die Analyseergebnisse zur Verfügung.

5.3 Ontologien für die Partialmodelle

Ebenfalls zur Konzeption gehören die im vorangegangenen Abschnitt in Schritt „0" referenzierten t-boxen der Ontologien. Sie sind zwar in ihrer konkreten Ausprägung kein fester Teil der Methodik, jedoch eine Voraussetzung für deren Benutzung. Da es grundsätzlich eine beliebige Menge an Partialmodellen und damit auch an zu erstellenden t-boxen gibt, beschränkt sich dieser Abschnitt auf die zur Erläuterung anhand des durchgängigen Beispiels notwendigen. Eine analoge Definition für andere Modelle, etwa aus dem Bereich Automotive, ist jederzeit möglich.

Die Entwicklung jeder t-box folgt jeweils einem expliziten Entwicklungsprozess. Die folgenden Abschnitte stellen die Arbeiten vor und betrachten dazu Entstehung, Aufbau und Anwendung der Ontologien. Jede der t-boxen wurde mit Hilfe geeigneter Methoden (etwa „Eyeball" oder „OntoClean", siehe Kapitel 3) syntaktisch und semantisch verifiziert. Zu Beginn jedes Abschnitts sind die wichtigsten Eigenschaften der besprochenen Ontologie in den grau hinterlegten Rahmen zusammengefasst, die genannten Namensräume sind jeweils vorn mit http://www.permeter.de zu ergänzen.

5.3.1 Ontologie zur Anforderungsmodellierung

Namensraum: .../2008/02/requirements
Entwicklungsprozess: Noy & McGuinness
Dialekt: OWL DL

Die Ontologie zur Anforderungsmodellierung ermöglicht die Repräsentation von Pflichtenheft und Spezifikation. Anforderungen sind zentrale Artefakte jeder Produktentwicklung, von ihrer Eindeutig- und Vollständigkeit hängen nicht selten Wohl und Wehe des Projekts ab. Derzeit werden Anforderungen selten formal erfasst. Pflichtenhefte sind in der Regel in Fließtext verfasste Dokumente, die im regen Austausch zwischen Auftraggeber und Auftragnehmer entstehen. Große Interpretationsspielräume leisten Missverständnissen Vorschub.

Anforderungen haben in der Performanzmessung eine zentrale Bedeutung: Der Anteil bereits vom Design erfüllter Anforderungen bietet einen ersten vielversprechenden Ansatz zur Messung des Projektfortschritts. Dies gilt insbesondere, wenn die Betrachtung mit einer Priorisierung der Anforderungen einhergeht.

Die Ontologie zur Anforderungsmodellierung ermöglicht die formale Definition von Anforderungen und insbesondere von deren Beziehungen untereinander. Auch die potentiellen Relationen zu anderen in der Entwicklung bedeutsamen Artefakten sind hier angelegt.

Entstehung

Zur Entwicklung der Ontologie wurde der Ansatz von Noy und McGuinness [NM01] herangezogen. Die Spezifikation der Domäne erfolgte unter anderem mit Hilfe von Kompetenzfragen, aus denen sich, wie in den folgenden Abschnitten dargestellt, Terme der Ontologie ableiten lassen. Diese Begriffe formalisiert der sich anschließende Abschnitt „Aufbau".

Eine Auswahl der Kompetenzfragen an die Ontologie zur Anforderungsmodellierung enthält die folgenden Punkte:

- Welche Anforderungen an das zu entwickelnde Produkt bestehen?
- Welche der Anforderungen haben eine hohe/geringe Priorität?
- Woraus ergibt sich eine Anforderung?
- Welche Beziehungen bestehen zwischen einer Anforderung und anderen Elementen des Produktmodells, insbesondere:
  - Welche Funktionen macht die Anforderung notwendig?
  - Durch welche Tests ist die Erfüllung der Anforderung verifizierbar?
- Kann eine Anforderung bereits als erfüllt gelten?

Als nächster Schritt in der Entwicklung steht die Überprüfung auf mögliche Kandidaten zur Wiederverwendung an. Dabei wurde keine bereits bestehende Ontologie angetroffen, die die oben genannten Kompetenzfragen vollständig berücksichtigt. Es folgt die Notwendigkeit zur Neuentwicklung der Ontologie.

Die folgende Tabelle erfasst die mit Hilfe der Kompetenzfragen identifizierten Terme (im oberen Teil) und Zusammenhänge (im unteren Teil):

Term	Definition
Anforderung	Eine Anforderung ist ein gefordertes Merkmal, eine Eigenschaft oder Verhalten des Produkts. Anforderungen werden durch die Stakeholder eines Projektes formuliert und unterstellen, nach Möglichkeit, keinen Lösungsweg zur Erfüllung der Anforderung. Eine natürlich-sprachige Beschreibung ist die Grundlage einer Anforderung, welche jedoch durch Diagramme und formalere Notationen ergänzt wird.
Funktionale Anforderung	Eine Aussage zu den Diensten, die das Design leistet, zur Reaktion des Designs auf bestimmte Eingaben und zum Verhalten des Designs in speziellen Situationen. In manchen Fällen können die funktionalen Anforderungen auch explizit ausdrücken, was das System nicht tun soll.
Nichtfunktionale Anforderung	Beschränkungen der durch das Design angebotenen Dienste oder Funktionen. Das schließt Zeitbeschränkungen, Beschränkungen des Entwicklungsprozesses, einzuhaltende Standards usw. ein.
Domänenanforderung	Anforderungen, die sich aus dem Kontext und Problembereich des Systems ergeben und dessen Charakteristika widerspiegeln. Hierbei kann es sich um funktionale und nichtfunktionale Anforderungen handeln.
Priorität	Die Priorität zeigt die Wichtigkeit einer Anforderung im Kontext des betrachteten Entwicklungsgegenstands auf. Die Klasse definiert eine Menge möglicher Prioritätswerte.

Term	Definition
ist Teilanforderung von	Ermöglicht die hierarchische Strukturierung von Anforderungen und trägt dem zeitlichen Verlauf Rechnung: Zunächst allgemein formulierte Anforderungen werden mit zunehmender Projektdauer konkretisiert.
hat Priorität	Verknüpft eine Anforderung mit einer Priorität.
ist erfüllt	Beschreibt den aktuellen Status der Anforderung auf Grundlage des Entwicklungsstandes.
erfordert	Zeigt an, welche Funktionen sich aus einer Anforderung ergeben.
verifiziert durch	Verbindet Anforderungen mit Tests, welche die Erfüllung der Anforderung prüfen.

Aufbau

Aufgabe dieses Abschnittes ist es, die identifizierten Terme zu formalisieren und in die für Ontologien notwendige semantische Definition zu bringen. Dazu werden die im oberen Teil der Tabelle genannten Konzepte in einer Taxonomie angeordnet. Für die im unteren Teil gelisteten Relationen erfolgt ebenfalls eine semantische Aufwertung, sie werden mit einer Vielzahl von Eigenschaften und Beschränkungen belegt. Abbildung 5.9 illustriert den Aufbau der Ontologie zur Anforderungsmodellierung.

Dabei steht das Konzept der Anforderung im Mittelpunkt. Von diesem Konzept abgeleitet (rote Pfeile) sind die drei Spezialisierungen in funktionale, nichtfunktionale und Domänenanforderungen. Dabei bleiben die Mengen funktionaler und nichtfunktionaler Anforderungen disjunkt. Anforderungen werden zudem in einer Teil-von-Hierarchie modelliert und weisen Relationen zu Konzepten aus anderen Ontologien etwa zu Test und Funktion auf.

Als weiteres Konzept definiert die Ontologie jenes der Priorität. Die Menge der Prioritäten enthält genau vier Elemente (rote Pfeile) zur Indikation verschiedener Gewichtung. Über die funktionale (d. h. pro Instanz nur einmal zu definierende) Relation „hat Priorität" sind Anforderungen mit Prioritäten verknüpft.

Anwendung

Beispielhafte Instanziierungen von Anforderungen im Kontext des Pick2Light-Projekts haben die folgende Form:

- **Funktionale Anforderung:** „Sicheres Firmwareupdate"
  - **URI:** http://pick2light/requirements/FunctionalRequirement_10
  - **Beschreibung:** Bei Stromausfall während des Firmwareupdates muss das Gerät trotzdem in einem definierten Zustand verbleiben und sich ohne Benutzerinteraktion wieder aktivieren lassen

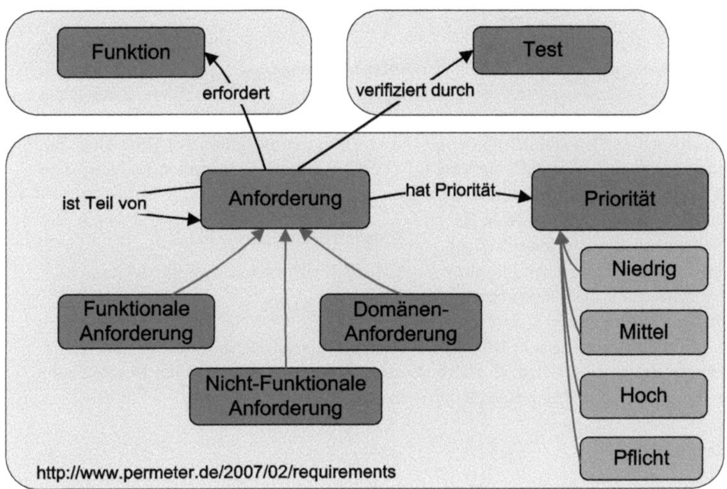

Abbildung 5.9: Aufbau der Ontologie zur Anforderungsmodellierung

  - **Eigenschaften:** Hat hohe Priorität, ist Teil der funktionalen Anforderung „Hohe Betriebs- und Ausfallsicherheit", erfordert Funktion „Automatische Erkennung nicht definierter Zustände"

- **Domänenanforderung:** „Temperaturbereich"

  - **URI:** http://pick2light/requirements/DomainRequirement_1

  - **Beschreibung:** Betriebsbereit in einem Temperaturbereich von 0° bis 50° Celsius

  - **Eigenschaften:** Hat verpflichtende Priorität, Erfüllung wird verifiziert durch den Test „Verhalten unter variablen Betriebsbedingungen"

Als Quelle für Anforderungen im Projekt, und damit als Quellmodell für eine Transformation in das oben definierte Format, eignen sich die ohne oder mit geringer formaler Annotation verfassten Pflichtenhefte nur bedingt. Größeren Erfolg verspricht die Integration von Daten aus Anforderungsverwaltungswerkzeugen (etwa aus Telelogic „DOORS"), die den Export des internen Datenmodells unterstützen.

Das endgültige Ziel der Ontologieanwendung ist die Definition von Metriken auf den erfassten Artefakten. Kapitel 6 stellt dar, wie sich insbesondere Anforderungen als Ansatzpunkt für Metriken eignen.

5.3.2 Ontologie zur VHDL

Anstelle der in Art und Umfang der Anforderungsontologie sehr ähnlichen Funktionsontologie widmet sich dieser Abschnitt im Weiteren der Darstellung speziell das Chip-Design betreffender Modelle. Als einer der frühen Schritte in der Konzeption eines Mikrochips erfolgt die Abbildung der gewünschten Funktionalitäten mit Hilfe einer Beschreibungssprache. Hier stellt die VHDL (VHSIC Hardware Description Language) als verbreiteter Standard das Mittel der Wahl.

Namensraum: .../2007/11/vhdl
Entwicklungsprozess: Noy & McGuinness
Dialekt: OWL DL

Ausgehend von der abstrakten Beschreibung findet im weiteren Verlauf der Entwicklung die werkzeuggestützte Konkretisierung des Designobjekts bis hin zur physikalischen Umsetzung statt. Aufgrund dieser Tatsache haben die Entscheidungen auf dieser Ebene große Auswirkungen auf das Design [PJN07]. Die Einbeziehung der hier entwickelten Beschreibung in die Performanzmessung erscheint daher angezeigt.

Entstehung

Der Anwendungsbereich der Ontologie ist die Hardwarebeschreibungssprache VHDL im Bereich des Hardware-Coding. Die Ontologie dient dazu, die Struktur der Hardware zu beschreiben – einzelne funktionale Details bleiben dabei außen vor. Die folgenden Fragen lassen sich auf dieser Ebene unter anderem stellen:

- Welche und wie viele Chip-Komponenten sind beschrieben?
- Welche Schnittstellen besitzt eine Entität?
- Wie sind die einzelnen Komponenten zu einem Chip strukturiert?
- Welche Entitäten beinhaltet ein Paket?
- Wie ist ein Unterprogramm aufgebaut? Welche Komplexität weist es auf?
- Wie ergibt sich die Existenz einer Entität aus den angestrebten Funktionalitäten?

Neben der VHDL existieren weitere Beschreibungssprachen für Mikrochips, etwa Verilog. Um die hier getroffenen Definitionen möglichst allgemeingültig zu halten, besteht die VHDL-Ontologie daher aus zwei Teilen (siehe Abschnitt „Aufbau" unten): zum einen dem generischen Coding-Teil, in dem Konzepte und Relationen verortet werden, die in verschiedenen Hardwarebeschreibungssprachen vorkommen, und zum anderen in einem speziellen VHDL-Teil, der die Spezifika der Sprache adressiert. Wird später eine Verilog-Ontologie benötigt, so muss für diese nur der spezielle Teil definiert werden. Die Ähnlichkeiten von VHDL und Verilog illustriert die folgende Tabelle mit den jeweiligen Termen und deren Konzeptualisierung als Sprachelement:

Coding	VHDL	Verilog
Element	Entität	Modul
Beschreibung	Architektur	Beschreibung des Moduls
Instanz	Komponente	Instanz des Moduls
Port	Port	Port
Verbindung	Signal	Wire, Trior etc.
Unterprogramm	Funktion, Prozess	Always, Task etc.

Während die mittlere Spalte der Tabelle Begriffe aus VHDL enthält, listet die Spalte rechts den zugehörigen Term aus Verilog auf. Dabei enthält die Tabelle nur die gemeinsamen Konzepte, die sich als Bestandteil der Coding-Ontologie abstrakt modellieren lassen (linke Spalte). Sowohl Verilog als auch VHDL bieten individuelle Möglichkeiten zur Modellierung besonderer Details, denen durch die Spezialisierung der Coding-Ontologie Rechnung getragen wird.

Aufbau

Der Aufbau der VHDL-Ontologie folgt der oben angedeuteten Zweiteilung. Dabei wird die allgemeine Coding-Ontologie mit Hilfe von Ableitungen und Ergänzungen an den VHDL-Standard herangeführt. Abbildung 5.10 zeigt diese Trennung und den inneren Aufbau der beiden Teile. Aufgrund der Größe und Komplexität der VHDL-Ontologie sind nur die wichtigsten Terme repräsentiert.

Als zentrales Konzept der Coding-Ontologie dient das „Element". Es entspricht einer Entität in VHDL bzw. einem Modul in Verilog. Elemente stehen für die äußere Schnittstelle einer Chip-Komponente, definieren also eine Menge an Ports, die die Verbindung des Elements mit der Außenwelt konstituieren. Ports sind die Endpunkte der Kommunikationsleitungen, die die Elemente verknüpfen. Das Verhalten eines Elements ist in einer funktionalen Beschreibung festgelegt, wobei ein Element unter Umständen von verschiedenen Beschreibungen referenziert wird. Die Beschreibungen definieren einen Algorithmus – ggf. mit Hilfe von Unterprogrammen –, der die Verhaltensweise des Elements determiniert. Eine Instanz ist schließlich die konkrete Ausprägung eines Elements unter Verwendung einer bestimmten Beschreibung.

In der VHDL-Ontologie erfolgt zunächst die Redefinition der Begrifflichkeiten Element und Verbindung. Da die entsprechenden Konzepte Entität und Signal über die Relation „sameAs" aus dem OWL-Kanon mit den korrespondierenden Einträgen der Coding-Ontologie verknüpft sind, bleiben alle dort getätigten Definitionen erhalten. Mit dem Konzept der Architektur als Synonym für Beschreibung wird analog verfahren (nicht im Bild). Neu hinzu kommen die Konfiguration zur Modellierung in einem bestimmten Paket verfügbarer Architekturen und die Bibliothek. Die Definition des Unterprogramms aus der Coding-Ontologie wird durch die Konzepte Prozedur, Prozess und Funktion spezialisiert.

Anwendung

Die Instanzen der Ontologie werden durch die Transformation des VHDL-Codes erstellt. Die Implementierung der Transformation ist im Implementierungskapitel 7 angerissen.

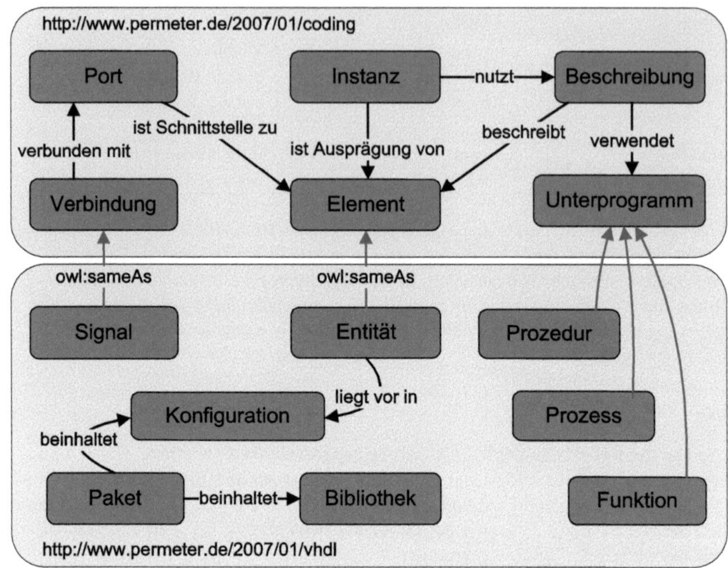

Abbildung 5.10: Aufbau der Ontologie zur VHDL

5.3.3 Ontologie zur Repräsentation der physikalischen Implementierung

Die Ontologie zur Repräsentation der physikalischen Implementierung von Mikrochips ist vom Autor im Rahmen des Projekts Produktiv+ erstellt worden und findet hier Wiederverwendung.

Namensraum: .../2007/12/backend
Entwicklungsprozess: Noy & McGuinness
Dialekt: OWL DL

Da es sich bei der Chip-Entwicklung um einen äußerst komplexen Prozess handelt und die Ergebnisse der Entwicklung sich sehr stark unterscheiden (dies gilt insbesondere für die zeitgleiche Betrachtung von digitalen und analogen Komponenten), verfolgt die vorliegende Definition den Ansatz, weniger den inneren Aufbau als vielmehr die äußerlich „sichtbaren" physikalischen Eigenschaften des Produkts zu beschreiben. Dazu gehört neben Größe, Taktung und Leistungsaufnahme eine Vielzahl von Werten. Die Ontologie zur Repräsentation der physikalischen Implementierung ermöglicht die Verknüpfung solcher Eigenschaftswerte (Parameter) mit Designartefakten. Dabei wird nicht vorausgesetzt, dass es sich bei dem betrachteten Artefakt um einen vollständigen Mikrochip handelt. Auch Teilstrukturen und Komponenten des Produkts können annotiert werden.

Entstehung

Aufgrund des recht hohen Abstraktionsgrads der zu erstellenden Ontologie lassen sich nur wenige konkrete Kompetenzfragen formulieren. Zur Erfüllung des Designziels erlaubt die Ontologie die Verknüpfung von Parametern mit den Artefakten aus der Chip-Entwicklung. Über die Natur und Struktur der Artefakte macht die Ontologie keine Aussage – sie gelten als bereits beschrieben (etwa mit Hilfe der VHDL-Ontologie). Da die Zahl der potentiell interessanten Parameter recht groß ist – in Produktiv+ wurden mehr als 70 verschiedene Eigenschaftswerte als für die betrachtete Fragestellung relevant identifiziert – führt die Ontologie eine Hierarchieebene von Indikatoren ein. Im Einzelnen ergeben sich so die folgenden Terme:

Term	Definition
Artefakt	Das (Teil-)Produkt, dessen physikalische Implementierung repräsentiert wird. Die Ontologie geht davon aus, dass die Struktur und der Aufbau des Mikrochips bereits an anderer Stelle, etwa in der Konzeption, hinterlegt sind.
Parameter	Der Eigenschaftswert, der mit dem betrachteten Design zu verknüpfen ist. Neben dem eigentlichen, meist numerischen Wert umfasst eine Parameterdefinition auch eine Beschreibung, den Wertebereich und die Einheit des Wertes.
Indikator	Indikatoren dienen zur Gruppierung von Parametern. Die Einteilung der Eigenschaftswerte folgt dabei semantischen Regeln, deren Definition dem Anwender der Ontologie überlassen bleibt. Ein naheliegender Ansatz ist die Gruppierung nach wichtigen Dimensionen der Chip-Entwicklung wie Fläche, Performanz, Zeitverhalten oder Verlustleistung.
ist Teil von	Zeigt die Zugehörigkeit eines Parameters zu einem Indikator an. Mehrere Parameter lassen sich so über einen Indikator bündeln und gemeinsam einem Artefakt zuweisen.
beschreibt	Verknüpft einen Indikator mit einem Artefakt. Über die ihrerseits mit dem Indikator verbundenen Parameter wird die physikalische Implementierung des Artefakts repräsentiert.

Aufbau

Der Aufbau der Ontologie zur physikalischen Implementierung ist in Abbildung 5.11 skizziert. Die Struktur besteht im Kern aus dem Dreiklang von Artefakt, Indikator und Parameter. Die Parameter beschreiben die Eigenschaften des betrachteten Artefakts und lassen sich mit Hilfe von Indikatoren bündeln.

Neben diesen drei Konzepten zeigt die Abbildung eine Möglichkeit zur Verortung des beschriebenen Artefakts über die Verknüpfung mit einer Komponente aus der VHDL-Beschreibung (siehe oben). Die im OWL-Standard vordefinierte Relation „owl:sameAs“ zeigt an, dass es sich bei den beiden verbundenen Instanzen um dieselben Realweltobjekte handelt.

Außerdem illustriert die Abbildung 5.11 die Möglichkeit, unterhalb der Konzepte Indikator und Parameter jeweils eine Hierarchie bestimmter Indikatoren und Parameter

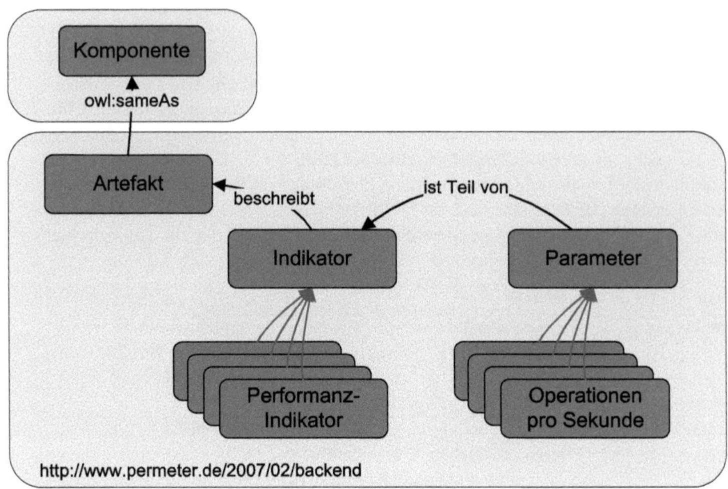

Abbildung 5.11: Aufbau der Ontologie zur physikalischen Implementierung

anzulegen. Dabei handelt es sich nicht um eine Instanziierung, sondern vielmehr jeweils um eine Verfeinerung des abstrakten Oberbegriffs. Die eigentliche Instanziierung von Indikatoren und Parametern findet dann in Bezug auf ein konkretes Artefakt statt. Ein Beispiel hierzu nennt der folgende Abschnitt zur Anwendung der Ontologie.

Anwendung

Eine beispielhafte Ausprägung der Ontologie benötigt zunächst ein Artefakt. Hierbei könnte es sich um die im Pick2Light-Chip verbaute Komponente „Watchdog“ handeln. Zur Beschreibung der physikalischen Implementierung der Komponente ergibt sich die folgende Hierarchie:

- **Artefakt** „Watchdog“, wird beschrieben durch
  - **Indikator für Fläche** mit
    - **Parameter „Chip-Fläche“** = 88470μm^2
    - **Parameter „Anzahl der Gatter“** = 181
    - **Parameter „Anzahl der Netze“** = 268
  - **Indikator für Zeitverhalten** mit
    - **Parameter „Taktfrequenz“** = 20MHz
    - **Parameter „Anzahl der Taktdomänen“** = 1
  - **Indikator für die Funktion** mit

    * **Parameter „Anzahl der Register“** = 25
    * **Parameter „Anzahl der Funktionen“** = 1
    * **Parameter „Anzahl FSM-Zustände“** = 3
    * **Parameter „Verfügbare Testvektoren“** = 5
  - etc.

Bezüglich der Transformation von Eigenschaftswerten in die Struktur der Ontologie bietet sich das Parsen der Reportdateien von EDA-Werkzeugen an. Dort ist in der Regel eine Vielzahl der Parameterwerte angegeben, sofern sie sich im betrachteten Stadium des Projekts bestimmen lassen. Problematisch ist allerdings das uneinheitliche Format solcher Reportdateien –, die allermeisten Hersteller verwenden Textdateien ohne besondere Formatierung – die sich eher für die Betrachtung durch menschliche Designer als für die Weiterverarbeitung in Software eignen. Dieser Umstand macht die Transformation der vorhandenen Daten in das Format der Ontologie aufwändig. Allerdings fanden in diesem Kontext bei Produktiv+ umfangreiche Arbeiten statt, deren Ergebnisse teilweise in der in Kapitel 7 beschriebenen Implementierung Verwendung finden.

5.4 Genese des integrierten Produktmodells

Ziel des vorliegenden Konzeptionskapitels ist es, den Weg der Entstehung des integrierten Produktmodells zu erläutern. Dieses entsteht auf Basis der in Abschnitt 5.3 vorgestellten Ontologien unter Verwendung des in Abschnitt 5.2 illustrierten Prozesses. Das logische Zusammenspiel der im Prozess vertretenen Komponenten erläutert Abschnitt 5.1 zu Beginn dieses Kapitels.

Der vorliegende Abschnitt verdeutlicht die Genese des integrierten Produktmodells anhand des Beispiels Pick2Light. Entsprechend dem vorgestellten Prozess entsteht im Projektverlauf nicht nur ein Modell, sondern es werden vielmehr regelmäßige „Schnappschüsse“ des aktuellen Entwicklungsstandes inklusive aller wichtigen Informationen erzeugt. Diese Momentaufnahmen weisen im Projektverlauf einen immer höheren Detaillierungsgrad auf. Abbildung 5.12 zeigt das integrierte Produktmodell von Pick2Light zu verschiedenen Zeitpunkten im Projekt.

Nach der ersten Projektwoche enthält das Projektmodell nicht mehr als die Anforderungen aus der Spezifikation. Im zweiten Schritt kommen aus den Anforderungen resultierende Funktionen hinzu. Diese Funktionen finden im weiteren Verlauf des Projekts ihre Entsprechung als Konzeption (in VHDL) von Chip-Elementen, die ihrerseits später zu konkreten Implementierungen als Artefakte synthetisiert werden. Die Reihenfolge der Entstehung ist in Analogie zu den realen Verhältnissen in Entwicklungsprojekten nicht streng sequenziell, nicht selten kommen auch nach Abschluss der Funktionsdefinition neue Anforderungen hinzu, die etwa veränderte Kundenwünsche oder Marktbedingungen widerspiegeln.

Jedes der integrierten Produktmodelle wird mit seinem Entstehungsdatum versehen, serialisiert und gespeichert. Somit stehen der in Kapitel 6 adressierten, metrikgestützten Auswertung sowohl das aktuelle als auch die im Entstehungsverlauf vordatierten Produktmodelle zur Verfügung.

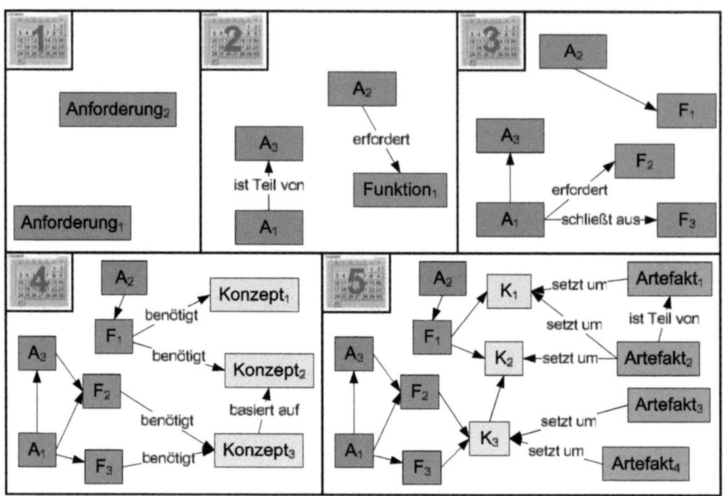

Abbildung 5.12: Das integrierte Produktmodell

5.4.1 Ausblick: Integration von Projektdaten

Welche Aktivität im Projektplan erzeugt ein bestimmtes Artefakt der Implementierung? Liegt die entsprechende Aktivität auf dem kritischen Pfad? Wirkt sich die Änderung einer Anforderung auf den Projektplan aus? Wie ändert sich die Ressourcenauslastung bei Einführung eines neuen Werkzeugs? Solche und eine Reihe weiterer Fragen lassen sich nur beantworten, wenn neben den Produkt- auch Projektdaten in das integrierte Modell und damit die Auswertungen einfließen. Daher ist der Bedarf zur Verknüpfung dieser beiden wichtigsten Betrachtungsdimensionen in der Produktentwicklung gegeben.

Die Integration von Projektdaten lässt sich problemlos in den oben dargestellten Prozess einfügen. Die Phase der Transformation sieht dann als weiteren Punkt die Übertragung des Projektplans in ein Ontologieformat vor, etwa aus einer Microsoft-Project-Quelldatei. Zur Integration stehen dann neben den Produkt- auch die Projektdaten bereit. Bei der in Kapitel 7 adressierten Implementierung finden sich diese Erweiterungen bereits berücksichtigt. Für die Konzeption zeichnet sich hier Jan Strickmann verantwortlich, für weitere Informationen wird auf seine Arbeiten verwiesen [Str08].

5.5 Evaluation des Konzepts

Dieses Kapitel zur Konzeption einer Methodik der Performanzmessung in der Produktentwicklung schließt mit der Evaluation bezüglich der zuvor definierten Anforderungen. Die folgende Tabelle untersucht die einzelnen Punkte aus Abschnitt 1.2. Der Evaluation der Implementierung des Ansatzes durch den Prototyp widmet sich Kapitel 8, auch die dort verzeichneten Beobachtungen lassen unter Umständen Rückschlüsse auf die Qualität des Konzepts zu.

Anforderung	Status	Bemerkung
AF1: Verknüpfung von Designartefakten über die Grenzen proprietärer Datenformate hinweg	erfüllt	Grundlegendes Designziel der Methodik und Ursache für die Wahl von semantischen Ontologiemodellen als Datenstruktur. Daher trivial erfüllt.
AF2: Adressierung von Teilstrukturen und -elementen in Produktmodellen	erfüllt	Partialmodelle bilden die Struktur des Produkts auf beliebige und vielfältige Weise ab. Jedes Element in den semantischen Ontologiemodellen ist einzeln identifizier- und damit adressierbar.
AF3: Erzeugung einer homogenen und stabilen Informationsstruktur...	erfüllt	Durch die getrennte Definition und angestrebte Wiederverwendung der t-boxen bleiben Auswertungsansätze über Projektgrenzen hinweg gültig.
AF4: Definition von Regeln auf den Daten, die maschinell-automatisches Schließen von Aussagen unterstützen	erfüllt	Durch die Verwendung von Ontologien trivial erfüllt.
AF5: Umfassende und zugleich differenzierte Darstellung der Projektinhalte und -vorgänge	erfüllt	Die Methodik trifft keine Beschränkungen bezüglich des Inhalts der Partialmodelle und ihrer t-boxen. Entsprechend wird dort jede notwendige Darstellung der Projekt- und Produktdaten erreicht.
AF6: Anwendbarkeit auf allen Ebenen der Entscheidungsstruktur von Projekten	erfüllt	Die Möglichkeit zur Schaffung einer hierarchischen Metrikenstruktur, wie im folgenden Kapitel 6 dargestellt, sichert die Anwendbarkeit sowohl im Detail als auch in der Abstraktion und den Zwischenebenen.
AF7: Verfolgbarkeit der Entwicklung über den gesamten Projektzeitraum	fraglich	Die Vergabe der Identifikation von Elementen bei der Transformation liegt in den Händen der Implementierung. Von dieser wird die Eindeutigkeit zwar gefordert und angestrebt, allerdings kann es bei bestimmten Eingangsformaten vorkommen, dass eine sicher wiederholbare Zuordnung nicht möglich ist.

Anforderung	Status	Bemerkung
AN1: Möglichst geringer Mehraufwand, Vereinbarkeit mit ohnehin vorgesehenen Projektabläufen	fraglich	Der Aufwand zum Einsatz der Methodik ist stark von der Frage abhängig, inwieweit die Entwicklung schon formalen Prozessen folgt. Je eher diese existieren und ein gepflegtes Repository für alle Produktdaten verfügbar ist, umso geringerer Mehraufwand fällt an.
AN2: Performante Behandlung und Speicherung großer Datenmengen	fraglich	Diese Anforderung richtet sich an die Implementierung und findet daher bei deren Evaluation in Kapitel 8 Berücksichtigung.
AN3: Flexibilität durch Erweiterbarkeit	erfüllt	Die Methodik lässt an vielen Stellen Erweiterungen zu und stellt dem Anwender hohe Freiheitsgrade bei der Anpassung an den Anwendungskontext zur Verfügung. Dies betrifft sowohl die möglichen Eingangsformate und Ontologiemodelle als auch die Metriken zur Auswertung.
AD1: Domänenübergreifende Anwendbarkeit	erfüllt	Die Methodik trifft keine Einschränkungen bezüglich der Domäne, in der die beobachtete Produktentwicklung stattfindet.

Insgesamt lässt sich aus der Überprüfung der Anforderungen eine positive Bilanz ziehen. Die als problematisch gekennzeichneten Einträge werden im Rahmen der Implementierung gesondert betrachtet, da ihre Erfüllung zwar dort besondere Sorgfalt verlangt, hier aber keine Änderung des Konzepts notwendig macht.

Damit hat die Konzeption der Methodik zur Performanzmessung in der Produktentwicklung diesen ersten Test bestanden. Nach einem Einschub zu den Auswertungsmöglichkeiten durch Metriken (Kapitel 6) und der Betrachtung des Prototyps (Kapitel 7) stellt die Evaluation der Implementierung am Beispiel von Pick2Light (Kapitel 8) die nächste und abschließende Hürde dar.

Kapitel 6

Metriken auf dem integrierten Produktmodell

Mit dem integrierten Produktmodell entsteht eine semantische Repräsentation des Entwicklungsgegenstands. Bei der Anwendung des im Rahmen dieser Arbeit vorgeschlagenen Vorgehens wird ein solches Modell in regelmäßigen Abständen, beispielsweise wöchentlich, über den gesamten Projektverlauf hinweg generiert. In einem geeigneten Modellspeicher aufbewahrt, dienen diese Modelle als Grundlage zur Bewertung der Entwicklungsaktivität.

Zum Zwecke der Bewertung werden Metriken, also berechenbare Funktionen, deren Ergebnisse auf einer Messskala interpretierbar sind, auf verschiedenen Ebenen und Granularitätsstufen eingesetzt. Metriken lassen sich in die Dimensionen der konzeptionellen Metriken, die auf den Produktdaten arbeiten, und der Prozessmetriken, die den Verlauf der Entwicklung evaluieren, unterteilen. Je nach Ebene und Dimension sind verschiedene Berechnungen interessant, aussagekräftig oder kombinierbar. Unter der Maxime „Berechnen statt Berichten“ werden auf Basis der Messergebnisse Analysen des Projektfortschritts durchgeführt.

Betrachtet man die Organisationsstruktur von Unternehmen, so lässt sich bezüglich heute bereits verbreitet eingesetzter Metriken die Feststellung treffen, dass Berechnungen sowohl auf einem sehr abstrakten Level im Bereich der betriebswirtschaftlichen Kennzahlen (etwa dem „Return On Invest“, ROI) als auch gelegentlich mit einem starken Fokus auf Details (z. B. bei der Untersuchung von Prozessdurchführungszeiten) definiert und angewendet werden. Das im Rahmen dieses Kapitels vorgestellte Metriken-Framework bereitet die Überbrückung dieser Abstraktionsstufen vor, indem es eine Hierarchie von Metriken anbietet, die von Basisdaten bis zu abstrakten Kennzahlen reicht, und indem die Ergebnisse einer Metrik Eingangswerte zur Berechnung der nächsten, abstrakteren Metrik sind.

Ein Großteil dieser Hierarchie wird allerdings nicht im Rahmen der vorliegenden Dissertation, sondern im Zuge ergänzender Forschung entstehen. Die vorliegende Arbeit hat ihre Aufgabe, eine solide und erweiterbare Grundlage für eine solche Hierarchie zu legen, mit der Konzeption des integrierten Produktmodells im vorangegangenen Kapitel bereits erfüllt. Mit einem kurzen Blick in Richtung der Metriken und deren Umsetzung bietet dieser Abschnitt dennoch wertvolle Ein- und vor allem Ausblicke.

6.1 Metriken und Kennzahlen

Eine der Kernmotivationen des im Rahmen dieser Arbeit vorgestellten Ansatzes ist die Notwendigkeit, die Entscheidungsträger im Projekt mit tragfähigen Informationen zu versorgen. Dazu wird das integrierte Produktmodell, als Repräsentation des Entwicklungsgegenstands, mit Hilfe von Metriken und Kennzahlen untersucht. Auf diese Weise werden Entscheidungen auf Basis von Daten getroffen, die den Zustand und die Eigenschaften eines Projektes abbilden. Die Beschlüsse sind somit besser dokumentier-, vertret- und damit letztlich durchführbar.

Dieser Abschnitt veranschaulicht die Aktivitäten und Begriffe, die im Kontext der Informationsversorgung bedeutend sind. Die Auswertung des integrierten Produktmodells wird mit Hilfe von Reports visualisiert. Reports sind fokussierte Berichte, die Metrikenergebnisse unter semantischen Vorgaben bündeln. So sind etwa Reports zum Projektfortschritt, zur Ressourcenauslastung oder zur Produktqualität denkbar. Jeder Report bereitet Information auf, die zuvor mit Hilfe einer oder mehrerer Metriken (siehe unten) erzeugt wurde.

Information ist in diesem Zusammenhang als zweckorientiertes Wissen anzusehen, d. h. durch Information wird Wissen generiert, welches einen Neuigkeitsgehalt für den Empfänger besitzt. Bezüglich der Informationen herrscht in der Regel ein „Mangel im Überfluss“ (siehe z. B. [Gla05]), also eine nicht zufriedenstellende, wenig zweckorientierte Beziehung zwischen dem vorhandenen Datenangebot, der gestellten Informationsnachfrage und dem tatsächlichen Wissensbedarf. Reports bringen hier Angebot und Nachfrage zusammen und helfen bei der Filterung des Wissens aus der Informationsflut. Um diese Aufgabe erfüllen zu können, werden Reports im Rahmen der vorliegenden Arbeit nicht als statische Berichte verstanden, sondern vielmehr als dynamisch und konfigurierbar. Sie passen sich, vor allem mit Hilfe der ihnen zugrunde liegenden Metriken, dem Projektkontext an.

6.1.1 Metriken

Eine Metrik drückt einen beobachtbaren Sachverhalt in Form einer Maßzahl aus [DM00]. Die wesentliche Aufgabe von Metriken ist die Verdichtung von Informationen. Durch diese Verdichtung wird die Menge der zu betrachtenden Daten eingeschränkt und an die Zielgruppe, zum Beispiel den Projektmanager, angepasst. Das Überangebot an Information und daraus folgende Möglichkeiten für Fehlinterpretationen von Daten wird auf diese Weise vermindert. Die Verdichtung von Informationen geschieht durch die Abbildung der relevanten Merkmale des Betrachtungsgegenstands. Abschnitt 6.2 nennt zahlreiche Beispiele für Metriken.

Neben der Definition von Metriken ist auch die Interpretation ihrer Ergebnisse eine nicht triviale Aufgabe. In der Literatur wird im Zusammenhang mit Analysetätigkeiten von so genannten „Zahlenfriedhöfen“ gesprochen (siehe auch hier [Gla05]). Die mangelnde Aussagekraft der eigentlichen Maßzahlen wird in solchen Fällen durch die Hinzunahme von so genannten „Hilfsmetriken“ kaschiert. Dies schränkt die Aussagekraft zusätzlich ein, da die Entscheidungsträger den Überblick über den Sinn der Zahlen (den Bezug zum Objekt, welches analysiert wird) im Allgemeinen und die Bedeutung der Werte (im Sinne von Indikation) im Speziellen verlieren.

Bei Balzert [Bal00] resultieren daraus die folgenden Anforderungen an Metriken:

1. **Objektivität:** Der Messende hat keine subjektiven Einflüsse auf die Messung.
2. **Zuverlässigkeit:** Unter gleichen Bedingungen werden stets gleiche Messergebnisse bei Wiederholung der Messung erzielt.
3. **Validität:** Messergebnisse sind in Bezug auf die Messgröße eindeutig.
4. **Normierung:** Die Messergebnisse lassen sich auf einer Skala eindeutig abbilden.
5. **Vergleichbarkeit:** Es ist möglich, die Maßzahl mit anderen Werten in Relation zu setzen.
6. **Ökonomie:** Die Messung erfolgt kostengünstig.
7. **Nützlichkeit:** Das Maß weist eine praktische Anwendbarkeit auf, ist also hilfreich in Bezug auf das entsprechende Tätigkeitsfeld.

Diese Anforderungen sind leicht einsehbar, da sie darauf abzielen, dass der von einer Metrik berechnete Wert eine gesicherte Aussagekraft besitzt. Ein geordnetes Vorgehen bei der Bildung und Erhebung von Maßzahlen mit Hilfe von Metriken schafft die Voraussetzung für die Definition von validen Kennzahlen (siehe folgender Abschnitt). Balzert [Bal00] schlägt für die Gestaltung von Messprozessen folgendes Vorgehen vor:

1. **Definition der Messziele:** Bestimmt, welche Fragen von den Ergebnissen der Metrik beantwortet werden.
2. **Ableitung der Messaufgaben aus den Messzielen:** Zerlegt den Weg zur Erreichung des Messziels in einzelne Schritte (Messaufgaben).
3. **Bestimmung der Messobjekte:** Legt fest, welche Artefakte und Komponenten des zu vermessenden Systems untersucht werden.
4. **Festlegen von Messgröße und Messeinheit:** Klärt die formalen, mathematischen Grundlagen der Messung und bereitet die Interpretation der Ergebnisse vor.
5. **Zuordnung der Messmethoden und Messwerkzeuge zu den Messobjekten und Messgrößen:** Verknüpft die in den vorherigen Schritten getroffenen Festlegungen zu einem vollständigen Kontext, in dem valide Messungen durchführbar sind.
6. **Ermittlung der Messwerte:** Durchführung der vorbereiteten Messung.
7. **Interpretation der Messwerte:** Die Resultate der Messung werden zur Beantwortung der Fragen, die im Rahmen der Messziele definiert wurden, herangezogen.

Ein ähnliches Vorgehen schlägt das von Basili et al. definierte GQM-Verfahren vor. Da dieses im Rahmen der Arbeit bevorzugt Anwendung findet, widmet sich Abschnitt 6.1.3 einer detaillierten Beschreibung.

6.1.2 Kennzahlen

Im Bereich der Betriebswirtschaft trifft man häufig den Begriff der „Kennzahl“ anstelle von „Metrik“ an [Gla05]. Kennzahlen beschreiben dabei sowohl die Berechnungsvorschrift als auch deren Ergebnis in Form einer Maßzahl. Innerhalb von Unternehmen wird auf Kennzahlen zurückgegriffen, wenn Entscheidungen getroffen, Prognosen aufgestellt oder der Unternehmenserfolg kontrolliert und beurteilt wird.

Produktentwicklungen haben in vielen Fällen großen Einfluss auf den Unternehmenserfolg und sind daher auch aus betriebswirtschaftlicher Sicht zu betrachten [Oph05]. Die Arbeit mit Kennzahlen entspricht bezüglich ihrer Motivation den Bemühungen zu Metriken. Erklärtes Ziel ist es, durch verbessertes Management und zuverlässigen Informationsfluss den Unternehmenserfolg zu steigern.

Als Zielkategorien für Kennzahlen im ökonomischen Sinne unterscheidet [Gla05] zwischen Formal- und Sachzielen. Vereinfacht betrachtet umfassen die Formalziele die Liquidität und den finanziellen Erfolg des Unternehmens und sind daher monetär ausgerichtet. Die Sachziele umfassen im Gegensatz dazu nichtmonetäre Faktoren. Dabei handelt es sich zum Beispiel um Produkt- oder Kundenziele. Beurteilt werden auf abstrakter Ebene unter anderem die Qualität von Produkten und Prozessen, die Kundenzufriedenheit oder auch der Marktanteil. Auch hier ist ersichtlich, dass für eine aussagekräftige Analyse die verschiedenartigen Zielkategorien nicht unabhängig voneinander betrachtet werden dürfen, da sie sich gegenseitig beeinflussen. Eine einseitige Perspektive im Bereich der Analyse kann dazu führen, dass möglicherweise frühzeitige Anzeichen für Fehlentwicklungen erst erkannt werden, wenn sie sich auf den Beobachtungsgegenstand, zum Beispiel die Liquidität des Unternehmens, auswirken.

Eine Philosophie, die diesen Gedanken aufgreift und eine ganzheitliche Beurteilung anregt, ist das sogenannte „Total Quality Management“ [Oph05]. Gerade Forschungs- und Entwicklungsprojekte erscheinen bei einer rein monetär geprägten Sichtweise oftmals als „Budgetverschwender“, da Erfolge in diesem Unternehmensbereich nur mittelbar sichtbar sind.

Im betrieblichen Controlling werden mit dem Ziel einer möglichst umfassenden, aber dennoch übersichtlichen und kompakten Analyse Kennzahlensysteme und Performance-Measurement-Systeme eingesetzt. Dabei sind Kennzahlensysteme klassisch monetär ausgerichtet. Als „Urahn“ aller Kennzahlensysteme gilt das „DuPont-Kennzahlensystem“ [GM06]. An der Spitze dieses Kennzahlensystems steht dabei die Gesamtkapitalrendite, auch bekannt als „Return on Investment“, ROI.

Der Aufbau von Kennzahlensystemen entspricht dem eines Rechensystems, bei dem die Wurzelkennzahl durch mathematische Zerlegungen in eine baumartige Struktur aufgegliedert wird. Die Wurzel des Baums stellt dabei die oberste Zielgröße dar, im Falle von DuPont die Gewinnmaximierung pro eingesetzter Kapitaleinheit. Ein anderer Typus des Kennzahlensystems ist das so genannte Ordnungssystem, in dem Kennzahlen nicht mathematisch, sondern sachlogisch strukturiert werden [Pre08]. Dies erfolgt zum Beispiel durch die Zuordnung von Kennzahlen zu Unternehmensbereichen.

Das hier vorgestellte Metriken-Framework strebt eine kombinierte Struktur aufeinander aufbauender Metriken und Maßzahlen an, die sich sachlogisch kombinieren lassen.

6.1.3 Goals, Questions, Metrics

Ein anerkanntes Verfahren zur Definition valider Metriken (und damit Kennzahlen) ist der Goal Question Metric (GQM)-Ansatz nach Basili und Rombach [BR88]. In deren Vorgehensmodell wird der Weg von den Messzielen bis zu den Messverfahren in Form geeigneter Metriken beschrieben. Die Projektplanung bildet dabei den Ausgangspunkt für die Konzeption eines Messprogramms. Dort werden die Ziele des Projekts festgelegt, aus denen sich auch die Ziele der Messungen ergeben. Abbildung 6.1 illustriert die auf Basis der Ziele des Messprogramms entstehende Hierarchie von Ziel(en), Fragestellungen und Metriken.

Die Motivation für die Definition der Metriken liefern die Ziele der Messungen (die Goals). Mit ihnen werden Ziele formuliert, die mit dem Projekt zu erreichen sind. In einem nächsten Schritt erfolgt die Instrumentalisierung der Ziele mit Hilfe konkreter, überprüfbarer Fragestellungen. Alle Fragen sind so formuliert, dass sich aus passenden Antworten Rückschlüsse auf die Erreichung des Ziels ergeben. Die Definition von Metriken (Metrics) erfolgt wiederum auf Basis dieser Fragen und sorgt für die Quantifizierbarkeit der Antworten. Sind nun Metriken definiert, deren Ergebnisse zur Beantwortung der Fragen beitragen, so ist auch der Bezug zu den Zielen hergestellt. Für jede Metrik sind zudem Soll-Werte festzulegen, da andernfalls keine Aussage über den Zielerreichungsgrad möglich ist. Die Festlegung von Soll-Werten ist in der Regel Teil der Projektplanung.

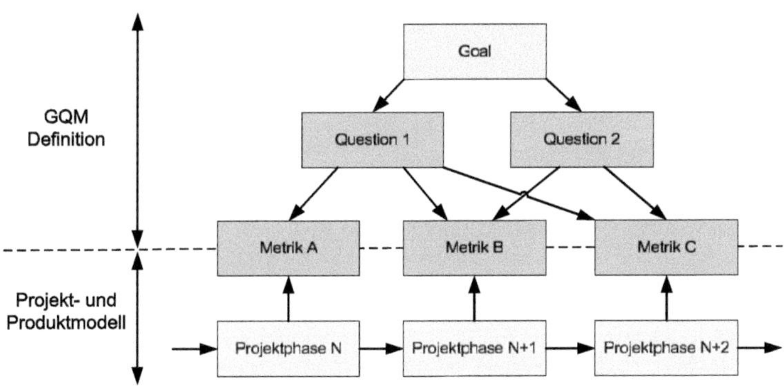

Abbildung 6.1: GQM-Hierarchie nach [EDBS05]

Nach der Definition von Metriken beginnt die Sammlung der zu analysierenden Daten. Dabei kommen Werte aus den verschiedenen Phasen des Projekts zusammen (Abbildung 6.1 unten). Die gesammelten Daten, also die in den Projektphasen entstehenden Artefakte und deren Eigenschaften, werden mit Hilfe der definierten Metriken vermessen. Die Messergebnisse erlauben ihrerseits die Beantwortung der Fragen, auf deren Basis sie entstanden sind. Unter Einbezug der festgelegten Soll-Werte ist anschließend die Bestimmung des Zielerreichungsgrads möglich. Abhängig davon, ob ein Ziel erreicht oder verfehlt wurde, können Steuermaßnahmen veranlasst werden, um den Zielerreichungsgrad zu optimieren [Tha00]. Nach erfolgreicher Definition eines Messprogramms werden die Metriken eingesetzt, um Projekte zu evaluieren und ggf. zu steuern. Abbildung 6.1 deutet auch an, dass die Verlässlichkeit der Antworten zu den abgeleiteten Fragestellungen im Projektverlauf zunimmt, da mit jeder Phase neue Metriken abwendbar werden, auf deren Auswertungen sich die Antworten stützen.

Das folgende Beispiel stellt einen einfachen GQM-Ansatz zur Sicherung hoher Produktqualität vor:

- **Goal:** Hohe (innere und äußere) Produktqualität
  - **Question 1:** Welcher Anteil der Eigenschaften aus der formalen Spezifikation des Produkts ist erfüllt?
    - **Metrik A:** Abgleich der Spezifikationswerte mit den aktuellen Ist-Werten aus dem Entwicklungsstand. Resultat: Prozentsatz der bereits erfüllten Anforderungen.
  - **Question 2:** Wie ist es um die innere Qualität des Produkts bestellt?
    - **Metrik B:** Welcher Anteil der verbauten Komponenten ist ordnungsgemäß und vollständig dokumentiert? Resultat: Prozentsatz dokumentierter Komponenten.
    - **Metrik C:** Wie hoch ist der Wiederverwendungsgrad? Resultat: Anteil der Komponenten, die bereits in anderen Produkten integriert sind.

6.2 Produktmetriken

Produktmetriken untersuchen die Eigenschaften des Entwicklungsgegenstands. Obwohl die Trennung zwischen Produkt und Prozess in der Produktentwicklung gelegentlich diffizil und unnatürlich erscheint, hilft sie dennoch im Hinblick auf Fragestellungen, die unabhängig vom Entwicklungskontext zu betrachten sind. Dazu gehören etwa Fragen nach Komplexität und Qualität eines Produkts, die – zum Zwecke der Vergleichbarkeit – unabhängig vom Prozess der Entstehung beantwortet werden. Die Bevorzugung von Produktmetriken hat auch praktische Gründe: In vielen Fällen lässt die Betrachtung des Prozesses Rückschlüsse auf Personen zu, gerade unter dem Banner der Performanzmessung stoßen die Designer personenbezogener Metriken so schnell auf den Einspruch des Betriebsrats.

Als ein steter Quell innovativer Produktmetriken hat sich der Forschungsbereich rund um Softwareprodukte erwiesen. Die dort entstehenden Produkte fordern mit ihrer zugleich formalen wie immateriellen Struktur eine Vermessung geradewegs heraus. Hinzu kommt die Erfahrung, dass viele Projekte zur Erstellung von Software, insbesondere bei großen und komplexen Systemen, ihre Zeit- und Kostenvorgaben nicht einhalten. Zusammen mit der Tatsache, dass Metriken hier, im Gegensatz zum Prototypenbau, keine oder kaum Kosten verursachen, führten diese Umstände zu der Vielzahl heute existierender Ansätze in der Branche. Der folgende Abschnitt 6.2.1 untersucht die wichtigsten Vertreter und deren Übertragbarkeit auf die allgemeine Produktentwicklung.

Wenngleich ergiebig, ist die Softwareforschung dennoch bei weitem nicht die einzige Quelle für Produktmetriken. Auch in anderen Branchen haben sich, auf verschiedenen

Abstraktionsebenen, Metriken in der Entwicklung etabliert. Abschnitt 6.2.2 zeigt hier die bedeutendsten Strömungen auf und betrachtet auch die vorhandenen Metriken aus dem Bereich des Chip-Designs. Diese gewinnen im Rahmen des durchgängigen Beispiels Pick2Light besondere Bedeutung.

Der Abschnitt zu Produktmetriken schließt mit Betrachtungen zur Übertragbarkeit der vorgestellten Metriken und zu den besonderen Möglichkeiten, die sich durch die Verwendung des integrierten Produktmodells als semantische Grundlagen ergeben. Zu allgemeinen Betrachtungen von Metriken als verwandte Arbeiten siehe auch Abschnitt 2.4.1, die dort genannten Beispiele werden hier noch weiter ergänzt und im Kontext der in Kapitel 5 vorgestellten Konzeption betrachtet.

6.2.1 Metriken in der Softwareentwicklung

[Som06] unterscheidet zwei Typen von Produktmetriken im Bereich der Softwareentwicklung. Zum einen nennt der Autor „dynamische Metriken“, bei denen die Messungen am Produkt während der Ausführung vorgenommen werden; „statische Metriken“ sind dagegen Messungen, die an den Artefakten des Produkts arbeiten, also z. B. dem Sourcecode. Diese Unterscheidung ist durchaus übertragbar, abstrakter formuliert handelt es sich um die Differenzierung in kontextfreie Dokumenten- und kontextsensitive Prototypentests [Geb03]. Da dynamische Metriken mit ihrer Fokussierung auf Zeitverhalten und Speicherverbrauch sehr speziell und damit nicht übertragbar sind, widmet sich der Abschnitt im Folgenden den statischen Metriken.

Der Quellcode der Software ist der zentrale Betrachtungsgegenstand bei der Entwicklung von statischen Metriken für Softwareprodukte. Der Schwerpunkt der Erforschung und Anwendung von Produktmetriken liegt damit bisher in der Implementierungsphase. Die Beurteilung vieler Aspekte, etwa der Softwarequalität, erfolgt in diesem Bereich notwendigerweise indirekt, da der Bezug zu den Anforderungen und der Konzeption nur mittelbar und nicht formalisiert vorliegt.

Die vorgenommenen Messungen zielen daher auf die Abbildung von Eigenschaften wie Länge, Funktionalität oder Struktur des Sourcecodes ab [FP97]. Diese internen Merkmale werden anschließend herangezogen, um externe Merkmale wie Komplexität, Qualität oder Wartbarkeit abzuleiten. Zur Veranschaulichung werden im Folgenden einige Beispiele für Softwaremetriken aufgeführt.

Einer der geläufigsten Ansätze für eine Softwaremetrik ist „Lines of Code“ (kurz LOC, auch [FP97]). LOC werden in der Literatur oftmals als Beispiel für Metriken herangezogen, da sie eine relativ einfache Größe beschreibt, sich mit ihrer Hilfe aber gleichzeitig viele Probleme aufzeigen lassen, die beim Einsatz und der Definition von Metriken auftreten. Grundsätzlich bildet die LOC-Metrik die „Größe“ einer Softwareapplikation ab, indem die Anzahl der Programmzeilen gezählt wird.

Die LOC-Metrik wird auch zur Produktivitätsmessung eingesetzt. Dabei wird das Problem deutlich, welches bei mangelnder Verbindung zwischen einer Zielsetzung und der Definition einer Metrik entsteht. So lässt sich mit der LOC Metrik weder eine Aussage über die Qualität des erstellten Sourcecodes noch über die Komplexität des gelösten Problems treffen. Derartige Faktoren sind jedoch in Hinblick auf die Bewertung geleisteter Arbeit einzubeziehen. Aus diesem Grund sind LOC nicht zur Messung von Produktivität einsetzbar. Bei Betrachtung der in Abschnitt 6.1.1 gelisteten Kriterien für Metriken ist dieser Umstand direkt ablesbar: Zwar erfüllt die LOC-Metrik die ersten sechs Kriterien und ist daher auch ein beliebtes Maß, scheitert jedoch mangels Fokussierung am siebten Punkt, der Nützlichkeit. Die extensive Anwendung solcher scheinbar korrekten Metriken hat dazu beigetragen, Metriken in der Produktentwicklung einen zweifelhaften Ruf einzubringen.

In Bezug auf objektorientierte Programmiersprachen hat sich eine eigene Klasse von Metriken herausgebildet, welche zur Bewertung von Komplexität, Umfang oder anderen Attributen auf objektorientierte Konstrukte zurückgreifen. Ein Beispiel hierfür ist die Metrik-Suite von Chidamber und Kemerer [FP97], die unter anderem die Metrik „Depth of inheritance tree" definiert. Diese nimmt Bezug auf das Konzept der Vererbung und misst, von einer beobachteten Klasse ausgehend, die Zahl der Oberklassen bis hin zur Wurzel des Vererbungsbaums. Der resultierende Wert gestattet Rückschlüsse auf die Komplexität der Vererbungsstruktur, welche einerseits auf die gute Strukturierung einer Softwarekomponente, jedoch andererseits auch auf zu hohe Komplexität und – damit verbunden – erhöhte Fehlerwahrscheinlichkeit hinweist.

Daneben existiert eine Vielzahl von weiteren Metriken, die zur Abbildung von verschiedenen Aspekten von Software entwickelt wurden. Viele Ansätze wurden in der Praxis erfolgreich eingesetzt, es hat sich aber herausgestellt, dass der Erfolg bei der Nutzung von Metriken oftmals von der Erfahrung mit der Domäne und dem betriebenen Aufwand bei der Einführung von Messaktivitäten abhängt. Bei allen vorgestellten Metriken wird wiederum sofort deutlich, dass die Aufgabe des Metrikendesigners nicht nur in der Formulierung und Durchführung der Messung liegen kann, sondern auch die Interpretation der Ergebnisse besondere Aufmerksamkeit erfordert.

Besondere Schwierigkeiten entstehen bei der Orientierung des zu schaffenden Produkts an den Anforderungen des Kunden sowie allgemein bei der Erfassung von Softwarequalität. Der Fertigstellungsgrad eines Softwareprodukts ist schwer automatisiert zu erfassen. Hier ist eine Lösung gefragt, die eine integrierte Datenmodellierung und ein zeitnahes, projektbegleitendes Reporting bietet.

6.2.2 Metriken in der allgemeinen Produktentwicklung

Auch in anderen Bereichen der industriellen Produktentwicklung besteht der Bedarf, Analysemethoden und Kennzahlen in das Projekt- und Produktdatenmanagement einzubinden, um eine Verdichtung der Daten zu erreichen und aus diesen Rückschlüsse auf Produkt und Prozess zu gewinnen. Als weiterer Anwendungsfall für die Produktentwicklung wird in der zweiten Hälfte dieses Abschnitts das Chip-Design betrachtet.

Im Bereich der industriellen Produktentwicklung unterliegen Produkte und Prozesse einer Vielzahl von Einflüssen. In Anbetracht immer kürzer werdender Produktlebenszyklen [Ste04] besteht hier die Herausforderung, innerhalb enger zeitlicher Beschränkungen ein Produkt zu konstruieren, welches am Markt erfolgreich ist. Neben der Qualität des Produkts ist die Erfüllung der Kundenanforderungen von zentraler Bedeutung. Weiterhin sind die Entwicklungs- und Produktionskosten zu minimieren, um trotz engerer Gewinnmargen Profitabilität zu erreichen.

Ein wichtiges Schlagwort im Bereich von Messungen und Analysen im betrieblichen Umfeld ist die ISO 9000ff. Diese Norm beschreibt Anforderungen zur Bewertung von Produkten und Prozessen innerhalb eines Qualitätsmanagementsystems (QMS). Aussagen der Norm bezüglich Messungen und Analysen werden z. B. von [Bec06] beschrieben und erläutert. Für Produkte und Prozesse sind demnach entsprechende Mess- und Prüfverfahren zu definieren. Diese Verfahren erfassen und analysieren unter anderem Daten zur Kundenzufriedenheit oder zur Konformität von Produkten mit ihrer Spezifikation. Das QMS selbst ist als Bestandteil der Eigenschaften von Produkten und Prozessen zu sehen und unterliegt damit ebenfalls der Bewertung durch so genannte „Audits". Der Standard ordnet der Abbildung und Analyse von Produkten und Prozessen eine hohe Bedeutung zu. Der Schwerpunkt liegt dabei auf der Erhöhung der Kundenzufriedenheit. Die Norm ist prozessorientiert und definiert einen weit gehaltenen Rahmen von Maßnahmen, die je nach anwendendem Unternehmen auszugestalten sind.

In Bezug auf die Domäne des Chip-Designs nimmt die technische Komplexität des Produkts eine zentrale Rolle ein. Der Umfang von integrierten Schaltungen, wie etwa Prozessoren, steigt sehr schnell an, während die Größe der Fertigungsstrukturen mit derselben Geschwindigkeit sinkt. Dennoch sind auch hier Produkte möglichst schnell und plangerecht fertigzustellen („time to market", siehe [Ste04]), damit das Ergebnis bei Verfügbarkeit auf dem Markt noch den Anforderungen der Kunden entspricht und nicht bereits von einem konkurrierenden Produkt überholt wurde. Schlüsselfaktoren zur Erreichung dieser Ziele sind eine Erhöhung der Produktivität und die Gewährleistung einer hohen Qualität. Da diese Eigenschaften schwer festzustellen sind, ist auch im Bereich Chip-Design das Thema Metriken zunehmend populär geworden.

Ein Beispiel für Metrikeinsatz im Chip-Design ist im Kontext der VHDL zu finden. VHDL ist, wie in Kapitel 5 bereits eingeführt, eine Sprache zur Beschreibung von digitalen elektronischen Schaltungen. Die Motivation zur Entwicklung dieser Sprache bestand darin, einen Standard zur Dokumentation von Struktur und Funktion integrierter Schaltungen zu schaffen. Die Metriken im Bereich VHDL verfolgen die klassischen Ziele aus dem Softwareengineering. Die Qualität des Schaltungsdesigns wird anhand seiner Eigenschaften wie etwa der Komplexität beurteilt. VHDL-Metriken werden zum Beispiel schon in [Mas95] konzipiert. Die Erfassung der Komplexität erfolgt dort mit einer an McCabes Cyclomatic Complexity (siehe Abschnitt 2.4.1) angelehnten Metrik.

Neben solchen dem Softwareengineering entlehnten Metriken haben sich aber auch spezielle Anwendungen zu Chip-Design-spezifischen Fragestellungen herausgebildet. Dabei steht die Berechnung von Produkteigenschaften zu einem möglichst frühen Zeitpunkt der Entwicklung im Fokus. Vor dem Hintergrund des sehr komplexen und kostenintensiven Designflows für Chips wird so versucht, die Zahl der nötigen Respins (d. h. Entwicklungszyklen) durch zeitnahe Problemerkennung zu minimieren. So bietet etwa das Oldenburger Unternehmen ChipVision ein Werkzeug zur Powerabschätzung auf VHDL-Basis an.

Auch im Chip-Design besteht das Streben nach einem möglichst umfassenden Metrik-Framework. [Gut06] schlägt vor, die technischen Eigenschaften eines Designs (z. B. Taktrate, Anteil geistigen Eigentums etc.), dessen Qualitätseigenschaften (Flächennutzung, Verlustleistung) und die Ressourcenauslastung innerhalb eines Projekts gemeinsam zu betrachten. Zudem wird die verstärkte Betrachtung der Verschränkungen zwischen Design und Produktion angeregt (siehe [GM05]), da die Anzahl der Defekte in der Produktion zu einem entscheidenden Teil von der Qualität des Chip-Designs abhängt. Eine zusammenhängende Bewertung von Design und Produktion führt dem Autor nach zu einer gewichtigen Verbesserung von Qualität und Produktivität.

Es sind im Bereich des Chip-Designs damit durchaus Ansätze zur Nutzung von Metriken vorhanden. Bisher existieren jedoch keine Standards für die Verwendung von Metriken und nur wenige, meist auf einen bestimmten Anwendungsfall spezialisierte Werkzeuge.

6.2.3 Vermessung des integrierten Produktmodells

In den beiden vorangegangen Abschnitten spiegelten sich die bereits recht umfassenden Vorarbeiten im Bereich der Metriken. Auffällig bleibt jedoch, dass es sich hierbei in den allermeisten Fällen um „Insellösungen" handelt, die nur einer speziellen Fragestellung gerecht werden. Dies resultiert unter anderem aus den vorhandenen Modellgrenzen in der Produktentwicklung, die es einer Metrik unmöglich machen, etwa Informationen aus Konzeption und Implementierung zu kombinieren und gemeinsam auszuwerten. Noch deutlicher wird diese Lücke bei Fragen nach der Anforderungserfüllung. Offensichtlich müssen die entsprechenden Metriken Messungen am Entwicklungsgegenstand und zugleich an der Spezifikation desselben vornehmen. Eine solche Metrik lässt sich zwar abstrakt definieren, aufgrund der Modellgrenzen zwischen Implementierung und Anforderungsdefinition aber nur mit hohem Aufwand und ohne Wiederverwendbarkeit umsetzen und algorithmisch auswerten.

Das im Rahmen dieser Arbeit vorgeschlagene integrierte Produktmodell auf Basis semantisch ausdrucksstarker Ontologien begegnet dieser Einschränkung. Wie in Kapitel 5 gezeigt, überwindet es vorhandene Modellgrenzen durch die Transformation und Integration der relevanten Teile aller Partialmodelle in eine gemeinsame Repräsentation.

Vor diesem Hintergrund potenzieren sich die Auswertungsmöglichkeiten. Zuvor auf einzelne Partialmodelle beschränkte Ansätze werden nun übertragbar, Zusatzinformationen stehen nicht mehr mittelbar, sondern direkt und synchronisiert zur Verfügung. Zudem ermöglicht das neue semantische Format den Einsatz von Reasonern (siehe Abschnitt 3.4.2), die implizit vorhandene Information aus den integrierten Produktmodellen ableiten und den Metriken zur Verfügung stellen.

Neben der gemeinsamen Repräsentation der Artefakte der Entwicklung, etwa den Anforderungen, Funktionen, Geometrien oder Chip-Komponenten, kommt mit der Entstehung des integrierten Produktmodells ein weiterer, für das Potenzial von Metriken entscheidender Faktor hinzu. In den Ontologiemodellen lassen sich zusätzlich die Relationen zwischen den Artefakten abbilden. Auf diesem Wege wird wertvolles Entwicklerwissen der Form „Die Anforderung X resultiert in Funktion Y aus der Konzeption und ist mit Hilfe von Testumgebung Z zu überprüfen" externalisiert. Die Verfügbarkeit dieser Zusammenhänge bedeutet einen Qualitätssprung und lässt Metriken in neue Dimensionen vorstoßen.

Zur Illustration dieser Möglichkeiten stellt der folgende Abschnitt zunächst das Konzept für ein Definitions- und Ausführungswerkzeug von Metriken, im Folgenden als „Metrikumgebung" referenziert, vor. Diese erlaubt nicht nur die flexible Definition und Bündelung von Metriken auf integrierten Produktmodellen, sondern auch deren Hierarchisierung. Konkrete Beispiele für solche Metriken und deren Anwendung finden sich in Kapitel 8 zur Evaluation.

6.3 Grundsteinlegung für die Metrikenhierarchie

Die Mehrzahl der im vorangegangenen Abschnitt genannten Produktmetriken befasst sich mit konkreten Eigenschaften des Entwicklungsgegenstands. Bezüglich der hier angestrebten Konzeption des Metrik-Frameworks erfordern zwei weitere Aspekte Berücksichtigung: einerseits die Hinwendung zu abstrakteren Fragestellungen, die die Definition entsprechender abstrakterer Metriken erfordert, und andererseits die Notwendigkeit der Schaffung einer Möglichkeit zur Metrikdefinition auf Ontologiemodellen. Während Abschnitt 6.3.1 dem ersten Erfordernis mit der Hierarchisierung von Metriken begegnet, erläutert Abschnitt 6.3.2 die Konzeption der Metrikumgebung für integrierte Produktmodelle.

6.3.1 Hierarchisierung von Metriken

Obwohl sich die vorliegende Arbeit von dem Bereich der abstrakten betriebswirtschaftlichen Evaluation von Entwicklungsprojekten abgrenzt und hier keinen eigenen wissenschaftlichen Beitrag leistet, ist es dennoch ihre Pflicht, darzustellen, dass sich Arbeiten zur Annäherung an diesen Themenkomplex vertrauensvoll auf sie stützen dürfen. Von besonderer Bedeutung ist daher die Forderung nach der Hierarchisierbarkeit der Metriken, wie sie klassischen ökonomischen Kennzahlensystemen entspricht und den Schritt von speziellen Produktmetriken zur abstrakten Produktivitätsmessung ermöglicht.

Ein anschauliches Beispiel für die angestrebte Hierarchisierung von Metriken ist wiederum im Kontext von Produktiv+ zu finden. Dort wird die in Abschnitt 5.3.3 vorgestellte Ontologie zur Repräsentation der physikalischen Implementierung verwendet. Diese Ontologie führt mehrere Abstraktionsstufen ein, mit dem Parameter als konkrete Ausprägung eines Eigenschaftswertes, dem Indikator als helfendes semantisches Gruppierungselement sowie der Qualität und Komplexität als abstrakte zu ermittelnde Zielgrößen. Die Qualität eines Designartefakts ist in der Ontologie als der Unterschied zwischen Soll- und Ist-Zustand modelliert.

Bei den zugehörigen Metriken geht es also um den numerischen Abgleich von Parameterwerten, deren Indikatoren mit erforderlicher und aktueller Qualität verknüpft sind.

Abbildung 6.2 erläutert diese Vorgehensweise. Dargestellt sind in Grün drei Instanzen der Ontologie: eine zur Repräsentation der Qualität des betrachteten Designartefakts (rechts) und zwei Instanzen des Trust-Indikators. Dabei gibt der obere Indikator die aktuellen (verbunden über die Relation „hat"), der untere die angestrebten Parameterwerte (verbunden über die Relation „strebt an") vor. Als Teile der Indikatoren finden sich jeweils drei beispielhafte Parameter zu Test Coverage, funktionalen und physikalischen Bugs repräsentiert.

Zugleich illustriert das Bild die Arbeit zweier hierarchisch aufeinander aufbauender Metriken. Während Metrik 1 für die Extraktion, Aufbereitung und Berechnung der Parameterwerte aus den Erzeugersystemen (hier in der Regel durch das Parsen von Logfiles realisiert) zuständig ist, nutzt Metrik 2 die erstellten Ergebnisse als Eingabe und verwendet sie zur Berechnung der Qualität. Jenseits der Abbildung sind weitere Metriken denkbar, die ihrerseits den schon recht abstrakten Qualitätswert als Eingabe verwenden und daraus, zum Beispiel in Kombination mit der Komplexität, auf die Produktivität schließen. Ein solches Vorgehen wird auch im Rahmen von Produktiv+ angestrebt.

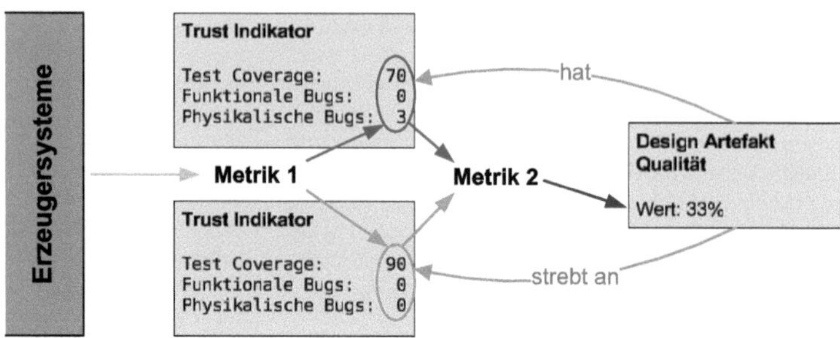

Abbildung 6.2: Hierarchisierung von Metriken auf der physikalischen Implementierung

Der folgende Abschnitt widmet sich der Konzeption einer Metrikumgebung, die neben anderen Fähigkeiten umfassende Unterstützung zur Hierarchisierung von Metriken liefert.

6.3.2 Konzeption der Metrikumgebung

Mit dem Begriff der Metrikumgebung wird im Rahmen dieser Arbeit ein Bündel von Sprachvorgaben, Methodiken und Werkzeugen referenziert, welches dazu geeignet ist, Metriken zu definieren, zu speichern, zu bearbeiten, auszuführen und schließlich deren Ergebnisse zu verwerten. Die in diesem Abschnitt entworfene Metrikumgebung wird als Teil der prototypischen Umsetzung implementiert, siehe Kapitel 7.

In Bezug auf die Konzeption der Metrikumgebung ergeben sich aus den obigen Betrachtungen und dem Einsatzkontext die folgenden Anforderungen:

1. **Flexibilität:** Art und inhaltliche Struktur der Daten sind für die Metrikumgebung transparent. Da die Umgebung als Teil des Prototyps im Kontext beliebiger Entwicklungsprojekte einsetzbar ist, darf sie keine Einschränkungen oder Voraussetzungen bezüglich der betrachtbaren Modelle festlegen.

2. **Hierarchisierbarkeit:** Es ist möglich, dass Metriken die Ergebnisse anderer Metriken nutzen. Diese Anforderung wurde im vorangegangenen Abschnitt 6.3.1 bereits ausführlich erläutert.

3. **Speicherbar in les- und ausführbarem Format:** Metrikdefinitionen werden als Datei(en) persistent gehalten. Das hierzu verwendete Format erfüllt die Anforderungen an Kompatibilität zu Standards, Les- und Editierbarkeit. Es ist zudem auf eine Art und Weise gestaltet, die die Metrikausführung unterstützt.

4. **Funktionsfähigkeit auf den a-boxen der Ontologien:** Als „Messobjekt" arbeiten alle Metriken auf dem integrierten Produktmodell, also den kombinierten a-boxen aller Partialmodelle. Deren besondere Tripel-Struktur (siehe Kapitel 3) ist entsprechend zu berücksichtigen.

5. **Erweiterbarkeit:** Neben mathematisch-logischen Operationen können Metriken die verschiedensten Elemente, etwa zur Sortierung, Priorisierung oder Auswahl von Werten, enthalten. Um hier nicht mit einer zu engen Vorstellung über die Inhalte von Metriken an Grenzen zu gelangen, ermöglicht die Umgebung die nachträgliche Definition spezialisierter Metrikelemente.
6. **Rapid Design:** Im Kontext des GQM-Ansatzes (Abschnitt 6.1.3) ist die schnelle und simple Möglichkeit zur Erstellung und Änderung von Metriken gefragt. Metrikdefinitionen lassen sich daher problemlos den betrachteten Fragestellungen anpassen. Die Umgebung unterstützt auch das direkte Testen von Metrikdefinitionen auf verschiedenen Modellen.
7. **Zusammenfassbarkeit:** Es ist möglich, die Metriken von einem Bericht aus anzustoßen, die Ergebnisse abzuholen und den semantischen Kontext des Berichts entsprechend zu visualisieren.

Die zur Begegnung dieser Anforderungen entworfene Konzeption für eine Metrikumgebung visualisiert Abbildung 6.3. Ausgangspunkt der Betrachtung ist der Benutzer (oben rechts), der über zwei Schnittstellen Einfluss auf die Arbeit des Systems nimmt. Zum einen obliegt ihm die Metrikdefinition unter Verwendung eines geeigneten Editors, zum anderen stößt er über den Aufruf eines Reports mittelbar die Metrikausführung an. Für beide Aufgaben bietet die in Kapitel 7 beschriebene prototypische Umsetzung der Metrikumgebung komfortable Ein- und Ausgabemöglichkeiten.

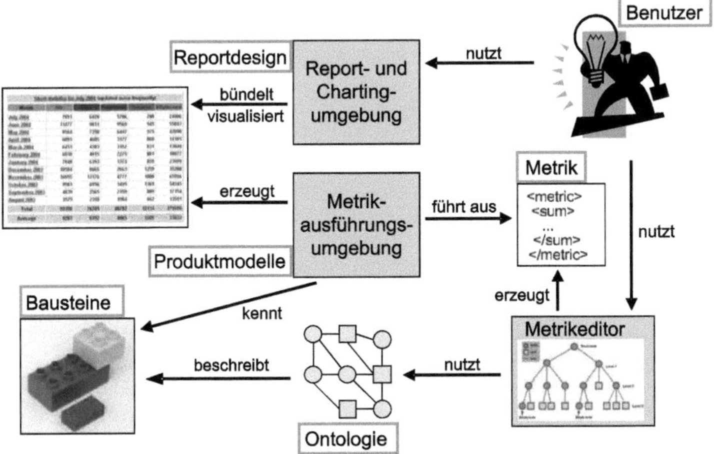

Abbildung 6.3: Aufbau der Metrikumgebung

Bei der Betrachtung der inneren Zusammenhänge aus Abbildung 6.3 nimmt die Metrikausführungsumgebung eine zentrale Rolle ein. Ihre Aufgabe ist es, die dem System bekannten Metriken zu verwalten und bei Bedarf zur Ausführung zu bringen. Die Nachfrage für Metrikergebnisse wird durch die Report- und Chartingumgebung generiert. Die drei wichtigsten Kernkonzepte aus Abbildung 6.3, die Metrikdefinition und -ausführung sowie das Reporting, erläutern die folgenden Absätze im Detail.

Metrikdefinition

Mittels der Metrikdefinition werden der Metrikausführungsumgebung neue Metriken hinzugefügt und bekanntgemacht sowie bestehende Metriken editiert. Bei den einzelnen Metriken handelt es sich um Formeln im mathematischen Sinne, die, als XML-Baum serialisiert, jeweils einzeln in Dateien abgelegt sind.

Jede Metrikdefinition hat bestimmten syntaktischen und semantischen Regeln zu genügen, wobei die syntaktischen in einer XML-Schema-Definition (XSD) festgelegt sind, während die semantischen in einer gesonderten Ontologie Platz finden. Neben den diversen mathematisch-logischen Operationen wie Addition, Multiplikation, Wertvergleichen etc. bestehen Metrikdefinitionen aus Referenzen auf Metrikbausteine (siehe Abbildung 6.3). Diese Bausteine werden beliebig kombiniert und ermöglichen letztlich den Zugriff auf das integrierte Produktmodell. Ein typischer Baustein wäre etwa der „InstanceExtractor", der das Produktmodell nach Instanzen, die gegebenen Bedingungen genügen, durchsucht und diese zurückliefert.

Ein weiterer wichtiger Baustein ist das „Insert-Element". Es ermöglicht den parametrisierten Aufruf einer bereits definierten Metrik und sorgt so für die oben geforderte Möglichkeit zur Hierarchisierung von Metriken. Sobald eine Metrik definiert sowie syntaktisch und semantisch valide ist, steht sie der Metrikausführungsumgebung zur Verfügung, wird in Reports referenziert und so zum Erzeugen von Ergebnissen verwendet.

Metrikausführung

Zur Ausführung der Metriken verwendet die Umgebung sowohl die Metrikdefinition als auch ihre Kenntnisse über die Metrikbausteine. Es erfolgt zunächst die Deserialisierung der XML-Definition aus der Metrikdatei. Da es sich hier um eine Baumstruktur handelt, kann die Definition mit recht einfachen algorithmischen Mitteln rekursiv durchlaufen werden. Für jeden Rekursionsschritt ergeben sich die folgenden Optionen:

1. Wenn das aktuelle Element einen Rückgabewert liefert, dann erfolgen der Abbruch der Rekursion und die Rückgabe des Wertes.

2. Wenn das aktuelle Element eine mathematisch-logische Operation definiert, dann bestimmt der nächste Schritt deren Operanden durch die Erhöhung der Rekursionstiefe.

3. Wenn das aktuelle Element einen Baustein referenziert, dann erfolgt die Auswertung des Bausteins.

4. Wenn das aktuelle Element ein „Insert-Element" ist, dann wird die Ausführung der referenzierten Metrik eingeschoben und der Rückgabewert genutzt.

Das aktuelle Element ist hierbei jeweils als der zum gegebenen Zeitpunkt vom Algorithmus betrachtete Knoten im XML-Baum zu verstehen. Die Verarbeitung der Metrikdefinition beginnt an der Wurzel und endet mit der Rückgabe des Ergebniswertes. Je nach Aufbau der Metrik kann es sich dabei auch um eine Menge von Werten handeln.

Reporting

Die Report- und Chartingumgebung, in Abbildung 6.3 oben mittig, erzeugt kontextbehaftete, semantisch reiche Auswertungen, indem sie die durch die Metrikausführung erzeugten Werte bündelt und visualisiert. Dem Benutzer wird zusätzlich die Möglichkeit an die Hand gegeben, eigene Berichte entsprechend individuellen Ansprüchen zu erstellen. Obwohl deren Design unabhängig von der Metrikdefinition stattfindet, können die Reports dennoch auf Metriken referenzieren und deren Ergebnisse nutzen. Zu diesem Zweck wird eine Reportdesigndatei verwendet, die alle notwendigen Informationen, sowohl zu Layout und Struktur des Berichts als auch zu den verwendeten Metriken, enthält. Reportdesigndateien werden dann von der Report- und Chartingumgebung bei Bedarf interpretiert und ausgeführt (engl. „rendering"). Aufgrund des hohen Aufwands zur Erstellung einer solchen Umgebung für Berichte verwendet der Prototyp die bereits bestehenden Bibliotheken von BIRT[1].

Die Definition konkreter Metriken und Reports auf Basis der oben skizzierten Konzeption ist Aufgabe der Evaluation des Ansatzes und in Kapitel 8 ausführlich beleuchtet. Dort finden sich zahlreiche Beispiele für ontologiebasierte Produktmetriken, deren Zusammenfassung in dynamischen Berichten sowie einige Screenshots.

Eine Rekapitulation der oben aufgelisteten Anforderungen an die Metrikumgebung zeigt abschließend, dass diese durch die soeben vorgestellte Konzeption sämtlich erfüllt sind.

6.4 Metriken zu Prozessen und zum Projektmanagement

Ähnlich der Integration von Projektdaten (siehe Abschnitt 5.4.1 im Kapitel zur Konzeption) erweitert die Betrachtung von Prozessen und Entscheidungen des Projektmanagements den Auswertungsrahmen beträchtlich. Gerade in Richtung von Simulation und Vorhersage sind Projekt- und Prozessmetriken, die den Zeitbezug explizit berücksichtigen, notwendig. Mit ihrer Hilfe lassen sich Fragen zu den Auswirkungen von Konfigurationsänderungen oder von der Einführung neuer Werkzeuge beantworten. Jan Strickmann widmet sich diesen Aufgaben in seiner oben bereits referenzierten Dissertation [Str08].

[1] Business Intelligence Reporting Tools, http://www.eclipse.org/birt

Kapitel 7

Prototypische Umsetzung

IM Rahmen der vorliegenden Arbeit finden umfangreiche Anstrengungen zur Umsetzung des Konzepts statt, die sich in der Entwicklung des Werkzeugs „Permeter", als Kurzform für „**Per**formanz**meter**", manifestieren[1]. Im oben beschriebenen Projektkontext von Produktiv+ konnte zudem eine ausführliche Evaluation durchgeführt werden, der mit Kapitel 8 ein eigener Abschnitt gewidmet ist.

Das hier folgende Kapitel erläutert die Details zur prototypischen Umsetzung. Dazu werden zunächst die genutzten Technologien beschrieben, die es ermöglichen, Permeter auf einem hohen funktionalen Niveau mit überschaubarem Aufwand zu realisieren. Der Feinentwurf illustriert die angestrebte Funktionsweise der Software mit Hilfe von Referenzen auf eingesetzte Design-Patterns der Softwareentwicklung und von Schaubildern.

Im Detail werden dann zwei der komplexesten und innovativsten Softwarekomponenten beschrieben, der Matrixeditor zur semantischen Verknüpfung von Ontologieinstanzen sowie die Ausführungs- und Designumgebungen für Metriken und Reports. Während Ersterer zur Erstellung des integrierten Produktmodells beiträgt, erlauben Letztere die Auswertung von Projekten und die Visualisierung ihres Fortschritts. Zur Illustration der Funktionsweise und -vielfalt des Prototyps dienen zahlreiche Bildschirmfotos.

7.1 Enabling Technologies

Die mit dem in dieser Arbeit vorgestellten Ansatz zur Performanzmessung in der Produktentwicklung verknüpften Anforderungen (Kapitel 1) spiegeln sich nicht nur in der Konzeption (Kapitel 5 und 6), sondern auch in deren Umsetzung wider. Notwendigkeiten wie die allgemeine, branchenübergreifende Einsetzbarkeit oder die verlässliche Speicherung großer und komplexer Produktmodelle verlangen die sorgfältige Auswahl geeigneter Technologien ebenso wie die begrenzten Ressourcen zur Implementierung.

So erfordert etwa die universelle Einsetzbarkeit die plattformunabhängige Implementierung von Permeter. Diese Einschätzung bestätigte sich bei der Evaluation (Kapitel 8) des Ansatzes: Während in der Automobilbranche Windows-basierte Lösungen Anerkennung finden, setzen die Chip-Designer auf Unix und Solaris. Die Anwendung ist daher betriebssystemunabhängig implementiert. Zu den verwendeten Technologien zählen Java

[1] http://www.permeter.de

als Programmiersprache, die Eclipse Rich Client Platform (RCP) für die komponentenbasierte Softwareentwicklung sowie Jena als API (Application Programming Interface) für den Zugriff auf Ontologiemodelle. Reporting- und Graphikbibliotheken runden den Kanon ab.

Dieser Abschnitt zu den Enabling Technologies erläutert lediglich die wichtigsten Technologien im Detail. Die Anwendung nutzt zusätzlich eine Reihe weiterer Bibliotheken, wie zum Beispiel XML-Parser, vorgefertigte Gantt-Charts oder den Matrixeditor (Abschnitt 7.4).

7.1.1 Jena

Permeter verwendet zahlreiche OWL-Modelle, also Ontologien, zur Repräsentation von (Teil-)Produkten. Da der Umgang mit diesen Modellen den Kern der Funktionalität von Permeter ausmacht, benötigt die Anwendung eine ausgereifte API für den Zugriff auf und die Manipulation von OWL-Modellen.

Eine solche API bietet Jena (siehe auch Abschnitt 3.4.3), eine im Jahre 2001 veröffentliche und kontinuierlich weiterentwickelte Schnittstelle aus dem Hause Hewlett-Packard, die sich durch professionelles Niveau, eine hohen Reifegrad und umfassenden Support auszeichnet. Wie in Abschnitt 3.1.3 erläutert, sind Ontologien auf verschiedenen Abstraktionsebenen betrachtbar. Jena unterstützt sowohl die Statement-Sicht (Tripel) als auch die gehobenere Sicht auf Klassen und Instanzen als Java-Objekte. Weiterhin stellt die API eine Vielzahl von Möglichkeiten zum Laden und Speichern von Ontologiemodellen zur Verfügung, darunter auch die Anbindung an verschiedene Datenbanksysteme.

Ein wichtiger Vorteil ist zudem das ausgereifte Reasoner-Konzept von Jena. Jedes Modell wird in Jena mit einer so genannten „Modellspezifikation" geladen, die unter anderem angibt, welcher Reasoner Anwendung findet. Jena bietet hier selbst einige gängige Auswahlmöglichkeiten und ist außerdem erweiterbar. Im Kontext von Permeter kommt häufig der Pellet Reasoner zum Einsatz, der, über die Modellspezifikation referenziert, als Plugin zu Jena verfügbar ist (zu den Details siehe Abschnitte 3.4.2 und 3.4.3).

7.1.2 Eclipse RCP

Bei Eclipse handelt es sich um ein zusammenhängendes System von Softwarekomponenten, das sich selbst als „offene Plattform für alles, und nichts im Besonderen" [ML05] bezeichnet. Der grundlegende Teil von Eclipse ist die „Eclipse Platform", die Möglichkeiten zur Dateiverwaltung bietet und simple Texteditoren zur Verfügung stellt. Damit bildet sie die Basis für die Realisierung von Entwicklungsumgebungen (kurz IDEs), die zur Unterstützung bei der Entwicklung (von Software) dienen. Entsprechend entstanden in der Vergangenheit verschiedene IDEs auf Eclipse-Basis, die umfangreiche Möglichkeiten zur Realisierung von Software in Java, C# und anderen Programmiersprachen bieten. Die potentiell zur Verfügung stehende Funktionalität bei Nutzung von Eclipse reicht jedoch über die Nutzung als IDE weit hinaus.

Der Grund dafür liegt in der Charakteristik von Eclipse als Plugin-basiertes Produkt. Vereinfacht dargestellt zeichnet sich ein Plugin dadurch aus, dass es eine definierte Funktionalität kapselt und zur Verfügung stellt. Zudem ist es in der Lage, mit anderen Plugins zu interagieren. Durch die Verwendung einer bestimmten Konfiguration, d. h. Auswahl, von Plugins verändern sich die Charakteristik und das Aussehen des resultierenden Produktes. So besteht die Eclipse Java-IDE einfach aus der grundlegenden Plattform plus einer Zusammenstellung von Plugins für das Bearbeiten, Kompilieren und Ausführen von Java-Programmcode.

Mit der Einführung von Eclipse 3.0 im Jahre 2005 entstand die Eclipse „Rich Client Platform“ (kurz RCP). Auch hier handelt es sich um eine Zusammenstellung von Plugins. Die zur Verfügung gestellte Funktionalität ist dabei so gewählt, dass auf Basis der RCP individuelle Anwendungen für beliebige Anwendungskontexte komfortabel erstellt werden können. Nutzer der Eclipse RCP fangen mit ihrer Entwicklung daher nicht auf dem „grünen Rasen“ an, sondern greifen auf eine Vielzahl bereits definierter Routinen und Bibliotheken zurück. Dazu gehören mit dem SWT (Standard Window Toolkit) und der JFace-Bibliothek auch Komponenten zur Gestaltung von Benutzungsoberflächen.

Die Eclipse RCP wird als Basis der Anwendung Permeter genutzt. Entsprechend wird die Funktionalität von Permeter in Form von Plugins bereitgestellt. Dies resultiert unter anderem in einer sauberen, komponentenorientierten Entwicklung und sorgt für die Möglichkeit, verschiedene Produktkonfigurationen, etwa für verschiedene Branchen, anzubieten.

7.1.3 BIRT

Die Erstellung von Berichten und Reports erfolgt in der Implementierung von Permeter durch die Nutzung von BIRT (Business Intelligence and Reporting Tools). Diese Bibliothek wurde ursprünglich von dem US-amerikanischen Unternehmen Actuate entwickelt, steht inzwischen aber in vollem Umfang als Komponente für Eclipse zur Verfügung.

Die Funktionalität von BIRT teilt sich in Report Editor und Report Engine. Während der Editor die Gestaltung von Reportdesigns ermöglicht, erfolgt deren Ausführung mit Hilfe der Engine, die als Plugin Teil des Permeter Rich Clients ist. Entsprechend ergibt sich ein zweistufiges Verfahren:

1. **Design:** Mit Hilfe eines designierten Editors wird der Report entwickelt, d. h. es werden Layout, textuelle, graphische und numerische Inhalte sowie deren Quellen definiert. Als Datenquellen kommen neben Dateien, Datenbanken und Web Services auch nach einem festgelegten Muster selbstdefinierte Inhalte in Frage. Permeter erweitert BIRT um die Möglichkeit, Metrikergebnisse als Datenquelle zu verwenden.

2. **Ausführung:** Ein gewähltes Design wird in ein Zielformat (z. B. HTML oder PDF) überführt. Während des Prozesses werden die im Design definierten Quellen nach aktuellen Werten für die Darstellung abgefragt. Beispielsweise kann die zuständige Engine eine Metrik auf dem integrierten Produktmodell ausführen und die entstandenen Ergebnisse in Report anzeigen.

Mit der Auswahl eines Reportdesigns wird so implizit die Berechnung der Metrikwerte durchgeführt und anschließend der Report erzeugt. BIRT ermöglicht die nahtlose Integration der Anzeige in Permeter und bietet darüber hinaus die Option, Reports in diversen weiteren Formaten zu exportieren. Die Darstellung eines Reports innerhalb von Permeter ist in Abbildung 7.6 zu sehen.

7.1.4 Graphische Editoren mit GEF, EMF und GMF

Schließlich sind noch die verschiedenen Projekte zu nennen, die sich das Ziel gesetzt haben, Eclipse um graphische Editoren zu erweitern. Ein solches Projekt ist das GEF (Graphical Editing Framework). Dieses erlaubt die Erstellung von graphischen Editoren für Modelldaten. Die Verbindung zwischen dem Modell, welches zu bearbeiten ist, und seiner Visualisierung erfolgt nach dem „Model View Controller"-Prinzip [Som06]. Der Controller verbindet das Modell dabei mit seiner graphischen Repräsentation und sorgt für die Übertragung von Änderungen des Nutzers in die Datenebene.

In Permeter wird das Eclipse Graphical Modelling Framework (kurz GMF) eingesetzt, das die Funktionalität von GEF um die des Eclipse Modelling Frameworks (kurz EMF) ergänzt. Das EMF erlaubt es, basierend auf einem strukturierten Modell, Applikationen zu generieren. So können z. B. Applikationen generiert werden, die Instanzen des Modells erzeugen, bearbeiten und speichern. Das Modell, auf dem die Applikation basiert, wird dabei aus einem XML-Schema erstellt.

Das GMF vereint demnach die Funktionen von EMF und GEF. Auf diese Weise lassen sich, ausgehend von Daten- (aus dem EMF) und Applikationsmodell (aus dem GEF), graphische Editoren erzeugen, die ein hohes Maß an Funktionalität zur Erstellung, Bearbeitung und Validierung von Modellinstanzen bieten. Damit entspricht die Funktionalität von GMF-basierten Editoren genau den Anforderungen, die an einen Editor zur Erstellung von Metriken in XML-Form im Kontext von Permeter gestellt werden (siehe Abschnitt 6.3.2). Dieser Editor wurde zur Unterstützung eines komfortablen Designs von Metriken als Teil von Permeter entwickelt.

7.2 Feinentwurf

Der Feinentwurf und der nachfolgende Abschnitt zur Umsetzung beschreiben das Zusammenspiel der oben genannten Technologien und Bibliotheken mit dem Ziel der Implementierung von Permeter. Aus der Nutzung der Eclipse Platform ergibt sich ein komponentenbasierter Entwurf, in dem voneinander abhängige Systemteile kommunizieren. Die Darstellung von Entwurf und Umsetzung orientiert sich an diesen Komponenten, ihren Schnittstellen und ihren Interaktionen.

Einen ersten abstrakten Überblick bietet dazu die allgemeine Architekturbeschreibung im folgenden Abschnitt. Sie erläutert und visualisiert die grobe Struktur der Anwendung und nennt die wichtigsten Komponenten. Dabei fokussiert die Darstellung zunächst auf das Zusammenspiel der Systemelemente, also auf die Datenfluss- und Prozesssicht der Anwendung. Die nähere Beschreibung des jeweiligen „Innenlebens" der Komponenten findet sich in Abschnitt 7.3 zur Umsetzung.

Da die detaillierte Darstellung aller Entwurfsdetails den Rahmen dieser Arbeit sprengen würde, konzentrieren sich die nachfolgenden Sektionen 7.2.2 und 7.2.3 auf die im Zusammenhang mit der Konzeption besonders interessanten Bereiche. Erstere stellt die Mittel zur Modellverwaltung in Permeter vor, die als zentrale Kernfunktionalität bezüglich der Transformation, der Integration, aber auch der Auswertung von Produktdaten gelten kann. Abschnitt 7.2.3 widmet sich mit dem Import und Export von Modellen den Schnittstellen von Permeter zur Entwicklungssystemlandschaft auf der einen und zu den

Auswertungsmodulen auf der anderen Seite. Zunächst zeigt jedoch der hier direkt nachfolgende Abschnitt die allgemeine Architektur von Permeter auf.

7.2.1 Architektur

Die Architektur und komponentenbasierte Struktur von Permeter findet sich in Abbildung 7.1 skizziert. Die Anwendung wird dabei als (erweiterter) Permeter Rich Client dargestellt. Der komponentenorientierte Aufbau der Software und der Eclipse Platform ermöglicht es grundsätzlich, verschiedene Plugins (Komponenten) zu kombinieren und damit die Funktionalität der Anwendung zu verändern. So enthält der Permeter Rich Client standardmäßig keine Plugins für den Metrikeneditor, fügt man diese allerdings hinzu, so entsteht der erweiterte Client mit einer zusätzlichen Perspektive[2] zur graphischen Erstellung von Metriken. Ebenfalls auf diese Weise hinzufügen lässt sich der Reportdesigner aus dem BIRT-Paket, der die komfortable Erstellung von Berichten, beispielsweise unter Verwendung von Metrikergebnisdaten, erlaubt. In Abbildung 7.1 sind diese Erweiterungsmöglichkeiten als Inhalt der gestrichelten Box unterhalb des zentral angesiedelten Permeter Rich Clients repräsentiert.

Der Permeter Rich Client selbst definiert drei Perspektiven (Arbeitssichten):

1. **Projekt:** Entsprechend der (erweiterten) Konzeption des Ansatzes in Kapitel 5 unterstützt die Projektperspektive die Erstellung und Integration des Projektmodells. Dazu wird die Transformation des Projektmodells aus der aktuellen Form, also beispielsweise Microsoft Project, in die Struktur eines Semantischen Netzes angeboten. Zur Integration von Projekt- und Produktdaten dient anschließend der Matrixeditor (siehe unten).

2. **Produkt:** Die Produktperspektive bietet ganz ähnliche Funktionalitäten wie die Projektperspektive. Allerdings sind hier meist mehrere Transformationen notwendig, um den verschiedenen Formaten der Ursprungsmodelle Rechnung zu tragen. Auch die Integration erfordert vielfältigere Möglichkeiten, da nicht nur in Richtung Projekt, sondern auch zwischen den Produktpartialmodellen verknüpft wird.

3. **Analyse:** Die Analyseperspektive dient der Visualisierung von Metrikergebnissen im Sinne von Kapitel 6. Mit der angebotenen Oberfläche lassen sich Metriken ausführen und Berichte erzeugen.

Eine detaillierte Beschreibung zur Umsetzung der Perspektiven bietet der nachfolgende Abschnitt 7.3.2. Unter der Oberfläche der drei Perspektiven verbergen sich die Kernfunktionalitäten der Anwendung. Besondere Aufmerksamkeit verdienen hier die Modellverwaltung und die Mechanismen zum Import und Export von Modellen in die Anwendung hinein und aus ihr heraus. Beiden Aspekten ist daher im Folgenden ein gesonderter Abschnitt gewidmet.

In Abbildung 7.1 runden die Referenzen zur Eclipse Platform, auf der die Implementierung letztlich technisch beruht, zum Modellspeicher und den branchenspezifischen Plugins die Darstellung ab. Während der Modellspeicher im Abschnitt zum Import und

[2]Für eine ausführliche Erläuterung der besonderen Bedeutung der Begriffe „Perspektive“ und „Plugin“ im Kontext von Eclipse und Permeter siehe Abschnitt 7.3.

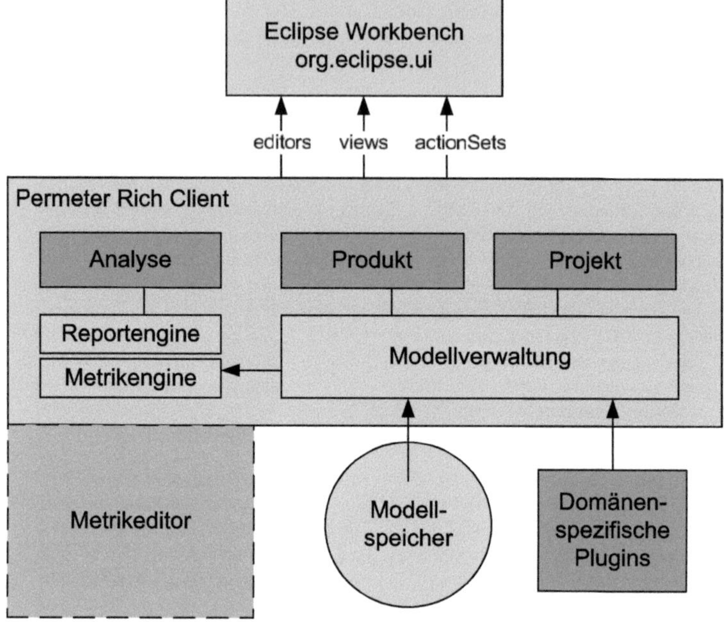

Abbildung 7.1: Architektur von Permeter

Export von Modellen eine zentrale Rolle spielt und dort erläutert wird, kommen die branchenspezifischen Plugins bei der Anwendung und Evaluation von Permeter ins Spiel. Deren Aufgaben und Struktur finden sich daher in Kapitel 8 erklärt.

7.2.2 Modellverwaltung

Dieser Abschnitt beschreibt die Verwaltung der Ontologien, die mit Hilfe von Permeter importiert und erzeugt werden. Die Betrachtungen sind dabei sowohl für Produkt- als auch für Projektmodelle gültig und lassen sich beliebig erweitern.

Anforderungen

Der Umgang mit semantischen Modellen ist eine Kernfunktionalität der Anwendung. Entsprechend ergibt sich eine Reihe komplexer Anforderungen an die Modellverwaltung:

1. Flexible, erweiterbare und sich zugleich durch hohe Performanz auszeichnende Laufzeitverwaltung einer beliebigen Menge von Ontologien. Konkret auf die verwendete Bibliothek Jena bezogen, bedeutet dies den Umgang mit Jena „OntMo-

dels“, dem dort verwendeten programmtechnischen Äquivalent einer Ontologie. Zum Designzeitpunkt der Modellverwaltung steht allerdings nicht fest, welche und wie viele solcher Modelle zu berücksichtigen sind.

2. Die Unterscheidbarkeit importierter Modelle ist zu wahren. Obwohl das angestrebte integrierte Produktmodell letztlich die Summe aller Partialmodelle enthält, sind bei dessen Erstellung gelegentlich Operationen auszuführen, die die Referenz auf ein bestimmtes Transformationsergebnis erfordern. Ein Beispiel dafür wäre das Ersetzen eines Partialmodells durch eine neuere Version.

3. Zur Unterstützung der Integration werden nicht nur die einzelnen Partialmodelle, sondern auch die zwischen ihnen etablierten Verknüpfungen verwaltet. Auch hier sind im Zuge des Aufbaus des integrierten Produktmodells verschiedene Aktionen, wie etwa das Hinzufügen und Löschen von Relationen, zu ermöglichen.

4. Aus dem beliebigen Nach- und Nebeneinander von Modell- und Integrationsoperationen ergibt sich die Notwendigkeit einer kontinuierlichen Konsistenzprüfung. So verhindert die Modellverwaltung beispielsweise das Hinzufügen einer Relation zu einem Element, das zu einem zuvor entfernten Modell gehört.

Diese Anforderungen bedingen den Großteil der im Folgenden beschriebenen Funktionalität und werden unten entsprechend referenziert. Des Weiteren bietet die Modellverwaltung auch Unterstützung für das tatsächliche Zusammenfügen der Partialmodelle zum integrierten Produktmodell und implementiert das Observer-Pattern [Som06], welches es zum Beispiel der Benutzungsoberfläche ermöglicht, auf Änderungen in der Modellebene zu reagieren.

Modellverwaltung zur Laufzeit

In Abbildung 7.2 sind die relevanten Komponenten (Klassen) der Modellverwaltung skizziert. Für eine detaillierte Attribut- und Methodenübersicht wird auf das SVN und den Javadoc der Klassen im Plugin `de.permeter`[3] verwiesen.

Alle zu Beginn des Abschnitts genannten (sowie potentiell in der Zukunft hinzukommenden) Bereiche, also etwa die Produkt- oder Projektperspektive, verwalten ihre Modelle mit Hilfe einer eigenen `ModelKeeper`-Implementierung. Jeder `ModelKeeper` fasst dabei ein oder mehrere Jena-OntModel-Objekte, die ihrerseits die Inhalte des jeweiligen Bereichs repräsentieren, und ist nach dem Singleton-Pattern [Som06] konzipiert. Die Jena-Modelle entsprechen demnach Ausprägungen der Partialmodelle im Sinne der Konzeption aus Kapitel 5. So enthält der `ModelKeeper` für die Produktperspektive je nach Produktkonfiguration Partialmodelle zu Anforderungen, Funktionen, Konzeption und Umsetzung.

Die zentrale Anlaufstelle, um Informationen über in Permeter vorhandene `ModelKeeper` und deren Inhalte zu erlangen, ist die Klasse `ModelService`. Alle `ModelKeeper` müssen sich zu diesem Zweck am `ModelService` registrieren. Dazu wird die

[3]Zur Verbesserung der Lesbarkeit sind die Namen von Elementen der Architektur und der Umsetzung von Permeter in `Schreibmaschinenschrift` angegeben. Die Bezeichnungen finden sich so auch in den jeweils zugehörigen Abbildungen wieder.

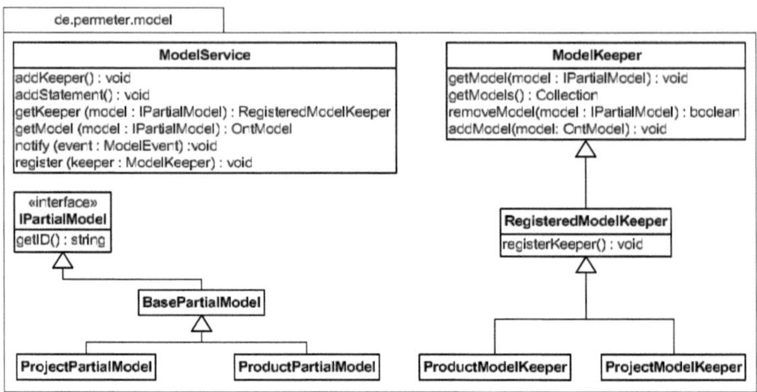

Abbildung 7.2: Klassendiagramm der Komponente zur Modellverwaltung

Klasse `RegisteredModelKeeper` entsprechend erweitert. Durch die zentrale Verwaltung und Referenz im `ModelService` bleiben die einzelnen Bereiche (Perspektiven) mit ihren Plugins voneinander unabhängig. Eine Erweiterung um neue `ModelKeeper` ist nachträglich möglich (Anforderung 1 oben).

Jedes Jena OntModel, das von einer `RegisteredModelKeeper`-Instanziierung verwaltet wird, ist einem Partialmodell zugeordnet. Jedes Partialmodell wiederum besitzt eine eindeutige ID, welche in dem entsprechenden Attribut eines Repräsentationsobjekts für Partialmodelle vom Typ `IPartialModel` gespeichert ist. So ist es möglich, ein bestimmtes Partialmodell zu referenzieren, ohne die komplette Ontologie zu übergeben (Anforderungen 1 und 2).

Unterstützung der Integration

Neben der Verwaltung von Modellen zur Laufzeit bietet der Modellservice auch Funktionalität für die Integration Semantischer Netze (Anforderung 3). Grundlage der Integration ist die Etablierung von semantisch belegten Verknüpfungen zwischen den einzelnen Modellelementen. Dabei und in Kombination mit den Möglichkeiten zum Laden weiterer oder dem Entfernen existierender Modelle ergibt sich eine Anzahl recht komplexer Abläufe, die der Modellservice zentral unterstützt.

Das Hinzufügen und Entfernen von Verknüpfungen (Statements) auf und zwischen den Modellen, wie z. B. im Matrix Browser oder durch den Mapping Wizard (siehe Abschnitt 7.4), wird direkt auf den Jena-OntModel-Objekten durchgeführt. Dies gilt auch für Statements zwischen verschiedenen Partialmodellen und über die Grenzen der einzelnen `ModelKeeper` hinweg. In diesem Fall wird das Statement dem OntModel hinzugefügt, welches das referenzierte Prädikat definiert und das Domänenkonzept enthält. Voraussetzung hierfür ist folgende, im Rahmen von Permeter so festgelegte Bedingung: Bei allen Ontologien werden Prädikate zwischen verschiedenen Partialmodellen in der Ontologie angelegt, welche das Domänenkonzept definiert. So findet sich etwa das Prädikat „resultiert in", welches eine Anforderung für eine Funktion verantwortlich zeichnet, in der Anforderungsontologie.

Alle hinzugefügten Statements zwischen verschiedenen OntModel-Objekten werden darüber hinaus in der `ModelService`-Klasse zwischengespeichert und einem Objekt vom Typ `ModelConnection`, bestehend aus den beiden Partialmodellen, zugeordnet. Eine `ModelConnection` beschreibt also, zwischen welchen zwei Partialmodellen ein Statement erstellt wurde. Das erste Modell in der `ModelConnection` enthält das Subjekt des Statements, das zweite Modell das Objekt.

Im obigen Beispiel handelt es sich bei der Verwendung des Prädikats „resultiert in" um ein Statement von einer Instanz aus dem Partialmodell „Anforderungen" zu einer Instanz aus dem Partialmodell „Funktionen". Da jedes Statement in dem OntModel erstellt wird, welches das Domänenkonzept definiert, stellt es kein Problem dar, wenn die Anforderung gelöscht wird. Das entsprechende Statement wird dann ebenfalls gelöscht. Wird hingegen die betroffene Funktion gelöscht, muss das im Anforderungsmodell enthaltene Statement von der Anforderung zur Funktion ebenfalls gelöscht werden, da es nicht mehr gültig ist. Es zeigt auf eine nicht mehr vorhandene Instanz. Der `ModelService` verwendet den Mechanismus zur Zwischenspeicherung von `ModelConnections` dafür, solche inkonsistenten Statements automatisch zu entfernen (Anforderung 4).

Entfernen von Modellen

Um ein Modell aus einem `ModelKeeper` zu löschen, wird diese Operation zunächst „lokal" in dem jeweiligen Keeper durchgeführt. Für jede definierte Relation zwischen Partialmodellen prüft der `ModelService` anschließend, ob sie noch aktuell ist und nicht auf ein bereits entferntes Element zeigt (ebenfalls Anforderung 4). Damit der `ModelService` von einem Entfernen eines Modells oder einem kompletten Löschen des gesamten Inhaltes eines `ModelKeepers` benachrichtigt wird, enthält der `RegisteredModelKeeper` die beiden Methoden `removeModel(IPartialModel)` und `clearModels()` mit einer Basisimplementierung, die dafür sorgt, dass Konsistenzchecks für die gespeicherten Statements (`ModelConnections`) im `ModelService` angestoßen werden. Erweiterungen von `RegisteredModelKeeper` dürfen diese Methoden nicht überschreiben, sondern nur mit dem entsprechenden Aufruf der `super()`-Methode erweitern.

Speicherung des integrierten Produktmodells

Das Speichern des Gesamtmodells wird über die `ModelService`-Klasse durchgeführt, indem von jedem registrierten `ModelKeeper` alle Modelle geholt und zusammengefügt werden. Die Details zu diesem Vorgang erläutert der folgende Abschnitt zu den modellbezogenen Schnittstellen von Permeter.

Mit dem vorgestellten Entwurf erfüllen der `ModelService` sowie die `ModelKeeper` alle oben genannten Anforderungen an die Modellverwaltung.

7.2.3 Import und Export von Modellen

Entsprechend der Konzeption aus Kapitel 5 ergeben sich zwei wesentliche Schnittstellen für den Import und Export von Modellen in Permeter. Zum einen ist der Import von Daten aus den Entwicklungssystemen notwendig. Dazu heben dedizierte Transformationen (siehe Kapitel 4) die Originaldaten in den Stand von Ontologiemodellen. Zum anderen ist die Speicherung (der Export) des integrierten Produktmodells erforderlich, dessen zeitliche Entwicklung Grundlage der angestrebten Produktivitätsanalyse ist.

Import von Partialmodellen

Alle innerhalb von Permeter genutzten Modelle basieren auf dem OWL(DL)-Metamodell. Um dies zu gewährleisten, ist der Import von Daten, die in anderen Formaten (z. B. XML, VHDL, Step oder Microsoft Project) und in verschiedenen Quellen (etwa in Dateien, Datenbanken oder dem Internet) vorliegen, notwendig. In der Regel wird eine geeignete Transformation verwendet, um die Daten zu überführen. Transformationen sind zudem auch beim Export der durch Permeter erzeugten Daten notwendig (z. B. der Metrikergebnisse nach Microsoft Excel). Auch die zunächst importierten Originalmodelle werden in manchen Fällen, gemeinsam mit eventuellen Änderungen, wieder exportiert. So können sie im Originalformat weiterverwendet und mit der ursprünglichen Applikation manipuliert werden. Beide Anwendungsfälle für den Export von Modellen lassen sich mit denselben Mitteln umsetzen, die dieser Abschnitt für den Import von Modellen nennt.

Folgende Anforderungen werden an den Entwurf einer Anwendungskomponente zum Import von Partialmodellen gestellt:

1. **Erweiterbarkeit:** Neue Quellen und Transformationen lassen sich ohne die Notwendigkeit, den bestehenden Code zu ändern – und damit schnell und reibungslos –, einfügen.

2. **Wiederverwendbarkeit:** Der Im- und Export nutzt Routinealgorithmen und Standarddialoge, die nur einmal definiert und den branchenspezifischen Erweiterungen, die ihre eigenen Transformationen mitbringen, angeboten werden.

3. **Intuitive Nutzung:** Dem Anwender von Permeter gelingt der Im- und Export von Daten problemlos. Die notwendigen Schritte werden übersichtlich präsentiert und abgearbeitet. Der Nutzer begreift den Datenfluss und kann verfolgen, an welcher Stelle Informationen repräsentiert, manipuliert oder zusammengefügt werden.

Aus den gegebenen Anforderungen ergibt sich folgende Architektur: Auf der Ebene der Extension Points[4], Abbildung 7.3, definiert das Plugin `de.permeter.ui` einen Extension Point `modelImportExportWizard` mit den nötigen Angaben zur Instanziierung (Attribut `class`) eines Wizards und dessen Darstellung auf einer SelectionPage (Attribute `name`, `description` und `icon`).

Alle Plugins, die tatsächlich Modelle im- oder exportieren, erweitern (referenzieren) diesen Extension Point (Anforderung 1). Sie müssen so zunächst selbst keine eigenen

[4]Extension Points sind Anknüpf- und Erweiterungspunkte für Plugins in der Eclipse-Plattform, siehe Abschnitt 7.3.

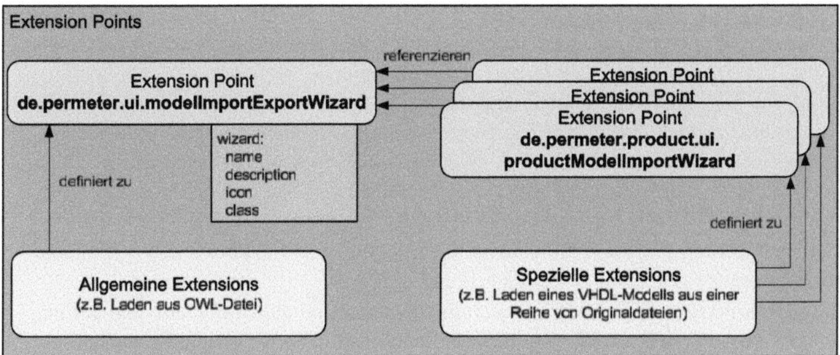

Abbildung 7.3: Extension Points zum Im- und Export von Modellen

Elemente definieren, sondern nutzen das `wizard`-Element aus dem allgemeinen Extension Point. Zu den speziellen Extension Points lassen sich dann tatsächliche Wizards, d. h. Dialogfolgen, für konkrete Aufgaben und Modelle definieren. Solche speziellen Wizards werden im Sourcecode ausgestaltet, indem sie die generischen, vorgefertigten Funktionen und Dialogseiten aus `de.permeter.ui` nutzen und kombinieren. Dort finden sich sowohl allgemeine, konfigurierbare Algorithmen zum Laden von Modellen aus verschiedenen Quellen als auch vorgefertigte GUI-Elemente (Anforderung 2 und 3).

Die Eclipse Platform regelt den Zugang zu einer Anzahl verfügbarer Wizards über eine `SelectionPage`, die die Optionen in einer Listen- oder Baumstruktur präsentiert und anbietet. Ein Plugin, welches ein Modell importiert, öffnet daher zunächst den `ModelImportExportSelectionWizard` und übergibt zu dessen Konfiguration die IDs aller Extension Points, deren Extensions, also Implementierungen von Wizards, anzubieten sind. So wird die Komponente zum Import von Produktpartialmodellen die ID des `productModelImportWizard` übergeben. Entsprechend bietet der `SelectionWizard` alle zu diesem Extension Point definierten Extensions an, zum Beispiel die VHDL-Transformation. Nach der Auswahl eines Imports auf der `SelectionPage` geht die weitere Kontrolle des Prozesses an den Wizard der selektierten Extension über.

Es gibt Fälle, in denen nur ausgewählte Contributions (also Implementierungen zu Extension Points) zu einem übergebenen Extension Point auf der `SelectionPage` erscheinen dürfen. Ein Beispiel ist hier wiederum der Import von VHDL-Daten aus entsprechenden Dateien: Der Import Wizard hierfür wird als Contribution angelegt und würde dann zum Beispiel auch beim Import von Javacode erscheinen. Um dies zu verhindern, wird dem `SelectionWizard` zusätzlich ein `ContributionFilter` übergeben, der als Callback zu jeder gefundenen Contribution fragt, ob diese in die `SelectionPage` Aufnahme findet. Eine Beispielimplementierung für dieses Vorgehen findet sich im Plugin `de.permeter.product.ui`.

Export des integrierten Produktmodells

Nach der Transformation und dem Import der Partialmodelle sowie deren Zusammenführung zum integrierten Produktmodell ergibt sich die Notwendigkeit, dieses wieder aus der Anwendung zu exportieren und persistent zu halten. Das ebenfalls in der Anwendung realisierte Auswertungsmodul lädt dann bei Bedarf eine Anzahl der gespeicherten Produktmodelle – die den Entwicklungsstand zu verschiedenen Zeitpunkten widerspiegeln – und nutzt diese als Basis zur Untersuchung des Entwicklungsverlaufs und -fortschritts. Bei der Speicherung besteht entsprechend die Notwendigkeit, jedes Modell mit einem Datum zu annotieren.

Permeter trifft keine besonderen Einschränkungen bezüglich der Speicherung des integrierten Produktmodells außer der, dass die Ontologien über die Jena-API zugänglich sein müssen. Diese bietet ihrerseits eine Vielfalt an Möglichkeiten, von der Dateiserialisierung bis zur Datenbankablage. Das Auswertungsmodul der Anwendung importiert die integrierten Produktmodelle entsprechend aus verschiedenen Orten und kombiniert sie nach Wunsch und Anforderung der Untersuchung.

Die Datumserkennung für integrierte Produktmodelle erfolgt über die Annotationseigenschaft „modelDate“ mit dem Range „dateTime“[5]. Jedes gültige Produktmodell ist mit einem entsprechenden Wert verknüpft. Das folgende Listing zeigt ein so annotiertes Modell in OWL/XML-Serialisierung:

```
<owl:Ontology rdf:about="">
 <owl:imports rdf:resource="..." />
 <owl:imports rdf:resource="..." />
 <base:modelDate
   rdf:datatype="http://www.w3.org/2001/XMLSchema#dateTime">
      2006-06-30T12:31:23
 </base:modelDate>
 <...>
</owl:Ontology>
```

Fehlt der Datumswert, so wird er vom Benutzer abgefragt oder, falls das Modell in einer Datei gespeichert ist, aus dem letzten Modifikationsdatum geschlossen.

Für Datenbanken gelten alle oben getroffenen Aussagen. Zudem ermöglicht es Jena, mehrere Modelle in einer Datenbank abzulegen. Dazu wird jedes Modell mit einem eindeutigen Bezeichner versehen. Permeter verwendet als Bezeichner hier das Modellierungsdatum in dem oben beschriebenen Format. Dieses Vorgehen erlaubt unter anderem, Auskunft über die in einer Datenbank vorhandenen Modelle zu geben, ohne diese vollständig auslesen zu müssen.

Das Speichern (der Export) des integrierten Produktmodells erfolgt über einen Wizard aus dem Plugin `de.permeter.ui`. Die Operation umfasst die folgenden Schritte:

1. Auswahl der Senke

2. Angabe der notwendigen Daten zum Zugang zur Senke, etwa der Datenbankinformationen

[5] Für Details siehe http://www.w3.org/TR/xmlschema-2/#dateTime

3. Annotation des Modells mit dem aktuellen, wahlweise auch mit einem anderen Datum

4. Durchführung des Exports

Implementiert ist das Speichern in der Klasse `ModelService`. Die dort zuständige Methode bekommt die gewünschte Implementierung eines Serialisierungskontexts übergeben, z. B. einen `FileSerialisationContext` für Dateisenken oder einen `DBSerializationContext` bei Verwendung einer Datenbank. Gespeichert werden alle Modelle der am `ModelService` registrierten `ModelKeeper`, siehe Abschnitt 7.2.2 oben.

Das Laden eines integrierten Produktmodells erfolgt ebenfalls über einen speziellen Dialog, diesmal aus dem Plugin `de.pemeter.analysis.ui`. Es werden diverse Quellen angeboten, der Zugang erfolgt analog zum Senkenzugriff nach dem Muster:

1. Auswahl der Quelle

2. Definition der nötigen Daten zum Zugang zur Quelle

3. Auswahl eines oder mehrerer in der Quelle vorhandener Produktmodelle

4. Laden der gewählten Modelle in den ModelKeeper der Auswertungskomponente

Neben den Wizards aus `de.permeter.analysis.ui` sind auch die `WizardPages` und `LoadModelOperations` aus dem allgemeinen Plugin `de.permeter.ui` beteiligt.

7.2.4 Synopsis

Der obige Abschnitt zum Feinentwurf der Anwendung erfüllt zwei Aufgaben. Zum einen führt er in die allgemeine Architektur von Permeter ein, schildert die komponentenbasierte Struktur und benennt die wichtigsten Teile des Systems, zum anderen greift er mit der Modellverwaltung und dem Import und Export von Modellen zwei prominente, grundlegende und innovative Lösungen verlangende Komponenten heraus und stellt diese vor. Dabei kommen exemplarisch verschiedene Hilfsmittel (UML-Diagramme, Listings der OWL-Serialisierung) und Technologien (Extension Points, Wizards) vor, so dass sich ein guter Querschnitt durch die Anwendung ergibt.

Allerdings sind damit bei weitem nicht alle Teile von Permeter abgedeckt. Daher wird im Anschluss an die Betrachtungen zur Umsetzung in Abschnitt 7.3 auf zwei weitere interessante Komponenten eingegangen, die jeweils einen wichtigen Beitrag für die Umsetzung des Konzepts zur Performanzmessung in der Produktentwicklung leisten. Sektion 7.4 widmet sich in diesem Zusammenhang dem Matrixeditor, einer innovativen Benutzerschnittstelle zur Unterstützung der Integration von Modellen. Sektion 7.5 schließt dann das Kapitel mit einem Blick auf die Unterstützung zur Entwicklung und Ausführung von Metriken in Permeter.

7.3 Umsetzung

Nachdem Konzeption und Feinentwurf oben und in den vorherigen Kapiteln dieser Arbeit ausführlich beleuchtet wurden, schildert der vorliegende Abschnitt einige Details zur Implementierung des Ansatzes. Die Fülle möglicher Themen und erläuterungswürdiger Entscheidungen macht es allerdings notwendig, bezüglich der letztlich betrachteten Aspekte eine Auswahl zu treffen.

So setzt diese Sektion zur Umsetzung von Permeter neben der obligatorischen Implementierungsübersicht (Abschnitt 7.3.1) auf die Visualisierung der Anwendung. Treibende Kraft ist dabei die angestrebte und in Kapitel 8 erläuterte Evaluierung des Werkzeugs. Entsprechend zeigen die Abschnitte 7.3.2 und 7.3.3, welche Perspektiven Permeter anbietet und in welchen Plugins deren Funktionalität umgesetzt ist. Hinsichtlich der Evaluation besonders interessant sind die dann nachfolgenden Bemerkungen zum Matrixeditor und der Umsetzung von Metriken. Zusammen mit den oben schon erläuterten Vorgehensweisen zum Umgang mit Modellen komplettieren sie den von der Konzeption geforderten Dreiklang aus Transformation, Integration und Auswertung.

7.3.1 Komponenten

Permeter ist auf Basis der Eclipse-Plattform implementiert. Damit sind alle Komponenten, die zusammen die Funktionalität der Anwendung ausmachen, Plugins für die Eclipse Runtime. Entsprechend wird der Begriff im Folgenden synonym verwendet. Bei jedem Start der Anwendung durchsucht ein generischer Algorithmus ausgezeichnete Verzeichnisse in der Programminstallation nach vorhandenen Plugins. Als Eingabe erhält dieser Algorithmus eine Anzahl gewünschter Komponenten. Da jede Komponente selbst ihre Abhängigkeit von weiteren Plugins in einem Manifest beschreibt, ist so eine vollständige Konfiguration der Anwendung errechenbar. Alle zu dieser Konfiguration gehörenden Plugins werden anschließend gestartet und formen zusammen mit der Eclipse Runtime die lauffähige Anwendung.

Die wichtigsten Komponenten von Permeter zeigt Abbildung 7.4. Oben im Bild ist die Eclipse Rich Client Platform angedeutet, die neben der Runtime noch einige weitere, für alle Anwendungen nützliche Funktionalitäten vereint. Dazu gehören Routinen der Datei- und Fensterverwaltung genauso wie vorgefertigte Hilfeseiten und Unterstützung für abstrakte Aufgabenverwaltung. Vor dem Hintergrund dieser Vielfalt generischer, bereits mitgelieferter Komponenten können sich die Plugins von Permeter ausschließlich auf die Umsetzung des Konzepts konzentrieren.

Grundsätzlich sind zwei Typen von Plugins in Permeter zu unterscheiden: allgemeine und domänenspezifische Plugins. In Abbildung 7.4 befinden sich die allgemeinen Plugins in der Mitte und sind grau hinterlegt. Die acht gezeigten Komponenten gehören jeweils paarweise zusammen, die Trennung ergibt sich aus der Differenzierung zwischen Programmlogik (z. B. `de.permeter.product`) und der dazugehörigen Benutzungsoberfläche (`de.permeter.product.ui`). Einige der allgemeinen Plugins definieren eigene Extension Points, in der Abbildung durch die seitlichen Greifer symbolisiert. Diese „Erweiterungspunkte" erlauben es anderen Plugins, an definierter Stelle dynamisch Funktionalität hinzuzufügen. Die domänenspezifischen Plugins nutzen diese Möglichkeit, um beispielsweise eine bestimmte Transformation verfügbar zu machen. Beim Start der Anwendung werden in der Regel alle allgemeinen Plugins angefordert und initialisiert.

Anders verhält sich die Situation bei den unten in Abbildung 7.4 dargestellten domänenspezifischen Plugins. Diese sorgen für Anpassung und Verwendbarkeit von Permeter in einer bestimmten Domäne der Produktentwicklung. Derzeit existieren entsprechende Komponenten für die Automobilentwicklung, das Chip-Design und die Softwareentwicklung. Zur Laufzeit der Anwendung ist jeweils nur eines dieser Plugins aktiviert.

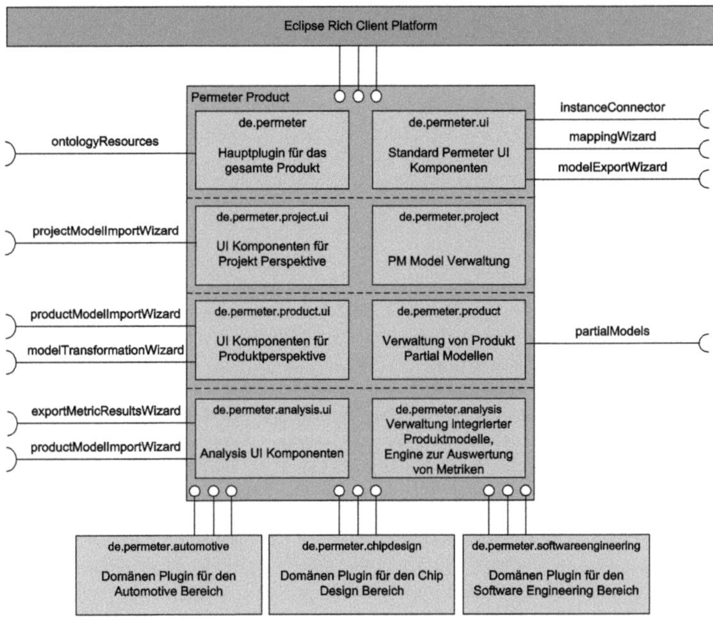

Abbildung 7.4: Plugin-Struktur von Permeter

Die vorliegende Sektion 7.3.1 greift den, ebenfalls im Kontext der Eclipse-Plattform geprägten, Begriff der „Perspektive" auf, um die grundsätzlichen funktionalen Bereiche der Anwendung entsprechend Abbildung 7.4 zu unterteilen und zu visualisieren. Jede der drei Perspektiven von Permeter wird durch eine Anzahl von Plugins ausgestaltet, die Abschnitt 7.3.2 zuordnet und näher erläutert.

7.3.2 Perspektiven

Permeter bietet drei Perspektiven, die als Arbeitssichten auf den von der Konzeption detaillierten Prozess von Transformation, Integration und Auswertung fungieren. Diese drei

Sichten werden als Projekt-, Produkt- und Analyseperspektive identifiziert. Die Projektperspektive wird hier nur der Vollständigkeit halber genannt, sie liegt zunächst außerhalb des Fokus der Arbeit (siehe Erweiterungsmöglichkeiten aus Abschnitt 5.4.1), wurde aber bereits implementiert, um die weiteren Arbeiten an Konzept und Werkzeug zu unterstützen. Ihre Aufgabe ist es im Wesentlichen, den Import des Projektmodells und dessen Verknüpfung mit dem Produktmodell zu ermöglichen.

Zu diesem Zweck bedient sich die Projektperspektive derselben Mittel und Abläufe, die auch der Produktsicht zur Verfügung stehen und im Folgenden erläutert werden.

Produkt

Die Produktsicht bietet Unterstützung für zwei zentrale Aufgaben: Zum einen findet hier der Import von Partialmodellen aus der Entwicklung durch Transformation statt, zum anderen erlauben die eingebauten Werkzeuge zur Erstellung von Verknüpfungen zwischen Modellelementen die Integration der Partialmodelle. Das Ergebnis der Arbeit ist das integrierte Produktmodell, welches von der Produktperspektive aus gespeichert und später in der Analyse verwendet wird.

Abbildung 7.5 zeigt die Produktsicht während des Vorgangs. Das zentrale Steuerelement ist hier die Produktmodellansicht links oben. Dort sind die erwarteten Partialmodelle gelistet und die notwendigen Transformationen zu deren Import bereitgestellt. Der tatsächliche Inhalt der Liste, also die Festlegung, welche Partialmodelle zum betrachteten Produkt gehören, ist frei konfigurierbar.

Der eigentliche Import eines Partialmodells erfolgt über einen gesonderten Dialog, der den in Abschnitt 7.2.3 bereits beschriebenen Entwurf implementiert. Einmal geladen, sind Struktur und Inhalt des Modells über die Detailfenster rechts und unten zugänglich.

Der zentrale Arbeitsbereich der Produktperspektive ist für die Werkzeuge zur Integration der Partialmodelle reserviert. Hier ist insbesondere der in Abschnitt 7.4 näher erläuterte Matrixeditor zu nennen, der die Etablierung von semantischen Verknüpfungen zwischen den Elementen der Partialmodelle unterstützt. Die manuelle Arbeitsweise des Matrixeditors wird für große Modelle durch einen Dialog ergänzt, der die algorithmische Erstellung von Relationen auf Basis definierbarer Eigenschaften der Elemente erlaubt. So lässt sich schnell eine hohe Anzahl von Zusammenhängen und damit ein „engmaschiges“ und aussagekräftiges integriertes Produktmodell erreichen.

Mit der Speicherung des Integrationsergebnisses in Datei oder Datenbank endet der Aufgabenbereich der Produktperspektive. Alle weiteren Schritte zur Auswertung finden in der Analysesicht statt.

Analyse

Auch die Arbeit der Analyseperspektive ist in zwei Schritte gegliedert. Als erster Schritt ergibt sich die Notwendigkeit, eine Anzahl zuvor erstellter integrierter Produktmodelle zu laden. Dazu bietet die Analysesicht in Anlehnung an den bereits referenzierten Entwurf aus Abschnitt 7.2.3 einen eigenen Dialog an. Geladene Produktmodelle werden links oben nach ihrem Datum sortiert aufgelistet. Abbildung 7.6 visualisiert dieses Vorgehen. Die Perspektive erlaubt das Hinzufügen und Entfernen von Produktmodellen in beliebiger

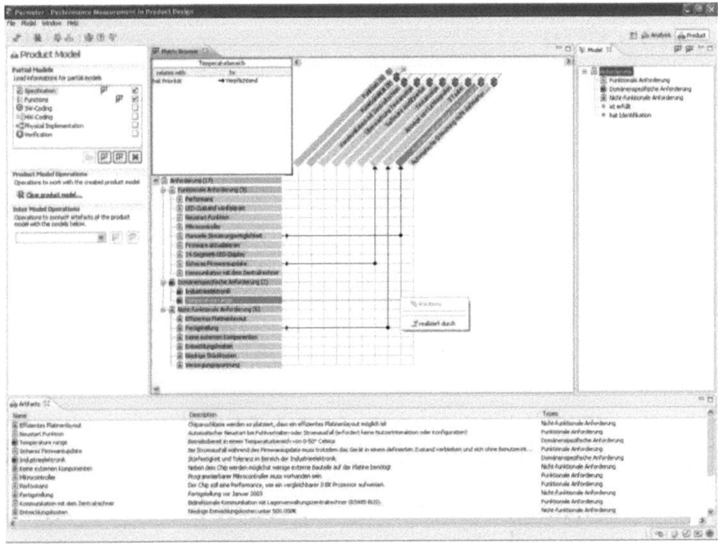

Abbildung 7.5: Produktperspektive

Kombination und Reihenfolge, alle gelisteten Modelle werden dann bei der Auswertung berücksichtigt.

Zur eigentlichen Auswertung ergeben sich drei Optionen – das Projektcockpit, die Verwendung von Berichten und die Ausführung einzelner Metriken –, die sich ergänzen und beliebig kombinierbar sind. Das Projektcockpit zielt dabei auf eine Visualisierung des aktuellen Projektstatus im Sinne eines „Steuerpults“. Auf abstraktem und generischem Niveau finden sich hier verschiedene Angaben zur aktuellen Performanz der Entwicklung. Weiter detaillierten und an den Kontext der Entwicklung angepassten Fragestellungen widmen sich Berichte (Reports). Sie nutzen eine Anzahl von Metriken, um aus den Produktmodellen Zusammenhänge und Datenreihen abzuleiten, insbesondere unter Berücksichtigung der Änderungen im integrierten Produktmodell über der Zeit. Abbildung 7.6 zeigt einen Bericht zur Entwicklung von Eigenschaftswerten des Designs im Pick2Light-Projekt.

Um in die Details der Auswertung einzusteigen oder Metrikzwischenergebnisse nachzuvollziehen, bietet sich die dritte Auswertungsoption an: die Ausführung einzelner Metriken. Dazu ermöglicht die Analyseperspektive den direkten Zugang zu den in „Metrikbibliotheken“ organisierten Metrikdefinitionen und erlaubt deren selektive Ausführung. Sind die entsprechenden Plugins des Metrikeditors geladen, so ergibt sich hier auch eine Möglichkeit zur Änderung der Metrikdefinition. Wie die eigentliche Ausführung einzelner Metriken vonstattengeht, schildert Abschnitt 7.5.

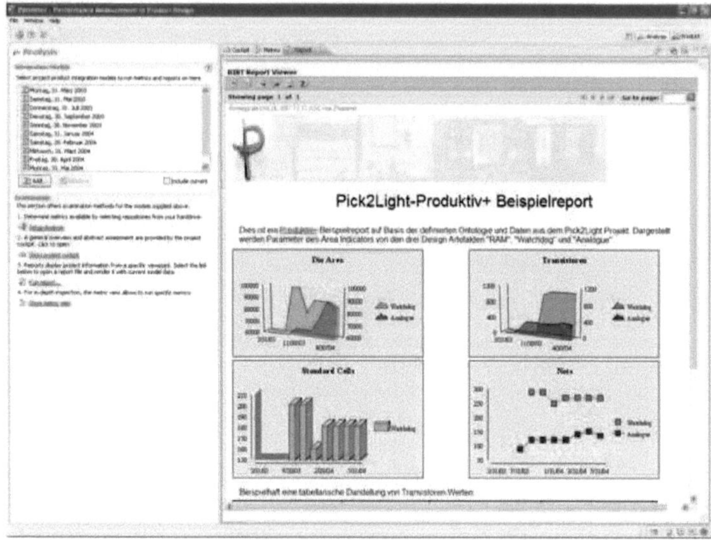

Abbildung 7.6: Analyseperspektive

7.3.3 Plugins

Die Funktionalität aller Perspektiven ist in zugehörigen Plugins gebündelt. Dabei ist, entsprechend Abbildung 7.4, das paarweise Zusammenspiel zweier Plugins zu jeder Perspektive vorgesehen. Die Architektur folgt so dem Imperativ nach der logischen Trennung von Anwendungslogik und Benutzungsoberfläche. Die folgende Tabelle widmet sich den wichtigsten Komponenten der Anwendung im Detail:

Plugin	Perspektive	Beschreibung
`de.permeter`	*keine*	Allgemeines Basisplugin. Bietet generische Funktionalität zum Umgang mit Modellen, zum Beispiel den Modellservice (Abschnitt 7.2.2).
`de.permeter.ui`	*keine*	Allgemeines Oberflächenplugin. Enthält eine Anzahl von Dialogen und anderen Elementen zur Benutzerinteraktion, die in allen Perspektiven benötigt werden. Definiert den wichtigen Erweiterungspunkt `instanceConnector`. Abhängig von: `de.permeter`

Plugin	Perspektive	Beschreibung
de.permeter. product	Produkt	Plugin für den Import und die Integration von Produktdaten. Definiert und registriert den entsprechenden ModelKeeper. Definiert den wichtigen Erweiterungspunkt partialModel. Abhängig von: de.permeter
de.permeter. product.ui	Produkt	Plugin für die zu Import und Integration von Produktdaten notwendigen Oberflächenelemente. Definiert den wichtigen Erweiterungspunkt modelTransformationWizard. Abhängig von: de.permeter.product
de.permeter. analysis	Analyse	Plugin für die Auswertung integrierter Produktmodelle. Definiert den entsprechenden ModelKeeper und enthält die Metrikausführungsumgebung. Abhängig von: de.permeter
de.permeter. analysis.ui	Analyse	Plugin für die Oberflächenelemente der Auswertung. Nutzt BIRT zur Darstellung von Reports und Diagrammen. Abhängig von: de.permeter.analysis
de.permeter. chipdesign	*alle*	Domänenspezifisches Plugin für Chip-Entwicklungsprojekte. Definiert mit Hilfe der Erweiterungspunkte die notwendigen Transformationen, Partialmodelle und Analysemöglichkeiten. Abhängig von: de.permeter.product. ui und de.permeter.analysis.ui
de.permeter. automotive	*alle*	Domänenspezifisches Plugin für die Entwicklung von Automobilen. Definiert mit Hilfe der Erweiterungspunkte die notwendigen Transformationen, Partialmodelle und Analysemöglichkeiten. Abhängig von: de.permeter.product. ui und de.permeter.analysis.ui

Durch die in der Tabelle genannten Abhängigkeiten ergibt sich bei Verwendung eines domänenspezifischen Plugins die notwendige Konfiguration der Anwendung.

Damit ist die Darstellung der Details zur Umsetzung von Permeter so weit vollständig. Zwei speziellere, aber besonders interessante Aspekte der Implementierung behandeln die folgenden Abschnitte 7.4 und 7.5. Während der Matrixeditor (7.4) eine anschauliche Option zur manuellen Integration von Produktdaten bietet, ermöglicht die Metrikumgebung (7.5) Design und Ausführung von Metriken zur Evaluation des integrierten Produktmodells.

7.4 Im Detail: Matrixeditor

Sobald die Daten der Partialmodelle, wie in Kapitel 5 beschrieben, von den einzelnen Transformationen übertragen und bereitgestellt sind, wechselt der Fokus der Anwendung zur Integration. Diese und die mit ihr einhergehende Erstellung des integrierten Produktmodells basieren auf der Etablierung von semantischen Relationen zwischen den erzeugten Ontologieelementen. In Permeter stehen manuelle und (semi-)automatische Möglichkeiten zur Verknüpfung bereit (Abschnitt 5.1.2).

Die manuelle Integration wird dabei von einem speziellen graphischen Editor unterstützt, dem so genannten „Matrixeditor". Dieser wurde ursprünglich vom Fraunhofer-Institut IAO entwickelt und in [ZKB02] ausführlich beschrieben. Er ermöglicht die Anzeige und das Durchsuchen von zwei Modellen – im Kontext von Permeter also von zwei Ontologien, die Partialmodelle repräsentieren – gleichzeitig. Dazu werden die Modelle als Bäume auf den beiden Achsen einer zweidimensionalen Matrix präsentiert, Abbildung 8.1 im nachfolgenden Kapitel zur Evaluation zeigt hierfür ein Beispiel. Die Darstellung zeigt vertikal links ein beispielhaftes Anforderungs- und horizontal oben ein Funktionsmodell. Die gerichteten Pfeile „im Inneren" der Matrix symbolisieren die semantischen Verknüpfungen zwischen den Elementen.

Neben der Visualisierung von und der Navigation auf vernetzten Daten bietet der Matrixeditor auch Funktionalität zur Verknüpfung der gezeigten Elemente an. Die zentrale Idee ist dabei die Darstellung der Graphstruktur der Ontologien als Adjazenzmatrix, wobei es sich bei den Einträgen auf den beiden Achsen um die Instanzen der Ontologien handelt. Diese sind durch ihre Zuordnung zu den Konzepten hierarchisch organisiert und in einem Baum so dargestellt, dass sich durch Auf- und Zuklappen der relevanten Äste auch große Datenmengen überblicken lassen. Die im Rahmen von Permeter durchgeführten Anpassungen an der Umsetzung des Matrixeditors machen die mit einfachen Mausklicks durchzuführende Integration der Modelle zu einem Kinderspiel: Sobald der Benutzer einen beliebigen Eintrag in der Matrix anwählt, werden aus den beiden zu den geladenen Partialmodellen gehörenden t-boxen die zur Verfügung stehenden Relationen gelesen und angeboten. Wählt der Benutzer eine der Relationen aus, so fügt der Matrixeditor ein entsprechendes neues Statement ein und bringt den Anwender damit einen Schritt näher an das gewünschte integrierte Produktmodell. Mit diesem Vorgehen ist der Matrixeditor nicht nur sehr komfortabel und intuitiv zu bedienen, sondern wird vielen Nutzern auch bekannt vorkommen: Konzept wie Erscheinungsbild erinnern stark an das oben in Abschnitt 2.1.2 beschriebene „House of Quality" aus dem Quality Function Deployment [Aka04].

7.5 Im Detail: Metrikausführung

In Kapitel 6 wurde ein Konzept erarbeitet, welches die Definition von Metriken auf ontologiebasierten Produktmodellen ermöglicht. Das dort erarbeitete Verständnis für die Syntax und Semantik von Metriken erlaubt es, anhand von Beispielen die Abläufe bei der Ausführung von Metriken auf Ontologiemodellen hier zu veranschaulichen. Die Darstellung folgt dabei dem in Permeter gewählten und umgesetzten Vorgehen zur Metrikdefinition und -berechnung.

Allgemein erfolgt die Ausführung von Metriken durch die Interpretation des die Metrik definierenden XML-Baums (siehe unten) und ist durch eine gesonderte Komponente der Permeter-Software umgesetzt. Nach einer Skizzierung des Aufbaus dieser Komponente werden im Folgenden die Schritte, die zur Ausführung von Metriken erforderlich sind, in den entsprechenden Unterabschnitten erläutert.

Funktionsweise der Ausführungsumgebung

Die für die Ausführung von Metriken konzipierte Komponente wird als Metrikausführungsumgebung oder auch als `MetricEngine` bezeichnet. Abbildung 7.7 zeigt den Aufbau dieser Komponente in Form eines UML-Klassendiagramms. Der Zugriff und die Ausführung von Metriken werden durch zwei Hauptkomponenten realisiert. Dabei handelt es sich um die Klasse `MetricEngine` selbst und eine weitere Komponente, die so genannte `MetricLibrary`. Ihre Aufgabe besteht darin, die ihr bekannten Speicherorte von Metriken (bezeichnet als `MetricRepository`) nach Metriken in Form von XML-Dokumenten zu durchsuchen. Speicherorte können dabei zur Laufzeit hinzugefügt werden. Gefundene Metrikdefinitionen werden als Objekte der Klasse `Metric` bereitgehalten.

Die `MetricLibrary` bietet nun über die ID einer Metrik Zugriff auf das XML-Dokument, so dass die `MetricEngine` dieses interpretieren und ausführen kann. Die Funktionalität der zur Definition einer Metrik verwendbaren Operatoren und Probes sind in Form entsprechender Implementierungen verfügbar. Es existieren Interfaces, die die grundlegenden Eigenschaften dieser Bausteinklassen spezifizieren, wobei Operatoren, wie in der Abbildung gezeigt, eine Generalisierung der Probes darstellen. Die unten beispielhaft näher erläuterten Bausteine werden durch Implementierungen dieser Interfaces realisiert. Wird bei der Definition einer Metrik ein spezieller Baustein verwendet, ist die `MetricEngine` in der Lage, die entsprechende Implementierung zu laden und so die Metrik inkrementell auszuwerten. Dazu werden Probes, Operatoren und ihre zugehörigen Operanden rekursiv durchlaufen.

Auswertung von Operanden

Um eine Metrik ausführen zu können, benötigt die Metrikausführungsumgebung, wie oben beschrieben, eine Metrikdefinition in Form eines XML-Dokuments und eine auszuwertende Ontologie – im Falle von Permeter handelt es sich hier um das integrierte Produktmodell. Besitzt die Metrik zusätzlich Parameter, so wird für die Ausführung zusätzlich deren Übergabe erwartet. Die Auswertung startet bei einem korrekten Metrikaufruf zunächst mit dem Wurzelelement der Definition. Dieses wird wie ein Operand behandelt. Die Vorgehensweise ist dabei wie folgt:

1. Es wird überprüft, ob der Operand ein `value`-Attribut aufweist. Ist dieses vorhanden, so wird der Wert des Attributs als Ergebnis des Operanden verwendet und die Auswertung damit abgeschlossen.

2. Ist kein `value`-Attribut vorhanden, wird im Parameter-Mapping nach einem passenden Wert gesucht. Ist ein solcher vorhanden, wird der Parameterwert als Wert des Operanden verwendet.

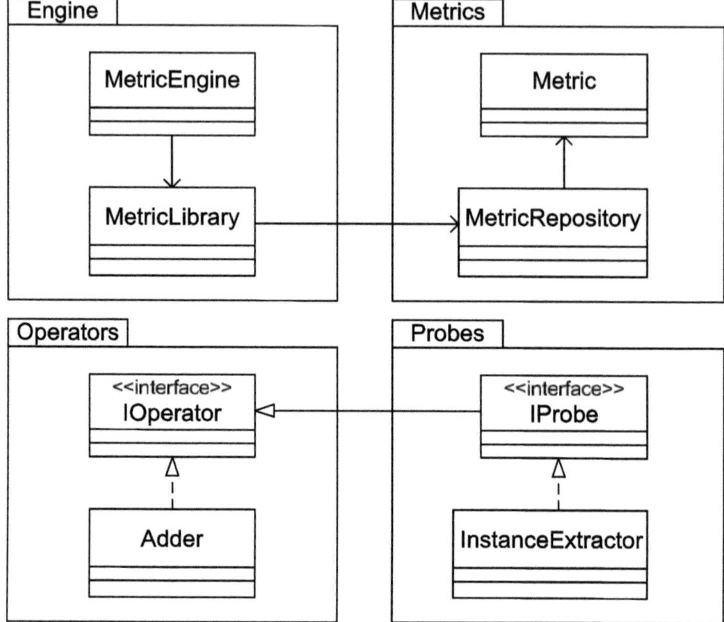

Abbildung 7.7: UML-Diagramm der `MetricEngine`

3. Sind weder `value`-Attribut noch Parameter-Mapping verfügbar, wird der Operand (und mit ihm die ganze Metrik) rekursiv ausgewertet, indem das Nachfolgeelement – also das im XML-Baum als untergeordneter Knoten folgende – verarbeitet wird. Dabei kann es sich um einen Operator, eine Probe oder ein `Insert` handeln. Das Vorgehen für Operatoren und Probes beschreibt der folgende Abschnitt.

Ausführung von Operatoren und Probes

Operatoren und Probes definieren die Funktionalität der Metrikauswertung. Die Logik zur Untersuchung von Ontologien und zur Verarbeitung der Daten liegt in Form von Implementierungen dieser Bausteinklassen vor. Eine Probe kann so beispielsweise die Anzahl der sich durch bestimmte Eigenschaften auszeichnenden Instanzen in der gegebenen Ontologie zählen und zurückliefern. Anhand des eindeutigen Attributs `class` werden Operatoren und Probes identifiziert und ausgeführt. Um den Wert eines Operators zu erhalten, wird bei der Auswertung wie folgt vorgegangen:

1. Rekursive Auswertung aller Operanden unter Verwendung des im vorangegangenen Abschnitt beschriebenen Vorgehens und Übergabe der erhaltenen Werte an den

Operator.

2. Im Falle einer Probe wird die auszuwertende Ontologie dem Baustein übergeben.

3. Die Implementierung des Operators respektive der Probe wird ausgeführt. Bei korrekter Konfiguration des betreffenden Bausteins wird ein Ergebnis zurückgegeben.

Unter Verwendung dieser Vorgehensweise ergibt sich aus der abwechselnden Auswertung von Operatoren, Probes und deren Operanden der Ergebniswert für die Metrik. Das Beispiel am Ende dieses Abschnitts verdeutlicht den Ablauf anschaulich. Ein letzter verbleibender Fall ist die Wiederverwendung einer Metrik als `Insert`. Dieser wird im folgenden Abschnitt behandelt.

Auswertung von wiederverwendeten Metriken

Anstelle von Operatoren und Probes kann der Wert für einen Operanden von einer bereits definierten Metrik geliefert werden. Stößt die Metrikausführungsumgebung auf eine innerhalb der Metrikdefinition aufgerufene Metrik, so arbeitet sie zunächst die folgenden Arbeitsschritte ab:

1. Bestimmen und Laden der Ontologie, auf der die aufgerufene Metrik arbeiten soll. Meist wird hier das aktuelle, auch von der aufrufenden Metrik verwendete Modell genommen, allerdings ist ebenso eine Transition zu zeitlich verschobenen Versionen des integrierten Produktmodells möglich.

2. Extraktion des den Aufruf begleitenden Parameter-Mappings. Die Namen und die Wertbelegungen der Parameter werden gespeichert und bei der Ausführung der gekapselten Metrik angewendet.

3. Extraktion der ID der aufgerufenen Metrik.

Sind die genannten Schritte fehlerfrei durchgeführt, so wird die Metrik anschließend ganz normal und analog zu einer ungekapselten Metrik ausgeführt.

Beispielhafte Ausführung einer Metrik

Das beschriebene Vorgehen ermöglicht die Ausführung von Metriken auf Ontologien. Zum besseren Verständnis wird dieses anhand eines Beispiels durchgeführt. Abbildung 7.8 zeigt dazu den Aufbau einer Metrik, die den Anforderungserfüllungsgrad bestimmt.

Dabei ist vorauszusetzen, dass ein integriertes Produktmodell existiert, welches einen Anforderungskatalog modelliert. In diesem Modell existiert ein Konzept `Requirement`, welches eine Anforderung modelliert. Dieses Konzept besitzt eine Datatype-Property `isFulfilled`. Diese Property gibt Auskunft darüber, ob eine Anforderung als erfüllt anzusehen ist und kann die Werte `true` (wahr) oder `false` (unwahr) annehmen. Der Erfüllungsgrad wird ermittelt, indem die Anzahl der erfüllten Anforderungen durch die Anzahl aller Anforderungen geteilt wird. Die Ausführung der Metrik erfolgt durch die folgenden Schritte:

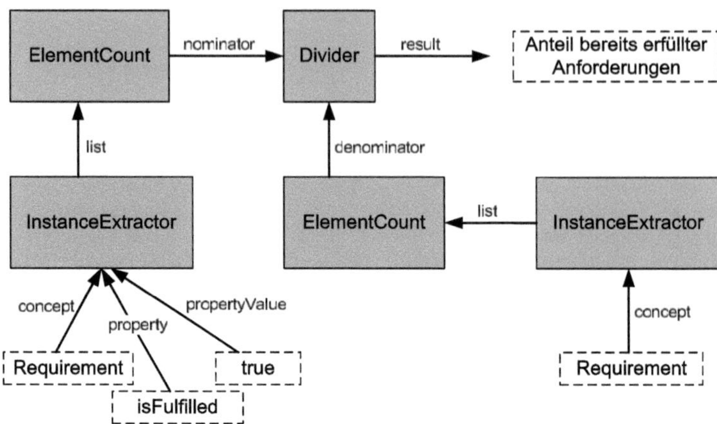

Abbildung 7.8: Metrik zur Bestimmung der Anforderungserfüllung

1. Das Wurzelelement (Abbildung 7.8, oben rechts) besitzt keine Belegung für das Attribut `value`. Damit wird der Wert des Kindelements geliefert, hier des Operators `Divider` (oben Mitte). Dieser führt die Division der Operanden `nominator` und `denominator` aus, die jeweils als Pfeil dargestellt sind.

2. Damit sind zunächst die Operanden `nominator` und `denominator` auszuwerten, bevor der Operator `Divider` ausgeführt werden kann.

3. Der Operand `nominator` erhält seinen Wert von einem Kindelement, dem Operator `ElementCount`.

4. Der Operator `ElementCount` besitzt einen Operanden `listA`.

5. Operand `listA` erhält seinen Wert von der Probe `InstanceExtractor`.

6. Die Werte der Operanden `concept`, `property` und `propertyValue` werden dem Aufruf der Probe `InstanceExtractor` übergeben. Damit liefert die Probe eine Liste zurück, die alle URIs der Instanzen aus dem übergebenen Modell enthält, die dem Konzept `Requirement` zugeordnet sind und eine Property `isFulfilled` mit der Belegung `true` besitzen.

7. Die Ergebnisliste wird über den Operanden `listA` an den Operator `ElementCount` übergeben. Dieser gibt seinerseits als Resultat die Anzahl der Elemente in der Liste zurück.

8. Damit ist das Ergebnis für den Zähler der Division (`nominator`) als die Anzahl der erfüllten Anforderungen im übergebenen Modell bestimmt und der linke Zweig in Abbildung 7.8 abgearbeitet.

9. Die Auswertung des Operanden `denominator` (rechter Zweig) erfolgt analog zu den soeben beschriebenen Schritten. In diesem Fall wird jedoch nur das Konzept auf `Requirement` eingeschränkt, so dass der Wert des Operanden der Gesamtzahl aller Anforderungen im übergebenen Ontologiemodell entspricht.

10. Die ausgewerteten Operanden übergeben ihre Werte an den Operator `Divider`.

11. Der Operator gibt das Ergebnis der Division als Schlusspunkt der Auswertung zurück. Damit berechnet die dargestellte Metrik den Anteil der erfüllten Anforderungen in dem übergebenen integrierten Produktmodell. Der Wert des Ergebnisses bewegt sich je nach den Inhalten des Modells zwischen 0 (keine erfüllten Anforderungen) und 1 (alle Anforderungen sind erfüllt).

Kapitel 8

Evaluation

Aus der Komplexität des in dieser Arbeit vorgestellten Konzepts sowie der Neuigkeit und Neuartigkeit der eingesetzten Ideen und Technologien leitet sich die Notwendigkeit einer ausführlichen Evaluation der Ergebnisse ab. Auf Basis des erstellten und in Kapitel 7 beschriebenen Prototyps „Permeter" finden in diesem Kapitel entsprechende Tests und Untersuchungen statt.

Die Evaluation greift dabei auf eine Anzahl realer Projektdaten und -hintergründe zurück. Zum einen wird das oben eingeführte durchgängige Beispiel Pick2Light formalisiert und ausgewertet. Zu diesem Zweck werden die nötigen Ontologien zur Abbildung von Chip-Entwicklungsprozessen, als Spezialfall der Produktentwicklung, definiert und die realen Projektdaten importiert. Durch die Zusammenarbeit mit den am Projekt beteiligten Entwicklern werden die Stärken und Verbesserungsmöglichkeiten von Konzept und Umsetzung untersucht. Als weiterer Testkontext im Umfeld der Chip-Entwicklung – den Nachteil der Abgeschlossenheit von Pick2Light ausgleichend – bietet sich das Projekt Produktiv+ an (siehe Abschnitt 2.1.3). Hier wird auf Basis von realen Daten aus großen, umfangreichen Projekten der Projektpartner Infineon und AMD evaluiert. Diese Tests gewähren einen wertvollen Einblick in die Methoden und Probleme moderner Entwicklungsprojekte. Zum anderen stehen auch umfangreiche Projektdaten aus dem Bereich Automotive zur Verfügung, die zur weiteren Illustration der Funktionsweise und zur Verbreiterung des Blickwinkels der Evaluation verwendet werden.

Ziel der Evaluation ist es schließlich, das vorgelegte Konzept zu bewerten und nötigenfalls eine Liste von Eigenschaften vorzulegen, die von zur „Vermessung" mit Permeter geeigneten Projekten zu erfüllen sind. Für solche Projekte bietet dieses Kapitel detaillierte Anwendungshinweise.

8.1 Evaluationsvoraussetzungen und -zieldefinition

Dieser Abschnitt untersucht die durchzuführende Evaluation von zwei Seiten. Die Nennung der Evaluationsvoraussetzungen betrachtet die Untersuchung vom Startpunkt aus und beschreibt, welche Schritte vor Beginn der eigentlichen Evaluation zu unternehmen sind. Die Zieldefinition nimmt den entgegengesetzten Blickwinkel ein und detailliert die Fragen, auf die die Evaluation nach ihrem Abschluss Antworten liefert.

Eine der wesentlichen Voraussetzungen für die Evaluation schafft die im vorigen Kapitel 7 beschriebene Implementierung des Prototyps „Permeter“. Dieses Werkzeug setzt die Konzeption aus Kapitel 5 um und ermöglicht die Erstellung von integrierten, semantischen Produktmodellen sowie deren Auswertung. Weitere Voraussetzungen für die Evaluation sind:

1. **Implementierung branchenspezifischer Erweiterungen für den Prototyp:** Eine umfassende Beschreibung und Evaluation der Anwendungsprotokolle liefert der nachfolgende Abschnitt 8.2.

2. **Existenz und Verfügbarkeit geeigneter, möglichst realer Beispielprojekte:** Die Evaluation findet nicht nur theoretisch auf der abstrakten, konzeptionellen Ebene statt, sondern wird auch anhand von praktischen Beispielen durchgeführt. Um die Aussagekraft dieser Tests zu erhöhen, sind möglichst durchschnittliche Projekte der betrachteten Branche(n) zu wählen. Zu diesem Punkt gehören auch die Aufbereitung und Bereitstellung der vorgefundenen Daten.

3. **Definition der Anforderungen an das zu erstellende Produktmodell und die daran durchzuführende Performanzmessung:** Diese Voraussetzung wurde bereits ganz zu Beginn der Arbeit in Kapitel 1 geschaffen. Die dort gelisteten Anforderungen bilden einen strengen Rahmen für die vorgenommene Konzeption. Ihre Erfüllung wurde teilweise bereits in den vorigen Kapiteln untersucht, das vorliegende Kapitel zur Evaluation vervollständigt die Betrachtung der Anforderungen und fasst die Ergebnisse zusammen.

Zu den wichtigsten Zielen der Evaluation zählt es,

1. **die Vorteile semantisch integrierter Produktmodelle aufzuzeigen:** Mit der These, dass eine echte semantische Modellierung von Produkten und ihrer Struktur einen realen Nutzen darstellt, steht und fällt die vorliegende Arbeit. Entsprechend sorgfältig stellt die Evaluation dar, welche Vorteile und zuvor nicht gegebene Möglichkeiten sich aus der Verwendung eines entsprechenden Produktmodells ergeben.

2. **die Überlegenheit des hier vorgestellten Ansatzes gegenüber verwandten Arbeiten zu belegen:** Auf dem Gebiet der Produktmodellierung und Performanzmessung besteht zum vorliegenden Ansatz eine nicht unerhebliche Konkurrenz (siehe Kapitel 2). Trotz der dort bereits erfolgten Abgleiche zeigt dieser Umstand die Notwendigkeit einer erneuten Betrachtung und Bewertung der Konzeption im Hinblick auf bereits etablierte Arbeiten an.

3. **anhand von Beispielen einerseits und Übersichtsinformationen andererseits die Anwendbarkeit des in dieser Arbeit vorgestellten Ansatzes zu illustrieren:** Neben der inhaltlichen Untersuchung von Konzeption und Umsetzung auf Tauglichkeit dient das Kapitel zur Evaluation dem geneigten Leser als Referenz für die insgesamt gebotene Funktionalität, da diese zum Zwecke der Evaluation ja ohnehin aufzublättern ist.

4. **die vorhandenen Grenzen und Nachteile des beschriebenen Ansatzes festzustellen und zu dokumentieren:** Keine Arbeit kann für alle denkbaren Anwendungsfälle besonders oder auch nur gleich gut geeignet sein. Daher ist es auch

Aufgabe der Evaluation, einen Rahmen zu setzen und Entscheidungshilfen zu bieten, die festlegen, unter welchen Umständen die vorliegende Konzeption gut und unter welchen sie weniger gut geeignet ist.

Mit diesen Bedingungen, Voraussetzungen und Zielen im Hintergrund startet die Evaluation in die detaillierte Betrachtung der Arbeit.

8.2 Betrachtete Branchen und implementierte Transformationen

Um das in Kapitel 5 beschriebene Konzept zur Erstellung integrierter Produktmodelle und zur darauf gestützten Auswertung des Entwicklungsfortschritts umzusetzen, ist der in Kapitel 7 vorgestellte Prototyp „Permeter" um branchen- und projektspezifische Aspekte zu erweitern. Als Beispiel für branchenspezifische Erweiterungen sind die Partialmodelle zu nennen. Deren Format und Struktur unterscheiden sich stark zwischen verschiedenen Industriebereichen, mit einem räumlichen CAD (Computer Aided Design)-Geometriemodell aus der Automobilentwicklung kann ein Chip-Designer ebenso wenig anfangen wie ein Motorenspezialist mit einer VHDL[1]-Spezifikation. Andererseits ergibt die Anwendung einzelner Partialmodelle, etwa zu Anforderungen oder Funktionen, durchaus auch branchenübergreifend Sinn. Noch spezifischer sind dagegen auf bestimmte Projekte zugeschnittene Erweiterungen, zu denen etwa die konkreten, an den Zielen der Entwicklung orientierten Metriken gehören. Allerdings ist auch hier die Zuordnung nicht absolut und endgültig, die Konzepte hinter Metriken sind durchaus projekt- und branchenübergreifend transferierbar (siehe Kapitel 6).

Zwei Branchen erfahren in dieser Evaluation eine nähere Betrachtung: Automotive (Abschnitt 8.2.1) und Chip-Design (8.2.2). Dabei liegt die Fokussierung auf dem Chip-Design, insbesondere auf den Projekten Pick2Light und Produktiv+. Der Bereich Automotive ist dagegen wegen der hohen Nachfrage aus dem Feld der potentiellen Anwender erwähnenswert. Schon während der laufenden Konzeption und Umsetzung signalisierten hier mehrere namhafte Hersteller und OEMs Interesse.

8.2.1 Ein integriertes Chip-Modell

Bereits Kapitel 1 stellte in Abschnitt 1.4 das Projekt „Pick2Light" vor. Dabei handelt es sich um ein schon abgeschlossenes Vorhaben zur Entwicklung eines Siliziumchips. Die entstandene integrierte Schaltung ist derzeit zur Steuerung von Lagerhaltungssystemen im Einsatz. Da die Entwicklung im Institut OFFIS stattfand, sind zahlreiche Ressourcen und Dokumente, die zur Umsetzung beigetragen haben, verfügbar.

Bevor auf Grundlage dieser Daten jedoch ein integriertes Produktmodell erstellt werden kann, ist der Aufbau einer chipdesignspezifischen Erweiterung des Prototypen Permeter notwendig. Dazu wurden an die Formate und Modelle des Chip-Designs angepasste Transformationen und Ontologien definiert und umgesetzt.

[1] VHSIC (Very High Speed Integrated Circuit) Hardware Description Language, funktionale Beschreibungssprache aus dem Chip-Design.

Integration

Um ein integriertes Produktmodell für die Chip-Entwicklung zu erreichen, wurden die folgenden Partialmodelle und Transformationen implementiert und evaluiert (alle Ontologien sind unter den angegebenen Adressen im WWW verfügbar):

Partialmodell	Namensraum	Transformation
Anforderungen	http://www.permeter.de/2008/02/requirements	*keine*
Funktionen	http://www.permeter.de/2008/01/functions	*keine*
High Level Design	http://www.permeter.de/2007/11/vhdl	VHDL
Implementierung	http://www.permeter.de/2007/12/backend	Werkzeugprotokoll
Test	http://www.permeter.de/2007/11/test	Werkzeugprotokoll
Designflow	http://www.permeter.de/2007/06/project	MS Project

Die Details zu diesen Partialmodellen und den dazugehörigen Transformationen ergeben sich wie folgt (siehe auch Kapitel 5.3):

- **Anforderungen:** Die Anforderungen an den im Projekt Pick2Light erstellten Chip sind nur textlich und mittels Absprachen mit den beteiligten Entwicklern definiert. Daher ist eine vollständige und zugleich automatisierte Überführung in das semantische Anforderungsmodell nicht möglich. Um die Anforderungen als besonders wichtige Bestandteile eines integrierten Produktmodells dennoch zu erfassen, fand eine manuelle Definition mit Hilfe eines Ontologieeditors statt. Dieser speichert die Anforderungen direkt in der geforderten Struktur.

- **Funktionen:** Für die Funktionen gilt, analog zu den an den Pick2Light-Chip gestellten Anforderungen, dass diese während des Projektverlaufs nicht formal spezifiziert wurden. Entsprechend wurde diese Aufgabe mit Unterstützung der beteiligten Entwickler nachgeholt. Bemerkenswert dabei war, dass die Designer es im Zuge dieser Arbeit bedauerten, eine solche formale Definition nicht schon früher, möglichst zu Beginn des Projekts, durchgeführt zu haben. So hätten einige der später auftretenden Probleme im Designprozess zeitiger erkannt und vermieden werden können. In Projekten der betrachteten Branche ist die Verwendung eines gesonderten Werkzeugs zur Anforderungs- und Funktionsverwaltung üblich, aus dem diese Artefakte dann automatisiert entnommen und in das semantische Ontologiemodell überführt werden können.

- **High Level Design:** Das abstrakte, d. h. noch implementierungs- und plattformunabhängige, Design des Pick2Light-Chips wurde von den Entwicklern mit Hilfe der Beschreibungssprache VHDL definiert. Dabei handelt es sich um eine Sammlung einfacher, einem definierten Aufbau verpflichteter Textdateien. Zwischen den Elementen in den einzelnen Dateien und von den Inhalten der VHDL-Dateien zu Bibliothekselementen bestehen Referenzen verschiedener Semantik; Inklusions- und Strukturbeziehungen kommen hier ebenso vor wie Aussagen zur semantischen Gleichheit. Aufgabe der implementierten, automatischen Transformation ist es nun, die Elemente und ihre Beziehungen in einem Ontologiemodell abzubilden. Dazu durchläuft ein spezieller Parser die vorhandenen VHDL-Dateien und erzeugt die notwendigen Instanzen in der Ontologie. Mit Hilfe der eindeutigen Entitätsnamen aus dem VHDL können auch die Beziehungen als Instanzrelationen repräsentiert werden.

- **Implementierung:** Als Ontologie für die während der Implementierung erzeugten Artefakte dient das bereits in Kapitel 5.3 beschriebene und im Rahmen des Projekts Produktiv+ erstellte Modell. Die Transformation für die Implementierungsdaten speist sich aus den Ausgabe- und Log-Dateien der im Designflow eingesetzten Synthesewerkzeuge. Aus diesen lassen sich vielfältige Informationen zu den einzelnen Chip-Komponenten auslesen. Interessant sind hierbei insbesondere Werte zur Performanz, Komplexität und „Größe" (Transistorzahlen, Leitungsebenen etc.) der Elemente, da diese gute Ansatzpunkte für Metriken liefern.

- Die **Test-Ontologie** ermöglicht die, im Prototyp zunächst nur rudimentär umgesetzte, Repräsentation von Produkttests. Im Falle der Chip-Entwicklung handelt es sich dabei in der Regel um Testvektoren, die einzelne Belegungen der Schaltung definieren und deren korrektes Verhalten überprüfbar machen. Die Ergebnisse solcher Tests lassen sich mit recht geringem Aufwand und bei Bedarf automatisch aus den Log-Dateien der entsprechenden Werkzeuge des Chip-Designs ableiten.

- Ein **Designflow** aus dem Chip-Design beschreibt den Prozess der Erstellung im Sinne eines Projektplans. Da in der Branche komplexe Aufbauten mit vielfältigen Tool-Interaktionen die Regel sind, enthält der Designflow oft umfangreiche Informationen zu den verwendeten Werkzeugen. Vor dem Hintergrund, dass der Projektplan kein unmittelbarer Bestandteil des Produktmodells ist (siehe Kapitel 5), wird seine Repräsentation als Ontologie hier nur im Vorbeigehen betrachtet. Oft ist eine (semi-)automatische Erstellung und Überführung des Projektplans – etwa aus dem MS-Project-Format – und damit dessen Integration mit dem Produktmodell problemlos möglich.

Mit der Transformation der Originaldaten in die korrespondierenden Ontologieformate ist der erste Schritt zur Erstellung des Pick2Light-Produktmodells geschafft. Die für eine Bewertung von Projektfortschritt und Entwicklungsperformanz relevanten Daten stehen nun, noch unverknüpft und in den verschiedenen Partialmodellen, nebeneinander. Im zweiten Teil folgt die Abbildung der zuvor impliziten Relationen zwischen den Artefakten der Teilmodelle. Dazu werden im konkreten Fall des Pick2Light-Chips die folgenden Verknüpfungen verwendet (in Klammern ist, wo nötig, das Partialmodell von Ursprungs- oder Zielkonzept angegeben):

Name	Ursprung	Ziel	Semantik
erfordert	Anforderung	Funktion	Verbindet Anforderungen mit durch sie notwendig gewordenen Funktionen des Produkts.
umgesetzt durch	Funktion	Entität (VHDL)	Verknüpft geforderte Funktionalitäten des Chips mit den Elementen des High-Level-Designs.

Name	Ursprung	Ziel	Semantik
implementiert durch	Entität (VHDL)	DesignArtifact (Impl.)	Zeigt an, welche Designelemente wie in konkrete Objekte auf dem Chip umgesetzt werden.
validiert von	DesignArtifact (Impl.)	Test	Verbindet umgesetzte Artefakte mit den sie validierenden Tests.
prüft Erfüllung	Test	Anforderung	Ermöglicht die Rückkopplung von den Tests zu den das Produkt definierenden Anforderungen.
erzeugt	Aktivität (Projekt)	*alle Konzepte*	Dient zur Integration des Projektplans und zeichnet eine Instanz des Produktmodells als Ergebnis einer dort definierten Aktivität aus.

Die genannten Relationen setzen die durch die Transformationen erzeugten Instanzen der Ontologiemodelle in Beziehung. So entsteht das angestrebte integrierte Produktmodell. Dabei können die Verknüpfungen sowohl manuell mit einem speziellen Werkzeug als auch algorithmisch von Programmroutinen erstellt werden. Im Beispiel wird der Matrixbrowser (Abbildung 8.1) zur Verbindung von Anforderungen und Funktionen verwendet. Für die deutlich zahlreicheren Verschneidungen von VHDL-Entitäten und den Artefakten der Implementierung bietet der Prototyp dagegen eine eigene Routine.

Bei den in der obigen Tabelle genannten Relationen handelt es sich nur um beispielhafte Vertreter von besonderer Wichtigkeit, problemlos können, je nach Fragestellung und Datenverfügbarkeit, weitere Relationen hinzugefügt und genutzt werden. Die obige Liste wurde ausgewählt, da die enthaltenen Relationen einen kompletten Zirkel von Anforderungen über Funktion, Design, Implementierung und Test zurück zu den Anforderungen erlauben. Damit lässt sich der Entwicklungserfolg direkt auf die Anforderungserfüllung abbilden und automatisiert auswerten (siehe Abbildung 8.2).

Die Nutzung dieser und ggf. weiterer Relationen zur Analyse und Bewertung der Performanz in der Produktentwicklung am Beispiel Pick2Light erläutert der folgende Abschnitt.

Auswertung

Mit der Erstellung des integrierten Produktmodells ist, nach der Transformation der Originaldaten, der zweite wichtige Schritt in Richtung der angestrebten Performanzmessung getan. Die nun in einem gemeinsamen Modell vereinten und miteinander verknüpften Designartefakte bieten eine reichhaltige Grundlage für Analysen und Auswertungen. Am Beispiel des Chip-Modells aus dem Projekt Pick2Light wurden im Rahmen der vorliegenden Arbeit die folgenden Metriken entwickelt, umgesetzt und durchgeführt:

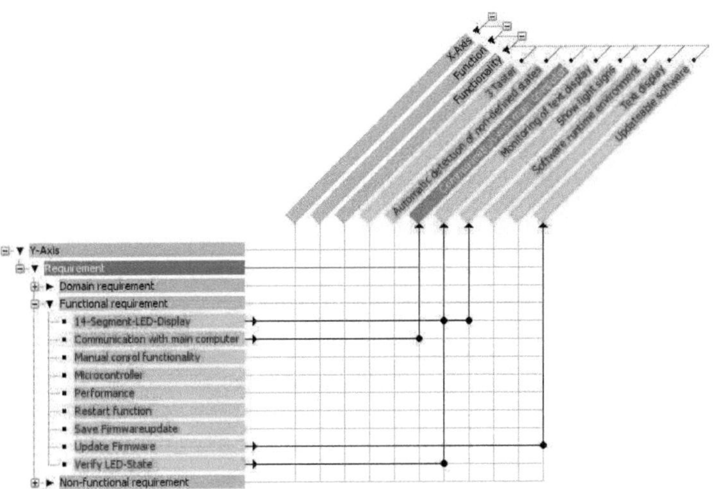

Abbildung 8.1: Teile des integrierten Chip-Modells im Matrixeditor

1. **Metrik zur „Größe“ des Designartefakts:** Eine recht simple Metrik, die die Anzahl aller oder ausgewählter Instanzen im Chip-Modell zählt. Sie dient zum Vergleich mit anderen Entwicklungen. Besonders interessante Betrachtungen ergeben sich bei der Darstellung der Ergebnisse im Bezug zum zeitlichen Verlauf des Designprozesses. Zugleich stellt die Metrik eine Grundlage für die Betrachtungen zur Komplexität des Entwicklungsgegenstands dar.

2. **Metrik zum Ausmaß der inneren Verknüpfungen:** Als Konterpart zur Größenmetrik misst diese Variante die innere Kohärenz, also den Zusammenhalt des Produktmodells. Dazu wird die Anzahl der vorhandenen Instanzen durch die der Relationen geteilt. Eine gute, erfolgreiche Produktentwicklung zeichnet sich durch klare Strukturen und genau definierte Zusammenhänge aus. Die Ergebnisse dieser Metrik sind insbesondere im Vergleich zu anderen Projekten derselben Branche interessant. Werte unter eins lassen auf eine Fragmentierung des Modells und nicht ausreichend geklärte Wirkzusammenhänge in der Entwicklung (und damit auf potentielle Probleme) schließen.

3. **Metrik zum Erfüllungsgrad:** Diese Metrik nutzt den oben beschriebenen Rückschluss des integrierten Chip-Modells von Anforderung über Funktion, Design, Umsetzung und Testergebnis zurück zu den Anforderungen. Sie erfasst die vorhandenen Pfade von Anforderungen zu Testergebnissen und koppelt deren Status zurück. So lässt sich automatisiert und zugleich nachvollziehbar auf den Erfüllungsstatus der Anforderungen selbst schließen. Aus diesem ergibt sich wiederum

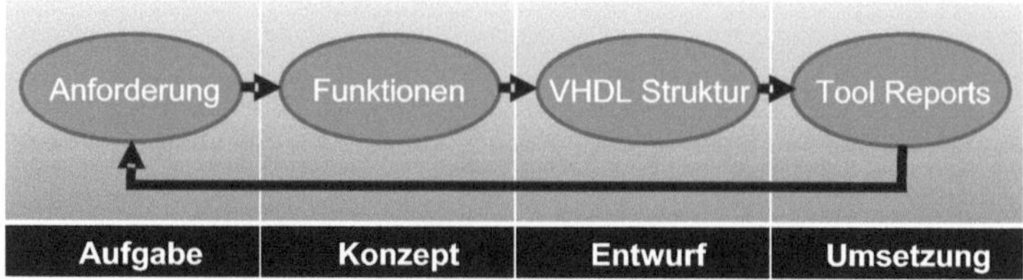

Abbildung 8.2: Durchgängiges Verknüpfen der Partialmodelle führt zum integrierten Chip-Modell

unmittelbar der allgemeine Status der Entwicklung, die ja abgeschlossen ist, sobald das Produkt in der Umsetzung allen Anforderungen entspricht. Die Darstellung der Ergebnisse dieser Metrik über der Zeit gibt eine wertvolle Einsicht in die Performanz der Entwicklung.

4. **Metriken zu Komplexität und Qualität:** Im oben bereits eingeführten Projekt Produktiv+ wurden Komplexität und Qualität von Designartefakten als zentrale Eigenschaften im Hinblick auf die Performanz von deren Entwicklung identifiziert. Das Projekt hat verschiedene abstrakte wie auch konkrete Ansätze zur Berechnung dieser Parameter erarbeitet, die hier, am Beispiel von Pick2Light, zur Anwendung kommen. Dabei handelt es sich bezüglich der Komplexität um einen Ansatz, der eine große Zahl von Detailinformationen zu einem Designartefakt sammelt, diese unter dem Gesichtspunkt der Komplexität bewertet und die Ergebnisse zu einem Gesamtwert gewichtet aggregiert. Die Qualität ergibt sich in diesem Ansatz dagegen aus dem messbaren Unterschied des vorliegenden zu einem virtuellen „idealen“ Baustein, der alle Anforderungen vollständig erfüllt.

5. **Weitere projektspezifische Metriken** als speziell für Pick2Light angepasste Auswertungen zu bestimmten Fragestellungen. Solche Fragestellungen tauchen im Projektverlauf als Probleme auf, und die zugehörigen Antworten geben als Managementunterstützung häufig Entscheidungen vor. Konkret im Falle von Pick2Light stellte sich recht früh im Projektverlauf die Frage nach der optimalen Werkzeugwahl. Mit Hilfe einer Metrik, die aus bereits vorhandenen Anforderungen, Funktionen, VHDL-Beschreibungen sowie deren Verknüpfungen den voraussichtlichen Umfang der Umsetzung interpoliert, gelang es, die Auswahl des geeigneten Werkzeugs zu unterstützen.

Der Softwareprototyp Permeter unterstützt die generische Definition von Metriken und deren Durchführung „auf“ integrierten Produktmodellen. Der Testaufbau umfasst ein gutes Dutzend Modelle, die jeweils den Entwicklungsstand des Pick2Light-Chips zu einem bestimmten Zeitpunkt repräsentieren. So kann die Entwicklung der Metrikergebnisse im Bezug zur Zeitdimension aufgetragen und beobachtet werden. Abbildung 8.3 zeigt dazu das Beispiel der Ergebnisse zweier einfacher Metriken, die die beiden Designartefakte „Watchdog“ und „Analogue“ aus dem Pick2Light-Chip vermessen. Dargestellt sind jeweils deren eingenommene Chip-Fläche und die Anzahl der Transistoren (in der angestrebten Umsetzung zum angegebenen Zeitpunkt).

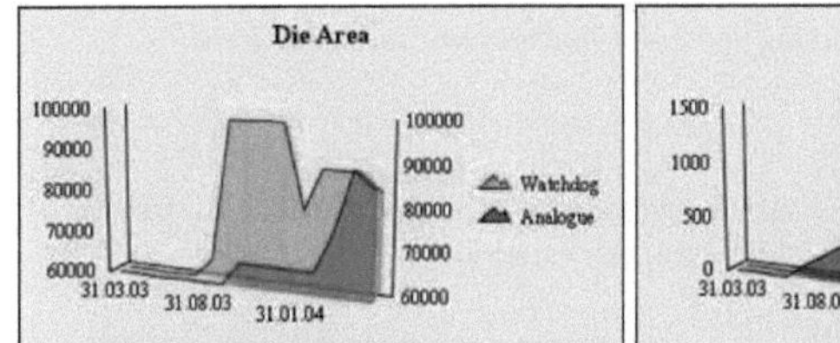

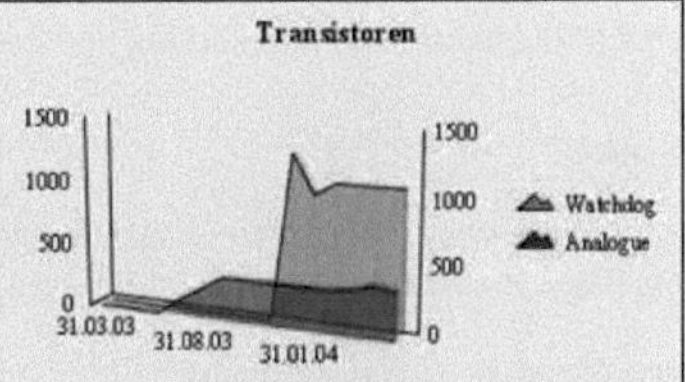

Abbildung 8.3: Metrikergebnisse zu Pick2Light

Weitere Beispiele zur Darstellung von Metrikergebnissen und deren Verwendung in Berichten finden sich aus Platzgründen im Anhang B.

8.2.2 Ein integriertes Automobilmodell

Dieses Kapitel zur Evaluation greift mit dem Anwendungsgebiet der Automobilbranche ein weiteres Beispiel für die Nutzung des beschriebenen Ansatzes auf. Die Gründe hierfür liegen zum einen in der Notwendigkeit des Nachweises, dass Konzeption und Umsetzung allgemeingültig und generisch einsetzbar sind, und zum anderen in dem regen Interesse, welches einige der namhaftesten Akteure der Branche am untersuchten Thema zeigen. Schließlich bietet dieses Anwendungsszenario dem mit den Details des Chip-Designs weniger vertrauten Leser einen vereinfachten Zugang und ein weiteres, möglicherweise verständlicheres Beispiel.

Oberflächlich betrachtet sind sich die Anwendungsgebiete Chip-Design und Automotive zunächst sehr ähnlich. Beide drehen sich um komplexe und komplexeste Produkte mit entsprechend hohem Entwicklungs- und Investitionsrisiko. Beide Produkte weisen einen hohen Spezialisierungsgrad auf und stellen entsprechend weitreichende Ansprüche an Qualifikation und Zusammenarbeit ihrer Entwicklerteams. Auch in der langen, oft mehrjährigen Entwicklungszeit, der komplexen Zulieferkette und der Vielzahl von zu verwaltenden Designartefakten sind Parallelen zu erkennen.

Dennoch werden gerade im Hinblick auf die Erstellung eines integrierten Produktmodells auch gewichtige Unterschiede sichtbar. So sind im Bereich Automotive eine deutlich stärkere Tendenz und eine weiter fortgeschrittene Bemühung in Richtung der Standardisierung von Datenformaten für Entwicklungsinformationen zu verzeichnen (siehe beispielsweise STEP, Abschnitt 2.2.1). Diese erleichtern die Anwendung von Permeter, da weniger spezifische Transformationen zur Überführung der Eingangsdaten notwendig werden. Ein weiterer interessanter Unterschied besteht in der im Automotive üblichen Fokussierung der konzeptionellen Modelle, die, anders als die Standards des Chip-Designs, den Entwicklungsgegenstand unter verschiedenen Gesichtspunkten (etwa Geometrie, Baustruktur, Kommunikation etc.) betrachten. Die Aufgabe, diese unterschiedlichen Blickwinkel im integrierten Produktmodell sauber zusammenzufügen, erhöht die Komplexität des Automotive-Szenarios.

Insgesamt bietet die Anwendung der in dieser Arbeit vorgestellten Konzeption im Bereich des Automobilbaus ein lohnendes zweites Standbein für die Evaluation. Analog zum obigen Vorgehen anhand des Chip-Designs erläutert der vorliegende Abschnitt im Folgenden Integration und Auswertung von Entwicklungsdaten aus der Branche.[2]

Integration

Um ein integriertes Produktmodell für die Automobilentwicklung zu erstellen, wurden die folgenden Partialmodelle und Transformationen verwendet:

Partialmodell	Namensraum	Transformation
Anforderungen	http://www.permeter.de/2008/02/requirements	*keine*
Funktionen	http://www.permeter.de/2008/01/functions	*keine*
Geometrie	http://www.permeter.de/2007/12/catia	Catia V5
Kommunikation	http://www.permeter.de/2008/01/fibex	Fibex XML
Projekt	http://www.permeter.de/2007/06/project	MS Project

Die Details zu diesen Partialmodellen und den dazugehörigen Transformationen ergeben sich wie folgt (siehe auch Kapitel 5.3):

- **Anforderungen und Funktionen:** Die Angaben zu diesen Partialmodellen entsprechen den oben bei der Betrachtung des integrierten Chip-Modells getätigten.
- **Geometrie:** Ein Geometriemodell gibt Auskunft über die räumliche Ausdehnung und Struktur des Fahrzeugs und seiner Bauteile. Angesichts der hohen Komponentenzahl und deren gegebenenfalls komplexen Geometrie kommt solchen Modellen im Automobilbau eine besonders hohe Bedeutung zu. Zu deren Modellierung hat sich eine entsprechend hohe Anzahl von Standards, Werkzeugen und Austauschformaten entwickelt. Eine der verbreiteten CAD (Computer Aided Design)-Lösungen ist Catia[3], welche im behandelten Beispiel als Ausgangsformat für das Geometriemodell dient. Permeter bietet dazu eine automatische Transformation von Catia-Modellen an, die räumliche sowie strukturelle Informationen in die Instanzebene der zum Partialmodell gehörigen Ontologie überführt.
- **Kommunikation:** Moderne Automobile bestehen zu einem steigenden Anteil aus elektronischen Bauteilen. Diese dienen nicht nur zur Steigerung des Fahrkomforts (z. B. Servolenkung) oder zur Unterhaltung der Insassen (Multimediasystem), sondern ebenfalls und zunehmend der Erhöhung der Fahrsicherheit (ABS, ESP). Entsprechend hohe Ansprüche sind an die Ausfallsicherheit einzelner Elemente und an die Kommunikation zwischen den Bauteilen zu stellen. Um diese zu gewährleisten, sind moderne Automobile mit einem kilometerlangen Kabelnetz versehen, das ein – oft doppelt ausgelegtes – Bus-System zur Kommunikation der Komponenten etabliert.

  Unter diesen Bedingungen ist die Konzeption und Modellierung der „an Bord“

[2]Umfangreiche Beispieldaten aus realen Projekten liegen vor, werden hier jedoch aus rechtlichen Gründen nur anonymisiert verwendet.

[3]Computer Aided Three-Dimensional Interactive Application, Dassault Systèmes, Frankreich.

verwendeten elektronischen Bauteile ein wesentlicher Bestandteil des Fahrzeugdesigns. Daher haben sich auch hier Werkzeuge und Standards entwickelt, unter denen das Fibex (Field Bus Exchange)-Format als besonders prominent hervorzuheben ist. Permeter bietet eine entsprechende Möglichkeit der Transformation von Bauteil-, Signal- und Verdrahtungsdaten in das zugehörige Partialmodell.

- **Projekt:** Verbreiteter noch als im Chip-Design ist in der Automobilbranche die Vergabe von Entwicklungsleistungen an externe Dienstleister. Die OEM (Original Equipment Manufacturer) geben für die allermeisten Bauteile ihrer Fahrzeuge nur die Rahmenanforderungen vor und lassen das letztlich benötigte Bauteil von Spezialisten entwickeln und fertigen. Daraus ergibt sich eine umfängliche Zulieferstruktur, die in einem Projektmodell abgebildet und verwaltet wird. Für die Inhalte des zugehörigen Partialmodells in Permeter und die Möglichkeiten der Transformation gelten die oben im Bereich des Chip-Designs getroffenen Aussagen.

Auch zur Integration des Produktmodells im Bereich Automotive dienen spezielle, über den Kontext der einzelnen Partialmodelle hinausgreifende Relationen:

Name	**Ursprung**	**Ziel**	**Semantik**
erfordert	Anforderung	Funktion	Verbindet Anforderungen mit durch sie notwendig gewordenen Funktionen des Produkts.
umgesetzt durch	Funktion	Bauteil (Geometrie, Kommunikation)	Zeichnet, analog zu Chip-Modell, bestimmte Bauteile aus Geometrie- und Kommunikationsmodell als durch bestimmte Funktionalitäten notwendig aus.
enthält	Bauteil (Geometrie)	Bauteil (Kommunikation)	Bildet die Baustruktur des Automobils ab.
verbindet	Bus (Kommunikation)	Bauteil (Geometrie)	Verknüpft Kommunikations- und Geometriemodell über die Information, welche (physikalischen) Bauteile über einen (logischen) Bus interagieren.
erzeugt	Aktivität (Projekt)	*alle Konzepte*	Dient zur Integration des Projektplans und zeichnet eine Instanz des Produktmodells als Ergebnis einer dort definierten Aktivität aus.

Aus den Partialmodellen in Verbindung mit den Relationen zur Integration ergibt sich, analog zum Beispiel aus dem Chip-Design oben, das integrierte Produktmodell des Automobils. Dabei kommen aus den oben genannten Erwägungen sowohl manuelle als auch automatisierte Schritte der Integration zum Einsatz. Die folgende Abbildung 8.4 zeigt einen Ausschnitt des integrierten Modells. Dabei steht jedes Objekt in der Abbildung für eine Instanz aus dem Produktmodell. Der Übersichtlichkeit halber ist das zugehörige Konzept in fetter Schrift jeweils vor dem Instanznamen angegeben. Die farbliche Schattierung lässt auf die unterschiedlichen Partialmodelle der Artefakte schließen.

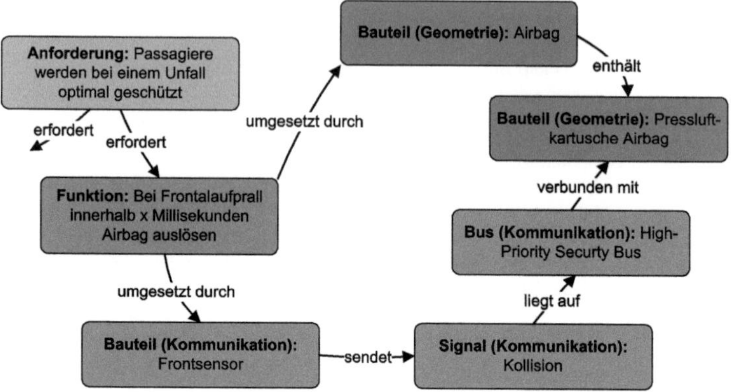

Abbildung 8.4: Ausschnitt des integrierten Produktmodells im Automobilbau

Ausgehend von der Anforderung, die, wie mit dem zweiten Pfeil ohne Zielobjekt angedeutet, mehrere Funktionen zu ihrer Erfüllung voraussetzt, spannt sich eine partialmodellübergreifende Abbildung des Sicherheitskonzepts Airbag auf. Dabei werden sowohl die physikalischen Bauteile des Geometrie- als auch die logischen Komponenten des Kommunikationsmodells repräsentiert. Besonders hervorzuheben sind die, nun über Relationen explizit definierten, Verknüpfungen zwischen den einzelnen Instanzen, die eine logische Überprüfung und Bewertung des Modells ermöglichen.

Auswertung

Die oben im Hinblick auf das Chip-Design genannten Metriken sind so oder ähnlich auch auf Automobilmodelle anwendbar, auch wenn ein branchenübergreifender Vergleich der Ergebniswerte sicher nur begrenzte Aussagekraft hat. Da die Hinwendung zur Automobilbranche anwendergetrieben erfolgt, wird auf solche allgemeinen Auswertungen hier aber nicht erneut eingegangen. Vielmehr zeigt der vorliegende Abschnitt am Beispiel der Bordkommunikation, dass das in dieser Arbeit vorgestellte Konzept flexibel auf individuelle Fragestellungen der Anwender eingehen kann.

Den OEM aus der Automobilbranche, an dessen Fragestellungen hier gearbeitet wurde, stellen vor allem die Komplexität der Bordkommunikation und die Vielzahl der dort vorhandenen impliziten Abhängigkeiten vor Schwierigkeiten. Aus den zahlreichen Komponenten und Verdrahtungen innerhalb moderner Automobile ergibt sich, wie oben bereits gezeigt, eine nicht unerhebliche ingenieurwissenschaftliche Herausforderung. Von besonderem Interesse sind dabei das Änderungsmanagement und die damit verbundene Frage, an welchen Stellen das System von einer Modifikation direkt und indirekt betroffen ist und inwiefern die Funktionalität in ihrer Gesamtheit gewährleistet bleibt.

Allgemeiner waren für den Hersteller auch langfristigere, abstraktere Fragestellungen von Interesse, etwa die Entwicklung der Signalzahl oder des Verhältnisses von Signalzahl zu Komponentenzahl über der Zeit und im Hinblick auf den bis zum Start der Serienproduktion verbleibenden Zeitraum. Dabei spielt wiederum die Überlegung eine Rolle, dass anhand der sich dabei abzeichnenden Kurve (siehe auch Abbildung 8.5 unten) und im Vergleich mit Erfahrungswerten eine Früherkennung „typischerweise problematischer Verläufe" möglich würde.

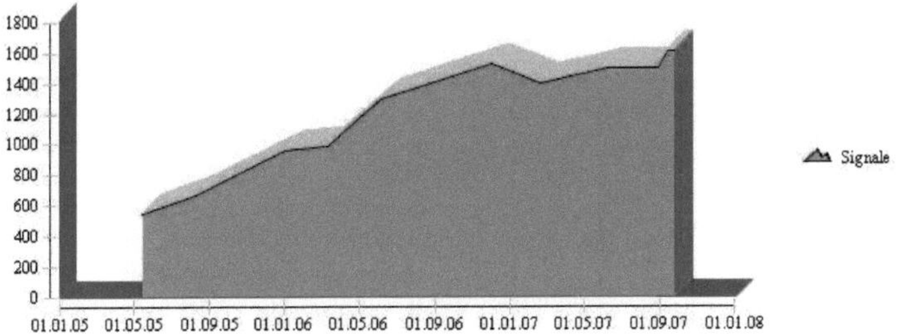

Abbildung 8.5: Verlauf der Signalzahl in der Entwicklung

Sowohl die genannten abstrakten als auch die detaillierteren Fragestellungen lassen sich mit Permeter adressieren. Von den flexiblen Möglichkeiten der Modellierung profitieren besonders die Betrachtungen in Richtung des Änderungsmanagements, da sich viele, auch modellübergreifende (etwa zwischen Fibex- und Geometriemodell verortete), Abhängigkeiten repräsentieren und bei Bedarf nachverfolgen lassen.

8.3 Untersuchung der Anforderungserfüllung

In Ergänzung zu der oben detaillierten branchenspezifischen Evaluation untersucht dieser Abschnitt anhand der in Kapitel 1 ausführlich motivierten und erläuterten Anforderungen, inwiefern das in der vorliegenden Arbeit beschriebene Konzept und die zugehörige Implementierung diesen entsprechen. In Zusammenarbeit mit dem sich anschließenden Fazit in Abschnitt 8.4 bewertet und begründet er den Erfolg der Arbeit.

Bei der Untersuchung der einzelnen Anforderungen ist Abschnitt 5.5 aus dem Kapitel zur Konzeption bereits in Vorleistung getreten, die dortigen detaillierten Ausführungen werden hier nicht wiederholt. Die folgende Tabelle evaluiert die Umsetzung der Anforderungen aus Kapitel 1, die sich mittelbar auch an die Implementierung richten und daher in Abschnitt 5.5 noch nicht abschließend beurteilt wurden. Dies sind im Einzelnen:

Anforderung	Status	Bemerkung
AF7: Verfolgbarkeit der Entwicklung über den gesamten Projektzeitraum	fraglich	Die Vergabe der Identifikation von Elementen bei der Transformation liegt in den Händen der Implementierung. Von dieser wird die Eindeutigkeit zwar gefordert und angestrebt, allerdings kann es bei bestimmten Eingangsformaten vorkommen, dass eine sicher wiederholbare Zuordnung nicht möglich ist.
AN1: Möglichst geringer Mehraufwand, Vereinbarkeit mit ohnehin vorgesehenen Projektabläufen	fraglich	Der Aufwand zum Einsatz der Methodik ist stark von der Frage abhängig, inwieweit die Entwicklung schon formalen Prozessen folgt. Je eher diese existieren und ein gepflegtes Repository für alle Produktdaten verfügbar ist, umso geringerer Mehraufwand fällt an.
AN2: Performante Behandlung und Speicherung großer Datenmengen	erfüllt	Diese Anforderung richtet sich an die Implementierung und ist im aktuellen Prototyp weitgehend umgesetzt. Die zukünftige Fortentwicklung der verwendeten Bibliotheken für Ontologien und deren Speicherung wird dieses Problem weiter marginalisieren.

Damit ist die detaillierte Evaluation der einzelnen Anforderungen, als Zusammenzug der obigen Tabelle und ihrer Entsprechung aus Abschnitt 5.5, abgeschlossen. In der Summe ergibt sich das folgende Bild:

Anforderung	erfüllt	fraglich	verfehlt
AF1: Verknüpfung von Designartefakten über die Grenzen proprietärer Datenformate hinweg	X		
AF2: Adressierung von Teilstrukturen und -elementen in Produktmodellen	X		
AF3: Erzeugung einer homogenen und stabilen Informationsstruktur...	X		
AF4: Definition von Regeln auf den Daten, die maschinell-automatisches Schließen von Aussagen unterstützen	X		
AF5: Umfassende und zugleich differenzierte Darstellung der Projektinhalte und -vorgänge	X		
AF6: Anwendbarkeit auf allen Ebenen der Entscheidungsstruktur von Projekten	X		
AF7: Verfolgbarkeit der Entwicklung über den gesamten Projektzeitraum		X	

Anforderung	erfüllt	fraglich	verfehlt
AN1: Möglichst geringer Mehraufwand, Vereinbarkeit mit ohnehin vorgesehenen Projektabläufen		X	
AN2: Performante Behandlung und Speicherung großer Datenmengen	X		
AN3: Flexibilität durch Erweiterbarkeit	X		
AD1: Domänenübergreifende Anwendbarkeit	X		

Mit neun von elf erfüllten und zwei offenen Anforderungen, die mit weiterem Bemühen um eine optimale Implementierung des Prototyps ebenfalls in die erste Kategorie überführbar sind, kann die Konzeption als Erfolg gelten.

Der folgende Abschnitt zum Fazit der Evaluation fasst die Ergebnisse weiter zusammen und geht auch auf die Grenzen des Ansatzes ein. Er bietet zudem Entscheidungshilfen an, die potentiellen Anwendern bei der Klärung der Frage helfen, ob die Nutzung semantisch integrierter Produktmodelle in ihrem konkreten Problemfall angezeigt erscheint.

8.4 Fazit der Evaluation

Das vorliegende Kapitel zur Evaluation hat sowohl am Beispiel konkreter Entwicklungsprojekte aus den Branchen Chipdesign und Automotive, als auch mit Hilfe der abstrakten Untersuchung zuvor definierter Anforderungen gezeigt, dass die hier vorgestellte Konzeption für die Erstellung semantisch integrierter Produktmodelle tauglich und in der Lage ist, eine Untersuchung des Projektfortschritts zu unterstützen. Damit ist das vorrangige Ziel der Arbeit erreicht.

Noch erweitert wird die nachgewiesene Relevanz des Ansatzes durch die weiteren Arbeiten zum Thema, die parallel in der Arbeitsgruppe der Wirtschaftsinformatik Oldenburg durchgeführt werden und das hier vorgestellte Konzept der integrierten Produktmodelle augmentieren. Besonders hervorzuheben sind dabei die oben bereits gelegentlich referenzierten Arbeiten von Jan Strickmann zur Repräsentation eines semantischen Projektmodells.

Das folgende Kapitel zum Abschluss der Arbeit greift diese Zusammenhänge noch einmal auf, zeichnet ein aktuelles Gesamtbild und wirft einen Blick auf die zukünftigen Anstrengungen zur weiteren Detaillierung, Ergänzung und Verbreitung des Themas.

Kapitel 9

Abschluss und Ausblick

Die vorangegangenen Kapitel beschreiben Motivation, Konzept und Umsetzung von Permeter, dem im Rahmen dieser Arbeit entstandenen Werkzeug zur Performanzmessung in Produktentwicklungsprojekten. Der vorliegende und abschließende Abschnitt rundet die Darstellung mit der nochmaligen Nennung und Zusammenfassung der geleisteten wissenschaftlichen Beiträge (Abschnitt 9.1), einem Ausblick auf zukünftige Entwicklungen (9.2) und der Vorstellung nebenläufiger Arbeiten (9.3) ab.

Insbesondere interessant ist dabei ein Blick auf die Arbeiten, die im Kontext des Permeter Frameworks zu Projekt- und Änderungsmanagement stattfinden. Durch die Einbeziehung des semantischen Projektmodells als Ergänzung des integrierten Produktmodells eröffnet sich eine weitere Dimension der Auswertungsmöglichkeiten und Anwendungsgebiete. In diesem Spannungsfeld ist die Arbeit von Jan Strickmann angesiedelt, deren Ergebnisse oben bereits referenziert und hier zusammengefasst sind.

Stehen sich Projekt- und Produktmodell als gleichberechtigte Partner auf einer Ebene gegenüber und bilden durch ihre Verschmelzung eine umfassende Repräsentation des Entwicklungssystems, so bietet sich die Abstraktion in Richtung von Key Performance Indicators (KPI) an. Solche KPI bewerten die betriebswirtschaftliche Seite von Unternehmen und ihrem Erfolg. Zwischen den im Rahmen dieser Arbeit definierten Metriken und Kennzahlen und den deutlich abstrakteren Indikatoren eine Brücke zu schlagen, erscheint als ein ebenso ambitioniertes wie notwendiges Vorhaben für die Zukunft.

9.1 Abbildung der Arbeitsergebnisse auf die Zielstellung

Der Abgleich der Arbeit mit den spezifischen Anforderungen aus Abschnitt 1.2 hat bereits in den obigen Sektionen 5.5 und 8.3 stattgefunden. An dieser Stelle und zum Abschluss der Arbeit wird nochmals auf die abstrakteren Zielstellungen eingegangen. Diese ergeben sich aus dem durch die Problemstellung motivierten Konzeptionsbeitrag sowie den Anforderungen an die Leistungen einer Promotion als wissenschaftliche Arbeit. Die vorliegende Promotion hat das in Kapitel 1 formulierte Hauptziel der

> Erstellung eines Konzepts zur Produktivitätsmessung (Performancemessung) in Produktentwicklungsprozessen basierend auf der formalen Repräsentation des integrierten Produktmodells (Entwicklungsergebnisses) mit Hilfe generischer Ontologiemodelle und unter Verwendung von Produkt- und Prozessmetriken

und liefert entsprechend folgende wissenschaftliche Beiträge:

1. **Umfassende Analyse und Beurteilung der gegenwärtig gegebenen Methoden zur Darstellung von Produktmodellen:** Dieser in den Kapiteln 2 und 3 gelieferte Beitrag umfasst zum einen die Kontextbestimmung für die vorliegende Arbeit und zum anderen die Darstellung der inhärenten Schwächen bisheriger Ansätze, welche im Weiteren als Motivation der Ausführungen dienen. Zudem zeigt der Beitrag, wie sich die Konzeption aus Kapitel 5 in Forschungs- und Anwendungsfeld einfügt.

2. **Motivation und Konzeption eines Vorgehens zur Erstellung semantischer und integrierter Repräsentationen von sich in der Entwicklung befindlichen Produkten:** Ist als *die* zentrale Idee der Arbeit in den Kapiteln 1 und 5 prominent dargelegt und umgesetzt. Das vierte Kapitel zu Modellen und Modelltransformationen dient dabei zur Vorbereitung der Konzeption. Diese erfüllt dann ihrerseits den Auftrag, eine geeignete Methodik zur Repräsentation des integrierten Produktmodells unter Verwendung von semantischen Ontologiemodellen vorzustellen.

3. **Vollständige Evaluation der daraus resultierenden Möglichkeiten zur Bewertung von Entwicklungsleistung und Produktivität:** Im Anschluss an die die Evaluation vorbereitenden Sektionen 6 und 7 setzt sich das achte Kapitel detailliert mit den gestellten Anforderungen und ihrer Erfüllung durch die vorliegende Arbeit auseinander. Es verifiziert somit die Gültigkeit der Konzeption in Bezug auf die Problemstellung.

Neben der Validierung der Arbeitsleistung lohnt im Abschlusskapitel auch ein Blick auf die nebenläufigen und den vorliegenden Ansatz augmentierenden Anstrengungen, den der folgende Abschnitt wagt.

9.2 Erweiterungen und komplementäre Entwicklungen

Dieser Abschnitt nennt mögliche und derzeit in der Ausarbeitung befindliche Erweiterungen und Ergänzungen der im Rahmen dieser Arbeit vorgestellten Inhalte. Diese werden vor allem mittels dreier Promotionen vorangebracht, die im Folgenden kurz beleuchtet werden:

- **Jan Strickmann – Analysemethoden zur Bewertung von Entwicklungsprojekten:** Strickmann adressiert die Darstellung des Projektmodells unter dem speziellen Gesichtspunkt des Änderungsmanagements [Str08]. Eine solche Betrachtung ist insbesondere im Kontext der Automobilentwicklung und des dort umfänglich zu unterstützenden Konfigurationsmanagement interessant, die Branche dient der Arbeit dann auch als Quelle für Anwendungsbeispiele.
  Angesichts dieser Inhalte ist hier durchaus das Bild einer „Zwillingspromotion" angebracht: Projekt- und Produktmodell ergänzen sich und sind gemeinsam wertvoller als die Summe der Teile. Beide Arbeiten nähern sich der Modellintegration aus verschiedenen Richtungen und Motivationen heraus an. Dieser Bezug zum vorliegenden Text wurde unter anderem bereits in Abschnitt 5.4.1 dargestellt.

- **Stefan Häusler – Anforderungsanalyse zur Bewertung der Design-Qualität in der Chip-Entwicklung (Arbeitstitel):** Diese Arbeit greift die Qualität als einen Baustein zur Produktivitätsbewertung heraus. Dabei wird eine integrierte Analyse zur Design-Zeit angestrebt [HPH08a]. Zu diesem Zweck entsteht ein integriertes Produktmodell mit Schwerpunkt auf den Aspekten der Qualität im Allgemeinen und der Anforderungen im Besonderen. Es werden verschiedene Typen von Anforderungen betrachtet, die jeweils individuell zur Qualitätsevaluation beitragen. Die Ausführungen im Anhang B stammen aus diesem Kontext.

- **Stephan große Austing – Messung der Entwicklungsleistung auf Grundlage einer wissensbasierten Darstellung des Produktmodells (Arbeitstitel):** Hier werden allgemeinere Aspekte der Aus- und Bewertung von Modellen weiter vorangetrieben. Auf Basis des von der vorliegenden Promotion konzipierten integrierten Produktmodells erfolgt eine weitere Abstraktion und Verallgemeinerung in Richtung der Darstellung einer Produktentwicklung als wissensakkumulierenden Prozess. Unter Verwendung dezidierter Gewichtungsmodelle schließt der Ansatz aus dem festgestellten Wissenszuwachs auf Fortschritt und Produktivität des Produktdesigns.

Zu jeder der genannten Promotionen finden eine Reihe nebenläufiger Aktivitäten statt, zu nennen sind dabei neben den zahlreichen Publikationen (die in Text und Literaturverzeichnis umfänglich referenziert sind) insbesondere die jeweils durchgeführten Projekte mit Industriepartnern, welche die Praxistauglichkeit der Ansätze untersuchen.

9.3 Fazit

Die beiden vorangegangenen Abschnitte belegen zweierlei: Zum einen erreicht die Arbeit die gesteckten Ziele und liefert die geforderten Beiträge zum wissenschaftlichen Fortschritt, zum anderen „lebt" das Konzept als Grundlage für zahlreiche Promotionen – aber auch Industrieprojekte im Bereich des Automobil- und Chip-Designs – über den Abschlusstermin der vorliegenden Arbeit hinaus weiter. Wie schon bei den Detailbetrachtungen kann somit die Aufgabenstellung auch auf allgemeiner Ebene als erfüllt gelten.

Wally und sein Vorgesetzter „The Boss" aus dem einleitenden Comic verfügen nun über eine neue Methodik, die den Manager nicht für ein ganzes Jahr über die Produktivität und den Stand der Entwicklung im Unklaren lässt. Und die andererseits Wally hilft, zuverlässigere Auskünfte über laufende Projekte zu geben. So lassen sich Krisen vermeiden und die in Abbildung 1.1 skizzierten Erfolgsaussichten für Entwicklungsprojekte steigern.

Anhang A

Schaltplan des Pick2Light-Chips

Die beiden folgenden Abbildungen dokumentieren die I/O-Schnittstellen (siehe Abbildung A.1) und das Blockschaltbild (A.2) des im Rahmen dieser Arbeit untersuchten Pick2Light-Chips.

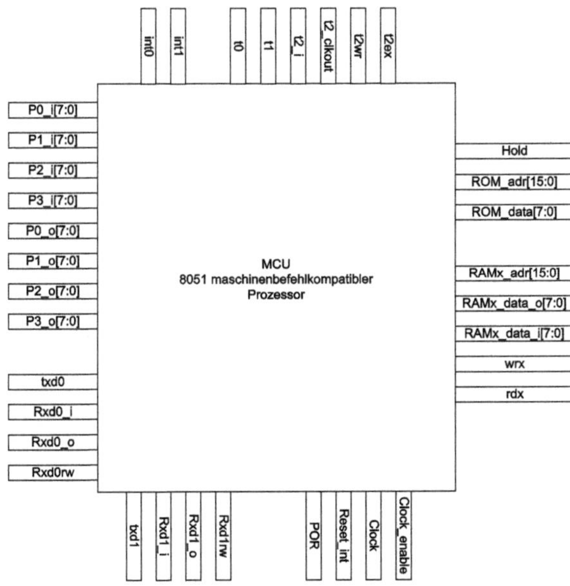

Abbildung A.1: Ein- und Ausgabeschnittstellen des Pick2Light-Chips

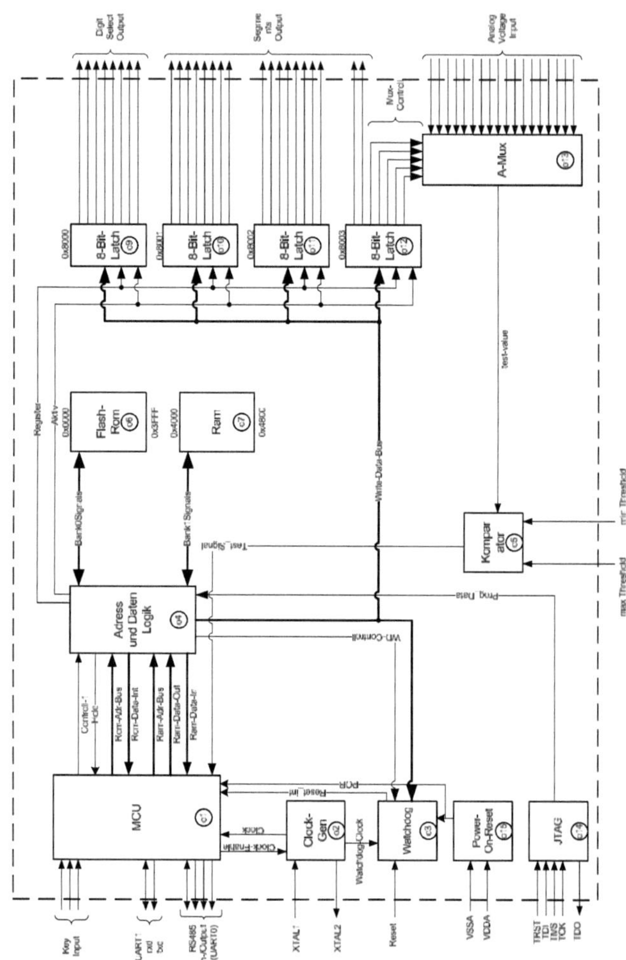

Abbildung A.2: Blockschaltplan des Pick2Light-Chips

Anhang B

Auswertung zur funktionalen Verifikation

Die in diesem Anhang dargestellten Auswertungen zur funktionalen Verifikation basieren auf einer Anzahl integrierter Produktmodelle aus der Chipentwicklung. Über einen Zeitraum von mehreren Wochen wurden dazu jeweils die Partialmodelle entsprechend dem in dieser Arbeit vorgeschlagenen Konzept verknüpft und das Ergebnis regelmäßig untersucht. Die „Functional Correctness" (Abbildung B.4) ergibt sich dabei in Abhängigkeit von der „Bug Rate" (B.1), der „Pass Rate" (B.2) und der „Coverage" (B.3). Da für den Pick2Light-Chip keine derart detaillierten Informationen als Grundlage vorliegen, zeigen die hier verwendeten Darstellungen Entwicklungsdaten für einen aktuellen Prozessor aus dem Sortiment eines namhaften Herstellers (Zeitpunkte, Bezeichnungen und Funktionsdetails sind anonymisiert bzw. ausgeblendet).

Für weitere inhaltliche Details wird auf die Arbeiten von Stefan Häusler (siehe Abschnitt 9.2 und [HPH08a]) verwiesen. Die Darstellung hier dient lediglich zur Illustration der Möglichkeiten, die sich aus dem semantisch integrierten Produktmodell ergeben.

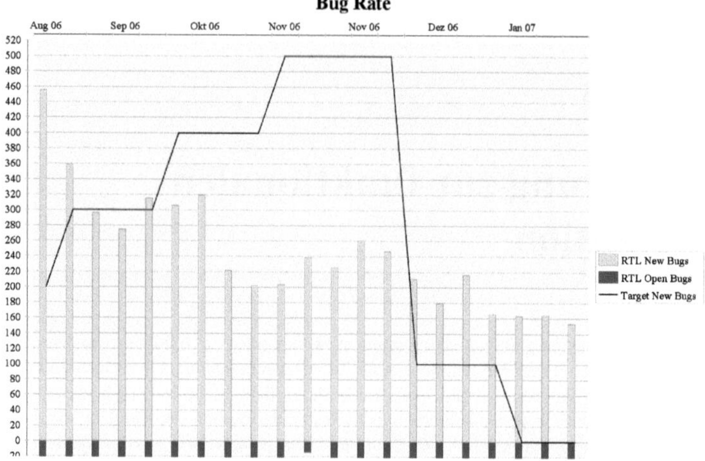

Abbildung B.1: Bug Rate auf dem Register Transfer Level

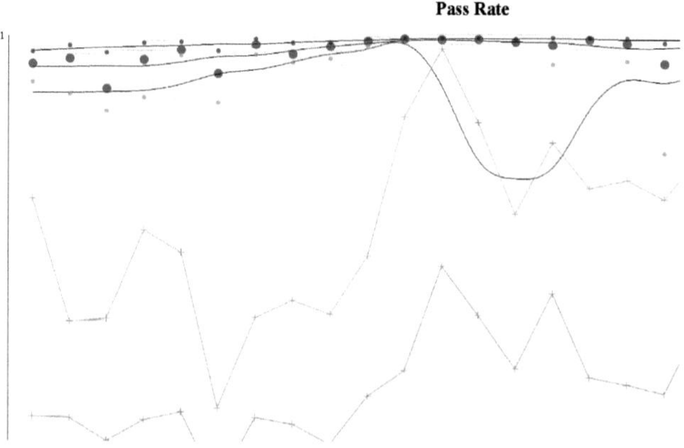

Abbildung B.2: Pass Rate, minimal/maximal wöchentlich aufgetragen gegen die Anzahl der Instruktionen

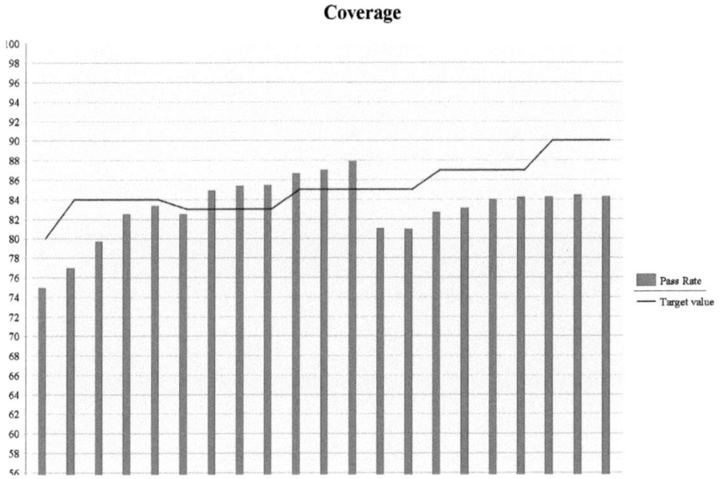

Coverage

Abbildung B.3: Coverage (mit Zielwert) in Prozent

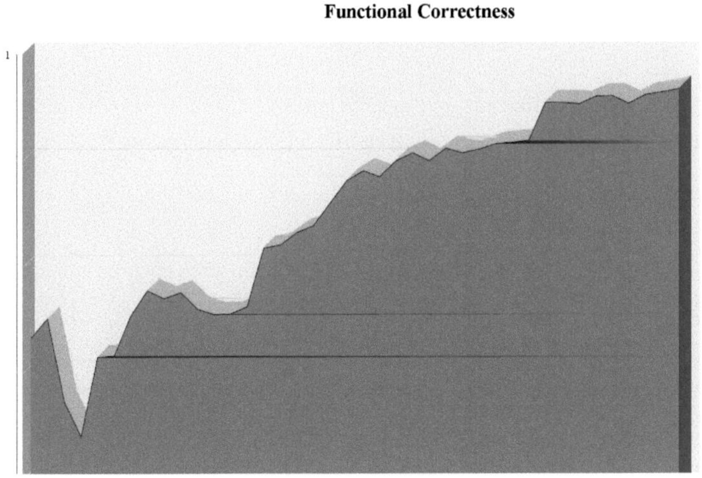

Functional Correctness

Abbildung B.4: Funktionale Korrektheit des Designs als Ergebniswert

Abbildungsverzeichnis

Tabellenverzeichnis

Literaturverzeichnis

[AAH$^+$06] ABELS, S., AHLEMANN, F., HAHN, A., HAUSMANN, K. und STRICKMANN, J.: *PROMONT – A Project Management Ontology as a Reference for Virtual Project Organizations.* In: *On the Move to Meaningful Internet Systems 2006: OIM 2006 Workshop*, Seiten 813–823. Springer Verlag, Berlin, 2006.

[AG96] ABRAMOVICI, M und GERHARD, D.: *Engineering Daten Management (EDM) – Anspruch, Wirklichkeit und Zukunftsperspektiven.* Industrie Management (EDM Special), 1996.

[AHBH06] ARNARSDÓTTIR, K., HAHN, A., BERRE, A.-J. und HAUSMANN, K.: *Comparing ontology-based and model-based semantic mapping.* In: *Proceedings of the PRO-VE'06*, 2006.

[Aka04] AKAO, Y.: *QFD – Quality Function Deployment.* Productivity Press, 2004.

[AT00] ANDERL, R. und TRIPPNER, D.: *STEP: Standard for the Exchange of Product Model Data.* Teubner Verlag, Stuttgart, 2000.

[Av04] ANTONIOU, G. und VAN HARMELEN, F.: *A Semantic Web Primer.* The MIT Press, 2004.

[Bü87] BÜCHEL, A.: *Projektmanagement.* Eidgenössische Technische Hochschule (ETH), Zürich, 1987.

[Bal00] BALZERT, H.: *Lehrbuch der Softwaretechnik.* Spektrum Akademischer Verlag, 2000.

[BCBV01] BERGAMASCHI, S., CASTANO, S., BENEVENTANO, D. und VINCINI, M.: *Semantic Integration of Heterogeneous Information Sources.* Data & Knowledge Engineering, 36(1):215–249, 2001.

[BCD$^+$07] BIANCHINI, D., CASTANO, S., D'ANTONIO, F., DE ANTONELLIS, V., HARZALLAH, M., DAVID, J., MISSIKOFF, M. und MONTANELLI, S.: *Digital Resource Discovery: Semantic Annotation and Matching Techniques.* In: *Enterprise Interoperability – New Challenges and Approaches*, Seiten 275–285. Springer Verlag, Berlin, 2007.

[BCVB01] BERGAMASCHI, S., CASTANO, S., VINCINI, M. und BENEVENTANO, D.: *Semantic integration of heterogeneous information sources.* Data & Knowledge Engineering, 36(3):215–249, 2001.

[Bec06] BECKER, P.: *Prozessorientiertes Qualitätsmanagement.* Expert Verlag Renningen, 2006.

[BEEF05] BOUQUET, P., EHRIG, M., EUZENAT, J. und FRANCONI, E.: *KnowledgeWeb deliverable D2.2.1: Specification of a common framework for characterizing alignment.* Technischer Bericht, KnowledgeWeb Network of Excellence, 2005.

[BL99] BERNERS-LEE, T.: *Weaving the Web.* Harper, San Francisco, 1999.

[BLC96] BERNARAS, A., LARESGOITI, I. und CORERA, J.: *Building and reusing ontologies for electrical network applications.* In: *Proceedings of the 12th European Conference on Artificial Intelligence (ECAI)*, Seite 298–302, 1996.

[BR88] BASILI, V. R. und ROMBACH, H. D.: *The TAME Project: Towards Improvement-Oriented Software Environments.* IEEE Transactions on Software Engineering, 14:758–773, 1988.

[CH03] CZARNECKI, K. und HELSEN, S.: *Classification of Model Transformation Approaches.* In: *Proceedings of the 2nd OOPSLA Workshop on Generative Techniques in the Context of Model-Driven Architecture*, 2003.

[CL00] CLIFTON, C. W. und LI, W.-S.: *Semint: A tool for identifying attribute correspondences in heterogeneous databases using neural networks.* Data and Knowledge Engineering, 33(1), 2000.

[Cla99] CLARK, J.: *XSL Transformations (XSLT).* Technischer Bericht, W3C, http://www.w3.org/TR/xslt, 1999.

[Deh01] DEHNHARDT, W.: *Skriptsprachen für dynamische Webauftritte.* Carl Hanser Verlag, München, 2001.

[DM00] DE MARCO, T.: *Controlling Software Projects.* Yourdon Press, 2000.

[DMB+06] D'ANTONIO, F., MISSIKOFF, M., BOTTONI, P., HAHN, A. und HAUSMANN, K.: *An ontology for describing model mapping/transformation tools and methodologies: the MoMo ontology.* In: *Proceedings of the EMOI Workshop on the CAISE'06 conference*, 2006.

[DMDH04] DOAN, A., MADHAVAN, J., DOMINGOS, P. und HAVELY, A.: *Ontology Mapping: A Machine Learning Approach.* In: STAAB, S. und STUDER, R. (Herausgeber): *Handbook on Ontologies in Information Systems*, Seiten 397–416. Springer Verlag, Berlin, 2004.

[DMR02] Do, H.-H., Melnik, S. und Rahm, E.: *Comparison of Schema Mapping Evaluations.* In: *Proceedings of the 2002 GI Workshop „Web and Databases"in Erfurt*, 2002.

[DNMN05] De Nicola, A., Missikoff, M. und Navigli, R.: *A Proposal for a Unified Process for Ontology Building: UPON.* Lecture Notes on Computer Science, 3588:655–664, September 2005.

[DOS03] Daconta, M. C., Obrst, L. J. und Smith, K. T.: *The Semantic Web.* Wiley Publishing, Inc, 2003.

[EDBS05] Ebert, C., Dumke, R., Bundschuh, M. und Schmietendorf, A.: *Best Practices in Software Measurement.* Springer Verlag, Berlin, 2005.

[Ehr03] Ehrlenspiel, K.: *Integrierte Produktentwicklung.* Hanser Verlag, München, 2003.

[ES01] Eigner, M. und Stelzer, R.: *Produktdatenmanagement-Systeme.* Springer Verlag, Berlin, 2001.

[Fen04] Fensel, D.: *Ontologies: Silver Bullet for Knowledge Management and Electronic Commerce.* Springer Verlag, Berlin, 2004.

[FFG05] Feldmüller, D., Frick, A. und Grau, N.: *Welche Kompetenzen benötigt das IT-Projektmanagement.* Arbeitsgruppe Projektmanagement der Gesellschaft für Informatik, 2005.

[FGJ97] Fernandez, M., Gomez Perez, A. und Juristo, N.: *METHONTOLOGY from Ontological Art towards Ontological Engineering.* Technischer Bericht, AAAI Spring Symposium at Stanfort CA, 1997.

[FP97] Fenton, N. E. und Pfleeger, S. L.: *Software Metrics – A Rigorous and Practical Approach.* PWS Publishing Company, 1997.

[FPM91] Frawley, W. J., Piatetsky-Shapiro, G. und Matheus, C.: *Knowledge Discovery In Databases: An Overview.* In: *Knowledge Discovery In Databases*, Seiten 1–30. AAAI Press/MIT Press, Cambridge, MA., 1991.

[Fra03] Frankel, D. S.: *Model Driven Architecture: Applying MDA to Enterprise Computing.* John Wiley & Sons, 2003.

[GDDS06] Gašević, D., Djuric, D., Devedzic, V. und Selic, B.: *Model Driven Architecture and Ontology Development.* Springer Verlag, Berlin, 2006.

[Geb03] Gebhardt, A.: *Rapid Prototyping.* Hanser Gardener Publications, 2003.

[GF95] Gruninger, M. und Fox, M. S.: *Methodology for the Design and Evaluation of Ontologies.* In: *Proceedings of the International Joint Conference on Artificial Intelligence 1995 in Montreal, Kanada*, 1995.

[GHH05] Grüning, F., Hahn, A. und Hausmann, K.: *Ontology-based product data management.* In: *Proceedings of the Product Data Technology (PDT) Europe 2005*, 2005.

[Gla05] Gladen, W.: *Performance Measurement: Controlling mit Kennzahlen.* Gabler Verlag, Wiesbaden, 2005.

[GM05] Gupta, A. J. und Moore, A.: *Rethinking the Design/Manufacturing Relationship to Drive Profitable Growth in the Semiconductor Industry.* Future Fab International, 19, June 2005.

[GM06] Gadatsch, A. und Mayer, E.: *Masterkurs IT-Controlling.* Friedrich Vieweg & Sohn Verlag, 2006.

[GPFC04] Gomez Perez, A., Fernandez Lopez, M. und Corcho, O. (Herausgeber): *Ontological Engineering.* Springer Verlag, Berlin, 2004.

[Gri04] Griesser, P.: *PDM/PLM-Projekte – Anspruch und Wirklichkeit.* eDM-Report, 2004.

[Gru93] Gruber, T. R.: *Towards Principles for the Design of Ontologies Used for Knowledge Sharing.* In: Guarino, N. und R. Poli (Herausgeber): *Formal Ontology in Conceptual Analysis and Knowledge Representation.* Kluwer Academic Publishers, 1993.

[Gut06] Gutierrez, M.: *Consistency in Process and Measurement: Tracking Long-Term Design Productivity Gains.* Chip Design, March 2006.

[GW04] Guarino, N. und Welty, C. A.: *An Overview of OntoClean.* In: *Handbook on Ontologies.* Springer Verlag, Berlin, 2004.

[Han98] Hansen, H. R.: *Wirtschaftsinformatik I.* Lucius & Lucius, Stuttgart, 1998.

[HHHS07] Hahn, A., Hausmann, K., Häusler, S. und Strickmann, J.: *Using Ontologies to Model and Understand Product Development.* International Journal of Interoperability in Business Information Systems, 5:21–38, 2007.

[HHPS06] Hausmann, K., Hahn, A., Preis, S. und Strickmann, J.: *Ein Konzept für das Entwicklungscontrolling auf PLM-Basis.* HMD - Praxis der Wirtschaftsinformatik, 249:46–54, 2006.

[HM05] Harold, E. R. und Means, W. S.: *XML in a nutshell.* O'Reilly, 2005.

[HPB+04] Horrocks, I., Patel-Schneider, P. F., Boley, H., Tabet, S., Grosof, B. und Dean, M.: *SWRL: A Semantic Web Rule Language Combining OWL and RuleML.* Technischer Bericht, W3C, http://www.w3.org/Submission/SWRL/, Mai 2004.

[HPH+07] Häusler, S., Preis, S., Hausmann, K., Nebel, W. und Hahn, A.: *Modellierung von Komplexität und Qualität als Faktoren von Produktivität in Design-Flows für integrierte Schaltungen.* In: *Tagungsband edaWorkshop07.* VDE Verlag, Berlin, 2007.

[HPH08a] HÄUSLER, S., POPPEN, F. und HAHN, A.: *Real-Time Quality Estimation to Enable Process Evaluation in Integrated Circuit Development.* In: *Proceedings of the International Engineering Management Conference (IEMC)*, 2008.

[HPH+08b] HÄUSLER, S., POPPEN, F., HAUSMANN, K., NEBEL, W. und HAHN, A.: *Qualitative and Quantitative Analysis of IC Design.* In: *Proceedings of the Design, Automation, and Test in Europe conference*, 2008.

[HPv02] HORROCKS, I., PATEL-SCHNEIDER, P. F. und VAN HARMELEN, F.: *Reviewing the design of DAML+OIL: An ontology language for the semantic web.* In: *Proceedings of the 19th National Conference on Artificial Intelligence (AAAI02)*, 2002.

[HSHH08] HAUSMANN, K., STRICKMANN, J., HAHN, A. und HÄUSLER, S.: *Information Technology Entrepreneurship and Innovation*, Kapitel Performance Measurement in Innovation Processes. Idea Group Inc., Hershey, PA, U.S.A., 2008.

[JBR99] JACOBSON, I., BOOCH, G. und RUMBAUGH, J.: *The Unified Software Development Process.* Addison-Wesley, 1999.

[Jen01] JENNE, F.: *PDM-basiertes Entwicklungsmonitoring.* Springer Verlag, Berlin, 2001.

[JK05] JOUAULT, F. und KURTEV, I.: *Transforming Models with ATL.* In: *Proceedings of the Model Transformations in Practice Workshop at MoDELS 2005, Montego Bay, Jamaica*, 2005.

[KBF+03] KLEIN, M., BROEKSTRA, D., FENSEL, D., VAN HARMELEN, F. und HORROCKS, I.: *Ontologies and Schema Languages on the Web.* In: *Spinning the Semantic Web.* MIT Press, Cambridge, 2003.

[KDFO02] KLEIN, M., DING, Y., FENSEL, D. und OMELAYENKO, B.: *Ontology management – Storing, aligning and maintaining ontologies.* Technischer Bericht, OntoKnowledge Project Report, http://homepage.uibk.ac.at/ c703205/download/Chap5-final.pdf, 2002.

[Kin87] KING, B.: *Better Designs in Half the Time.* GOAL/QPC, 1987.

[KK05] KASTENS, U. und KLEINE-BÜNING, H.: *Modellierung.* Hanser Verlag, München, 2005.

[KKOF02] KLEIN, M., KIRYAKOV, A., OGNYANOV, D. und FENSEL, D.: *Ontology Versioning and Change Detection on the Web.* In: *Proceedings of the 13th International Conference on Knowledge Engineering and Knowledge Management (EKAW02), Sigüenza, Spain*, 2002.

[KN03] KLEIN, M. und NOY, N. F.: *A component-based framework for ontology evolution.* In: *Proceedings of the Workshop on Ontologies and Distributed Systems, IJCAI '03, Acapulco, Mexico*, 2003.

[Koe06] KOEPSELL, D.: *The Mystery of Intellectual Capital: A Prospectus.* SCRIPT-ed: A Journal of Law and Technology, 3:140–145, 2006.

[KS03] KALFOGLOU, Y. und SCHORLEMMER, M.: *Ontology mapping: the state of the art.* The Knowledge Engineering Review, 18:1:1–31, 2003.

[Lit95] LITKE, H.-D.: *Projektmanagement.* Hanser Verlag, München, 1995.

[Mar04] MARTIN, D.: *OWL-S: Semantic Markup for Web Services.* Technischer Bericht, W3C, http://www.w3.org/Submission/OWL-S/, November 2004.

[Mas95] MASTRETTI, M.: *VHDL quality: synthesizability, complexity and efficiency evaluation.* In: *Proceedings of the conference on European design automation. Los Alamitos, CA, USA*, Seite 482–487. IEEE Computer Society Press, 1995.

[MBR01] MADHAVAN, J., BERNSTEIN, P. A. und RAHM, E.: *Generic schema matching with cupid.* The VLDB Journal, Seiten 49–58, 2001.

[McC76] MCCABE, T. J.: *A Complexity Measure.* IEEE Transactions on Software Engineering, SE-2(4):308–320, 1976.

[ML05] MCAFFER, J. und LEMIEUX, J.-M.: *Eclipse Rich Client Platform: Designing, Coding, and Packaging Java Applications.* Addison-Wesley, 2005.

[Neb07] NEBL, T.: *Produktionswirtschaft.* Oldenbourg Wissenschaftsverlag, 2007.

[NK02] NOY, N. F. und KLEIN, M.: *Ontology Evolution: Not the Same as Schema Evolution.* Technischer Bericht, Stanford Medical Informatics, 2002.

[NLH+06] NAUDET, Y., LATOUR, T., HAUSMANN, K., ABELS, S., HAHN, A. und JOHANNESON, P.: *Describing Interoperability: the OoI Ontology.* In: *Proceedings of the EMOI Workshop on the CAISE'06 conferenceQ*, 2006.

[NM01] NOY, N. F. und MCGUINNESS, D. L.: *Ontology Development 101: A Guide to Creating Your First Ontology.* Technischer Bericht, Stanford Knowledge Systems, http://www.ksl.stanford.edu/people/dlm/papers/ontology-tutorial-noy-mcguinness.pdf, 2001.

[Num08] NUMERICS MANAGEMENT SYSTEMS: *Design Complexity and Productivity.* Technischer Bericht, Numerics Management Systems, 2008, 2008.

[Oph05] OPHEY, L.: *Entwicklungsmanagement.* Springer Verlag, Berlin, 2005.

[PB05] PÖNSGEN, B. und BOCK, B.: *Function-Point-Analyse.* dpunkt-Verlag, Heidelberg, 2005.

[PH02] PARK, J. und HUNTING, S. (Herausgeber): *XML Topic Maps: Creating and Using Topic Maps for the Web.* Addison-Wesley, 2002.

[PJN07] POPPEN, F., JÄHRLING, A. und NEBEL, W.: *Comparing Executable Specifications regarding Power at Algorithmic Level.* In: *Proceedings of the EMEA 2007*, 2007.

[PPM99] PINTO, H., PREZ, A. und MARTINS, J.: *Some Issues on Ontology Integration.* In: *Proceedings of the IJCAI'99 Workshop on Ontology and Problem-Solving Methods: Lesson learned and Future Trends*, 1999.

[Pre08] PREISSLER, P. R.: *Betriebswirtschaftliche Kennzahlen: Formen, Aussagekraft, Sollwerte.* Oldenbourg Wissenschaftsverlag, 2008.

[Pro04] PROJECT MANAGEMENT INSTITUTE: *A Guide to the Project Management Body of Knowledge.* B & T, 2004.

[PS00] PARENT, C. und SPACCAPIETRA, S.: *Database integration: The key to data interoperability.* In: *Advances in Object-Oriented Data Modeling.* MIT Press, Cambridge, 2000.

[PS08] PRUD'HOMMEAUX, E. und SEABORNE, A.: *SPARQL Query Language for RDF.* Technischer Bericht, W3C, http://www.w3.org/TR/rdf-sparql-query/, Januar 2008.

[PTP05] PECHLANER, H., TSCHURTSCHENTHALER, P. und PETERS, M.: *Erfolg durch Innovation.* Deutscher Universitäts-Verlag, 2005.

[PV03] PURAO, S. und VAISHNAVI, V.: *Product metrics for object-oriented systems.* ACM Computing Surveys (CSUR), 35, 2003.

[RB01] RAHM, E. und BERNSTEIN, P. A.: *A survey of approaches to automatic schema matching.* The VLDB Journal, 10, 2001.

[RKL+05] ROMAN, D., KELLER, U., LAUSEN, H., DE BRUIJN, J., LARA, R., STOLLBERG, M., POLLERES, A., FEIER, C., BUSSLER, C. und FENSEL, D.: *Web Service Modeling Ontology.* Applied Ontology, 1:77–106, 2005.

[Rup07] RUPP, C.: *Requirements-Engineering und -Management: Professionelle, iterative Anforderungsanalyse für die Praxis.* Hanser Fachbuchverlag, 2007.

[Sch89] SCHEER, A.: *CIM – Computer Integrated Manufacturing.* Springer Verlag, Berlin, 1989.

[Sch98] SCHEER, A.: *Wirtschaftsinformatik.* Springer Verlag, Berlin, 1998.

[Sch99] SCHÖTTNER, J.: *Produktdatenmanagement in der Fertigungsinsdustrie.* Hanser Verlag, München, 1999.

[SE04] SHVAIKO, P. und EUZENAT, J. A.: *Survey of Schema-based Mapping Approaches.* Technischer Bericht DIT-04-087, University of Trento, 2004.

[SHH06] STRICKMANN, J., HAHN, A. und HAUSMANN, K.: *Das Zusammenwirken von Projekt- und Änderungsmanagement.* PDM-Workshop in Siegen, 2006.

[SHHM06] STRICKMANN, J., HAHN, A., HARTMEIER, H. und MEIER, H.: *Integriertes Projekt- und Änderungsmanagement.* Industrie Management, 22, 2006.

[Sin85] SINK, D. S.: *Productivity Management: Planning, Measurement and Evaluation, Control and Improvement.* John Wiley & Sons, New York, 1985.

[SM03] STUMME, G. und MAEDCHE, A.: *Ontology Merging for Federated Ontologies on the Semantic Web.* In: *Proceedings of the International Joint Conference on Artificial Intelligence 2003 in Acapulco, Mexiko*, 2003.

[Som06] SOMMERVILLE, I.: *Software Engineering.* Addison-Wesley, 2006.

[SRKR96] SWARTOUT, B., RAMESH, P., KNIGHT, K. und RUSS, T.: *Toward Distributed Use of Large-Scale Ontologies.* Technischer Bericht, Symposium on Ontological Engineering of AAAI, http://ksi.cpsc.ucalgary.ca/KAW/KAW96/swartout/, 1996.

[SSSS01] STAAB, S., STUDER, R., SCHNURR, H.-P. und SURE, Y.: *Knowledge Processes and Ontologies.* IEEE Intelligent Systems, 16(1):26–34, 2001.

[Ste04] STEIN, F.: *Projektmanagement für die Produktentwicklung.* Expert Verlag Renningen, 2004.

[Str08] STRICKMANN, J.: *Analysemethoden zur Bewertung von Entwicklungsprojekten.* Doktorarbeit, Universität Oldenburg, 2008.

[TDCG06] TUN, K., DHAR, P. K., CONCETTA PALUMBO, M. und GIULIANI, A.: *Metabolic pathways variability and sequence/networks comparisons.* BMC Bioinformatics, 7(7:24), 2006.

[Tha00] THALLER, G. E.: *Software-Metriken einsetzen, bewerten, messen.* Verlag Technik Berlin, 2000.

[UK95] USCHOLD, M. und KING, M.: *Towards a methodology for building ontologies.* Technischer Bericht 183, Artificial Intelligence Application Institute (AIAI), http://www.aiai.ed.ac.uk/project/enterprise/ontology, Juli 1995.

[VAC02] VAN AKEN, E. M. und COLEMAN, G. D.: *Building Better Measurement.* Industrial Management, 44:28–33, 2002.

[VSB01] VAN SOLINGEN, R. und BERGHOUT, E.: *Integrating Goal-Oriented Measurement. Industrial Experiences with and Additions to the Goal/Question/-Metric Method (GQM).* In: *Proceedings of the Seventh International Software Metrics Symposium, IEEE Computer Society*, Seiten 246–258, 2001.

[Wal92] WALDNER, J.: *CIM: Principles of Computer-Integrated Manufacturing.* Wiley, Chichester, 1992.

[Wal01] WALENTA, T.: *Messbarer Projekterfolg mit der Earned Value-Analyse.* Projekt Magazin, 04/01, 2001.

[Wed01] WEDELSTÄDT, J.: *Grundlagen des Termin- und Kostencontrollings*. Projekt Magazin, 2001.

[XE03] XIAO, L. S. und ELLEN, R.: *Automated Schema Mapping Techniques: An Exploratory Study*. Research Letter Information Science, 4:113–136, 2003.

[ZKB02] ZIEGLER, J., KUNZ, C. und BOTSCH, V.: *Matrix Browser – Visualisierung und Exploration vernetzter Informationsräume*. In: *Mensch & Computer 2002: Vom interaktiven Werkzeug zu kooperativen Arbeits- und Lernwelten*, Seiten 373–382. Teubner Verlag, Stuttgart, 2002.

[ZLS06] ZHANG, Y., LI, S. und SKOGERBØ, G.: *Phylophenetic properties of metabolic pathway topologies as revealed by global analysis*. BMC Bioinformatics, 7(252), 2006.

Printed by Books on Demand GmbH, Norderstedt / Germany